Casebook zum römischen Sachenrecht

von

Dr. Dr. h.c. Herbert Hausmaninger
em. o. Universitätsprofessor in Wien

und

Dr. Richard Gamauf
ao. Universitätsprofessor in Wien

11. Auflage

Wien 2012
Manzsche Verlags- und Universitätsbuchhandlung

Zitiervorschlag: *Hausmaninger/Gamauf,* Casebook Sachenrecht[11] (2012) ...

Alle Rechte, insbesondere das Recht der Vervielfältigung und Verbreitung sowie der Übersetzung, vorbehalten. Kein Teil des Werkes darf in irgendeiner Form (durch Fotokopie, Mikrofilm oder ein anderes Verfahren) ohne schriftliche Genehmigung des Verlages reproduziert oder unter Verwendung elektronischer Systeme gespeichert, verarbeitet, vervielfältigt oder verbreitet werden.

Sämtliche Angaben in diesem Werk erfolgen trotz sorgfältiger Bearbeitung ohne Gewähr; eine Haftung der Autoren sowie des Verlages ist ausgeschlossen.

Kopierverbot/Vervielfältigungsverbot

Die für Schulen und Hochschulen vorgesehene freie Werknutzung „Vervielfältigung zum eigenen Schulgebrauch" gilt für dieses Werk nicht, weil es seiner Beschaffenheit und Bezeichnung nach zum Unterrichtsgebrauch bestimmt ist (§ 42 Abs 6 UrhG).

ISBN 978-3-214-14972-7

© 2012 MANZ'sche Verlags- und Universitätsbuchhandlung GmbH, Wien
Telefon: (01) 531 61-0
E-Mail: verlag@MANZ.at
www.MANZ.at
Datenkonvertierung, Satzherstellung und Druck:
Ferdinand Berger & Söhne GmbH, 3580 Horn

Vorwort

Das Casebook zum römischen Sachenrecht soll vor allem Material für Übungen aus römischem Recht in einer Form anbieten, die auch Studienanfängern die schrittweise Einarbeitung in das Rechtsdenken der römischen Klassiker ermöglicht.

Die Beigabe von Übersetzungen soll die Konzentration auf den juristischen Aspekt der Texte fördern. Diese Übersetzungen mögen jedoch als bloße Verständnishilfe betrachtet werden, jede juristische Auslegung muss unmittelbar am lateinischen Text ansetzen.

Die Textsammlung will genügend Stoff für persönliche Auswahl und Schwerpunktsetzung des Vortragenden bei der Übungsgestaltung geben. Sie hat sich darüber hinaus seit der ersten Auflage 1974 auch als Illustrations- und Diskussionsmaterial für die Vorlesung brauchbar erwiesen. Statt vollständiger Dokumentation ist jedoch Konzentration auf ausgewählte Fälle und Sachbereiche angestrebt worden.

Der didaktischen Zielsetzung entsprechend sind die Fragestellungen und Erläuterungen zu den einzelnen Texten jeweils mehr oder weniger ausführlich gehalten sowie Textkritik und Literaturhinweise auf ein Mindestmaß beschränkt worden. Nicht alle aufgeworfenen Fragen sind aus dem Text (oder aus den übrigen Quellen) verlässlich beantwortbar. Die Autoren möchten jedoch nicht darauf verzichten, auch über die Quellenlage hinaus zu spekulativem Nachdenken und juristischer Argumentation anzuregen. Im Anhang finden sich zwei kurze Musterexegesen, die als Modelle für die Vorbereitung auf Klausurarbeiten dienen könnten. In vielen Sachfragen wird das Studienbuch *Hausmaninger/Selb*, Römisches Privatrecht[9] (2001) Auskunft geben können, wo auch in Randnoten ausdrücklich auf Casebook-Fälle Bezug genommen wird; zur raschen Information kann auch das Nachschlagewerk *Olechowski/Gamauf*, Studienwörterbuch: Rechtsgeschichte und Römisches Recht[2] (2010) dienen. Eine ausführliche Besprechung ausgewählter Fälle (samt Verknüpfung mit dem modernen Recht) enthält auch das Einführungswerk *Hausmaninger/Trachta/Gamauf*, Römisches Recht (1992).

An zahlreichen Stellen werden Gesetzestexte aus dem österreichischen ABGB und dem deutschen BGB – gelegentlich auch aus dem Schweizer ZGB und OR – angeführt, um Verbindungen, zT auch Kontraste, zum modernen Privatrecht sichtbar zu machen. Vergleichende Hinweise zum amerikanischen Recht finden sich auf der Homepage der von G. A. Sheets besorgten Übersetzung des Buches (*Hausmaninger/Gamauf*, A Casebook on Roman Property Law, Oxford University Press 2012).[1]

Für die elfte Auflage wurde das gesamte Werk überprüft und die Literaturangaben wurden auf den letzten Stand gebracht. Die Verfasser danken Magret Altrichter, Elisabeth Kaser, Mag.a Martina Ogrodny und Mag. Dominik Rodak für die Unterstützung bei der Neuauflage.

Wien, im Juni 2012

Herbert Hausmaninger
Richard Gamauf

---

[1] http://www.oup.com/us/companion.websites/9780199838677/?view=usa (Stand: 30. 6. 2012)

Inhaltsverzeichnis

I. Kapitel: Besitzerwerb

Einleitung

A. Erwerbsart: corpore et animo

Fall		Seite
1	Paul. D 41,2,3,1 (Prinzip „*corpore et animo*", Betreten des Grundstückes)	4
2	Cels. D 41,2,18,2 (Abgeben im Haus, Zeigen vom Turm)	7
3	Jav. D 46,3,79 (Hinlegen in *conspectu, traditio longa manu*)	10
4	Paul. D 41,2,1,21 (Einigung in Sachpräsenz, *oculis et affectu*)	11
5	Pap. D 18,1,74 (Schlüsselübergabe vor dem Speicher)	13
6	Gai. D 41,1,9,6 (Schlüsselübergabe)	15
7	Paul. D 18,6,15(14),1 (Anzeichnen von Balken)	16
8	Gai. D 41,1,5,1 (wildes Tier verwundet)	18
9	Proc. D 41,1,55 (Eber in Schlinge gefangen)	20
10	Jav. D 41,2,51 (Wächter bei Holzhaufen aufgestellt)	22
11	Ulp. D 18,6,1,2 (Fass vom Käufer gesiegelt)	24

B. Sonderfälle: Besitzerwerb „animo"

a) Traditio brevi manu

12	Gai. D 41,1,9,5 (Detentor kauft Sache)	27
13	Ulp. D 12,1,9,9 (Verwahrer von Geld erhält Verwendungserlaubnis)	28
14	Ulp. D 6,2,9,1 *(pro tradita erit accipienda)*	30

Exkurs: nemo sibi ipse causam possessionis mutare potest

15	Paul. D 41,2,3,19 und 20 (Abgrenzung der Regel)	32
16	Paul. D 41,2,3,18 (Diebstahl durch den Detentor)	33

b) Constitutum possessorium

17	Cels. D 41,2,18 pr. (abstrakte Formulierung)	34
18	Marcell. D 41,2,19 pr. (Besitzer mietet vom Eigentümer)	36
19	Jav. D 41,2,21,3 (Prekarist mietet vom Eigentümer)	37
20	Ulp. D 6,1,77 (Frau schenkt und pachtet Grundstück zurück)	38
21	Pap. D 41,2,48 (kein *constitutum possessorium* bei bloßer Schenkung)	39

C. Fähigkeit zum Besitzerwerb

a) Besitzerwerb und Geschäftsfähigkeit

22	Paul. D 41,2,1,3 *(furiosus, pupillus)*	42

b) Besitzerwerb durch Gewaltunterworfene

aa) Besitzerwerb und Vermögensfähigkeit

23 Pap. D 41,2,49,1 (Gewaltunterworfener kann nicht besitzen) 44

bb) Besitzerwerb durch eigene Sklaven und Haussöhne

24 Paul. D 41,2,3,12 (Prinzip *animo nostro, corpore alieno*) 45
25 Paul. D 41,2,1,5 (Pekuliarerwerb auch ohne Wissen des *dominus*) 47
26 Pap. D 41,2,44,1 *(utilitatis causa iure singulari receptum)* 48

cc) Besitzerwerb durch *bona fide serviens* und durch *servus usufructuarius*

27 Gai. Inst. 2,94 (ist Besitz am Sklaven Voraussetzung für Besitzerwerb durch den Sklaven?) 50
28 Paul. D 41,2,1,6 (für wen erwirbt der *bona fide serviens?*) 52
29 Pomp. D 41,1,21 pr. (Frage, mit welchen Mitteln der Sklave erwirbt) 53
30 Paul. D 41,2,1,8 (Besitz am Sklaven nicht erforderlich) 54

dd) Besitzerwerb durch *servus fugitivus*

31 Paul. D 41,2,1,14 (Kontroverse) 55

c) Besitzerwerb durch gewaltfreie „Stellvertreter"

32 Gai. Inst. 2,95 (Prinzip *per extraneam personam nobis adquiri non posse*) 56
33 Paul. Sent. 5,2,2 (Besitzerwerb durch Prokurator *utilitatis causa receptum*) . . 57
34 Paul. D 41,2,1,20 *(procurator, tutor, curator)* 58
35 Callistr. D 41,1,59 (kein Besitzerwerb durch Mandatar) 59
36 Ulp. D 41,1,20,2 *(quasi-procurator)* 60
37 Lab. D 41,1,65 pr. (Besitzerwerb durch Boten) 61
38 Ulp. D 47,2,14,17 (Besitzerwerb an Brief) 62

II. Kapitel: Besitzerhaltung und Besitzverlust

Einleitung

A. Freiwillige Besitzaufgabe
(einseitig oder durch Übertragung, bewegliche oder unbewegliche Sachen)

39 Paul. D 41,2,3,9 (Arten des Besitzverlustes allgemein) 65
40 Paul. D 41,2,3,6 (Besitzaufgabe *solo animo*) 66
41 Ulp. D 41,2,29 (*pupillus* kann nicht *animo* Besitz aufgeben) 67
42 Marci. D 41,1,11 (*pupillus* kann keinen Besitz übertragen) 68
43 Cels. D 41,2,18,1 (Besitzverlust bei Übergabe an *furiosus*) 69
44 Ulp. D 41,2,34 pr. (Besitzverlust bei irrtüml. Aufgabe des Besitzwillens?) . . . 70

B. Unfreiwilliger Besitzverlust

a) an beweglichen Sachen

45	Pomp. D 41,2,25 pr. (abstrakte Formulierung)	72
46	Paul. D 41,2,3,13 (entlaufenes Vieh, flüchtiger Sklave)	73
47	Ulp. D 41,2,13 pr. (Steine im Tiber, *servus fugitivus*)	74
47a	Pap. D 41,2,44 pr. (vergrabenes Geld)	75

b) an Grundstücken

aa) Besitzerhaltung und -verlust an Sommer- und Winterweiden

48	Paul. D 41,2,3,11 (allgemeine Formulierung)	76
49	Proc. D 41,2,27 (Besitzer wird geisteskrank)	77
50	Ulp. D 43,16,1,25 (Erweiterung des *volgo dictum* auf andere Grundstücke)	78
51	Pap. D 41,2,44,2–46 (Symmetrieprinzip, Gliederung der Fälle)	79

bb) Besitzerhaltung und -verlust an anderen Grundstücken durch den Eigenbesitzer

52	Ulp. D 41,2,6,1 (Besitzer kehrt vom Markt zurück, findet Eindringling vor)	81
53	Pomp. D 41,2,25,2 (Besitzerhaltung bis Scheitern des Wiederbemächtigungsversuches)	82
54	Cels. D 41,2,18,3 und 4 (Bemächtigung eines Grundstücksteiles)	83
55	Jav. D 41,2,22 (Besitz so erlangt, dass er nicht behauptet werden kann)	84

Exkurs: Besitzschutz

56	Ulp. D 43,16,1,30 (Relativität des Besitzschutzes)	87
57	Jul. D 43,16,17 (Besitzwehr und Besitzkehr)	89
58	Pap. D 43,16,18 pr. (Pächter verwehrt Käufer den Zutritt zum Grundstück)	90
59	Ulp. D 43,16,1,27 *(vis armata)*	91

cc) Besitzerhaltung und -verlust durch Besitzmittler (Sklaven, Fremdbesitzer) (an Grundstücken und beweglichen Sachen)

60	Lab. D 19,2,60,1 (Besitzerhaltung durch Erben des Pächters)	92
61	Pomp. D 41,2,25,1 (Tod, Geisteskrankheit, Untervermietung des Mittlers)	93
62	Paul. D 41,2,30,6 (Detentorenkette)	94
63	Paul. D 41,2,32,1 (Mieter verkauft und mietet zurück)	95
64	Gai. D 41,2,9 (Besitzerhaltung durch Gast oder Freund)	96
65	Paul. D 41,2,3,8 (Sklave oder Pächter zieht fort)	97
66	Proc. D 4,3,31 (Gesinde wird überredet, Grundstück zu verlassen)	98

III. Kapitel: Eigentumserwerb und Eigentumsverlust
Einleitung
A. Traditio

67	Ulp. D 41,1,20 pr. *(nemo plus iuris transferre potest...)*	103
68	Jav. D 39,5,25 (*exceptio doli* des Erwerbers)	104
69	Paul. D 41,1,31 pr. (kausale Tradition)	105
70	Jul. D 41,1,36 (Dissens bezüglich der *causa*)	106
71	Ulp. D 12,1,18 pr. (Dissens bezüglich der *causa*)	107

B. Usucapio
a) Reversio in potestatem (Interpretation der lex Atinia)

72	Paul. D 41,3,4,6 (Rückkehr zum Eigentümer, nicht zum Bestohlenen)	109
73	Nerat. D 41,3,41 (Rückerlangung durch Prokurator)	111
74	Paul. D 41,3,4,21 (Pfandschuldner stiehlt eigene Sache)	112
75	Lab. D 41,3,49 (Pfandschuldner stiehlt eigene Sache: Kontroverse)	113
76	Paul. D 41,3,4,10 (Verwahrer verkauft und kauft zurück)	114
77	Paul. D 41,3,4,12 (Fehlerfreiheit, Bewusstsein der *reversio*)	115
78	Paul. D 41,3,4,25 (gewaltsame Vertreibung und Wiedererlangung)	116
79	Paul. D 41,3,4,13 und 14 (Ersitzbarkeit ohne *reversio*)	117

b) Bona fides

80	Mod. D 50,16,109 (Definition)	118
81	Pomp. D 41,3,24 pr. (*bona fides* und Rechtsirrtum)	120
82	Paul. D 41,3,12 (*bona fides* und Veräußerungsverbote)	121
83	Paul. D 22,6,9,4 (*plus est in re quam in existimatione*)	122
84	Pomp. D 41,3,32,1 (Sondermeinung)	123
85	Jul. D 41,4,8 (Kontroverse)	124
86	Paul. D 41,4,2,15 (*bona fides* und Geschäftsfähigkeit)	126

c) Putativtitel

87	Nerat. D 41,10,5 (*bona fides* und Putativtitel)	127
88	Pomp. D 41,10,3 (Putativtitelersitzung *pro suo*)	128
89	Paul. D 41,4,2,6 *(pro emptore)*	129
90	Afr. D 41,4,11 *(pro emptore)*	130
91	Ulp. D 41,3,27 (Ablehnung jedes Putativtitels)	131
92	Pomp. D 41,5,1 und 3 *(pro herede)*	132
93	Paul. D 41,8,2; Pap. D 41,8,3; Pomp. D 41,10,4,2 *(pro legato/pro suo)*	133

C. Occupatio durch Jagd und Fischfang

94 Gai. D 41,1,1; Flor. D 41,1,2; Gai. D 41,1,3; Flor. D 41,1,4; Gai. D 41,1,5 pr.–2 (Eigentumserwerb und -verlust an wilden und gezähmten Tieren. Verwundung und Verfolgung. Bienenschwarm. Vögel im Nest.) 134
95 Paul. D 41,2,3,14–16 (Tierpark, Fischteich, Tauben, Bienen) 139
96 Ulp. D 41,1,44 (Wölfe rauben Schweine) 140

D. Dereliktion und Fund

97 Jav. D 41,1,58 (Dereliktion) 142
98 Ulp. D 47,2,43,8 und 9 (Fund) 143

E. Schatzfund

99 Paul. D 41,1,31,1 (Definition) 145
100 Paul. D 41,2,3,3 (historische Perspektive und Kontroverse) 146
101 Scaev. D 6,1,67 (Handwerker findet bei Hausrenovierung Geld) 148

F. Fruchterwerb

102 Jul. D 22,1,25,2 (Verlust des guten Glaubens vor der Perzeption) 149
103 Paul. D 41,1,48,1 (*bona fides* bei Ersitzung und Fruchterwerb) 151
104 Paul. D 41,3,4,19 (Erwerb der Wolle gestohlener Schafe) 152

G. Verbindung, Vermengung und Vermischung

a) Verbindung beweglicher Sachen mit einem Grundstück

105 Gai. D 41,1,7,13 *(implantatio)* 153
106 Scaev. D 41,1,60 (beweglicher Speicher auf fremdem Grundstück) 155
107 Cels. D 6,1,38 (Hausbau auf fremdem Grundstück) 156
108 Gai. D 41,1,7,10 *(tignum iunctum)* 158
109 Jul. D 6,1,59 (eigenes Material in fremdes Haus eingebaut) 159

b) Verbindung beweglicher Sachen

110 Gai. D 41,1,9,1 (Schrift und Papier) 160
111 Gai. Inst. 2,78 (Malerei und Holztafel) 162
112 Paul. D 6,1,23,3 (Malerei und Holztafel) 163
113 Paul. D 6,1,23,5 (Anschweißen und Anlöten) 164
114 Pomp. D 41,1,27,2 (Schweißen) 166

c) Vermengung und Vermischung

115 Ulp. D 6,1,5 pr. (einvernehml. oder eigenmächtige Vermengung von Getreide) 167
116 Ulp. D 6,1,3,2 (Verschmelzung von Metallen) 168

117	Gai. D 41,1,7,8 (einvernehmliche untrennbare Vermischung von Flüssigkeiten etc)	169
118	Ulp. D 6,1,5,1 (Honig und Wein zu Met vermischt)	170

d) Sonderfall: Geld

119	Jav. D 46,3,78 (Vermengung eigener und fremder Münzen)	171

H. Verarbeitung (Spezifikation)

120	Gai. D 41,1,7,7 (Kontroverse und *media sententia*)	173

IV. Kapitel: Eigentumsschutz und Eigentumsbeschränkungen
Einleitung
A. Die rei vindicatio
a) Passivlegitimation

121	Ulp. D 6,1,9 (Besitz oder Detention?)	179
122	Paul. D 6,1,27,1 (Besitz im Zeitpunkt der *litis contestatio* und/oder Urteilsfällung?)	181
123	Paul. D 6,1,7 *(fictus possessor)*	182
124	Gai. D 44,2,17 (Rechtskraft)	183

b) Umfang der Restitutionspflicht des Beklagten

125	Paul. D 6,1,33 (*fructus percepti* und *percipiendi*)	184
126	Paul. D 6,1,16,1 (Haftung für verschuldeten Untergang)	186
127	Ulp. D 6,1,15,3 (Haftung für Zufall)	187
128	Ulp. D 6,1,17 pr. (Besitzer verkauft Sklaven weiter, Käufer tötet ihn)	189
129	Ulp. D 6,1,37 (Impensenersatz, *ius tollendi*)	190

B. Die actio Publiciana und Einreden

130	Pomp. D 21,3,2 (Kauf vom Nichteigentümer)	192
131	Ulp. D 44,4,4,32 (Kauf vom Nichteigentümer)	194
132	Ulp. D 6,2,9,4 (doppelter Verkauf)	195
133	Nerat. D 19,1,31,2 (doppelter Verkauf)	197

C. Die actio negatoria

134	Ulp. D 8,5,8,5 (Immissionen: Käserei)	198
135	Alf. D 8,5,17,2 (Immissionen: Misthaufen)	201

D. Das interdictum quod vi aut clam (Ediktsinterpretation)

136	Ulp. D 43,24,1,5 und 6; Paul. D 43,24,20,1 *(vi factum)*	203
137	Ulp. D 43,24,3,7 *(clam factum)*	204
138	Ulp. D 43,24,7,5–7 *(opus in solo factum,* Schaden)	205
139	Venul. D 43,24,22,1 (Schaden irrelevant)	206
140	Venul. D 43,24,22,3 (Spaziergang)	207
141	Ulp. D 43,24,11 pr. (Wasser verdorben)	208

V. Kapitel: Servituten

Einleitung

A. Prädialservituten

142	Ulp. D 8,5,6,2 *(servitus oneris ferendi)*	211
143	Ulp. D 8,3,5,1 *(vicinitas, utilitas)*	213
144	Ulp. D 43,20,1,18 (Gebrauchsüberschreitung)	214
145	Paul. D 8,1,8 pr. (unzulässiger Inhalt)	215
146	Cels. D 8,3,11 (Bestellung durch *in iure cessio*)	216
147	Gai. D 8,2,6 (Erlöschen durch *non usus* und *usucapio libertatis*)	217
148	Pomp. D 8,2,7 *(usucapio libertatis)*	218

B. Personalservituten

a) Ususfructus

149	Ulp. D 7,1,68 pr. – 2; Pomp. D 7,1,69 (Sklavenkind, Tierherde)	219
150	Ulp. D 7,1,12,2 (Ausübung durch Verpachtung, Verkauf)	221
151	Ulp. D 7,1,15,4 (Standard des *vir bonus*)	222

b) Usus

152	Ulp. D 7,8,2,1 und D 7,8,4,1 (Haus)	223
153	Ulp. D 7,8,12,1 und 2 (Grundstück, Schafherde)	225
154	Pomp. D 7,8,22 pr. (Wald)	226

VI. Kapitel: Pfandrecht

Einleitung

A. Entstehung und Erlöschen des Pfandrechtes

a) Pignus tacitum

155	Pomp. D 20,2,7 pr. (ländliches Grundstück verpachtet, Früchte)	229
156	Nerat. D 20,2,4 pr. (Stadtgrundstück vermietet, *inducta et illata*)	230

157 Ulp. D 20,2,3 (Speicher, Herberge, Bauplatz: *invecta, illata*) 232
158 Marci. D 20,2,2 (Ausmaß der Pfandhaftung: Mietzins, Schäden) 233
159 Ulp. D 43,32,1 pr. *(interdictum de migrando)* 234

b) Generalhypothek und Verpfändung von Sachgesamtheiten

159a Ulp. D 20,1,6; Paul. D 20,1,7 (Ausnahmen) 235
159b Scaev. D 20,1,34 pr. und 2 (*taberna* verpfändet) 236

c) Res aliena pignori data

160 Mod. D 20,1,22 (Eigentümer beerbt Pfandschuldner) 237
161 Paul. D 13,7,41 (Pfandschuldner beerbt Eigentümer) 238
161a Ulp. D 13,7,9 pr. und 4 (Vertragsklagen) 239

d) Einvernehmliche Aufhebung des Pfandrechtes

162 Marci. D 20,6,8,14 (Pfandgläubiger erlaubt Pfandverkauf durch Schuldner) .. 240
163 Marci. D 20,6,8,15 (Gläubiger duldet Verkauf durch Schuldner) 241
164 Paul. D 47,2,67(66) pr. (Schuldner verkauft ohne Willen des Gläubigers) ... 242
165 Pomp. D 13,7,3 (Gläubiger gibt das Pfand zurück) 243

e) Tilgung der Schuld

166 Ulp. D 20,1,19 *(pignoris causa indivisa est)* 244

f) Pfandverwertung

167 Mod. D 20,5,8 (Pfandverkauf durch den Gläubiger) 245
168 Tryph. D 20,5,12 pr.; Marci. D 20,1,16,9 (Gläubiger kauft das Pfand) 246
169 Ulp. D 13,7,4 (Pfandverkauf ohne *pactum de distrahendo*) 248

g) Untergang der Pfandsache

170 Paul. D 20,1,29,2 (verpfändetes Haus abgebrannt) 250
170a Paul. D 13,7,18,3 (Wald verpfändet, Schiff gebaut) 252

B. Mehrfachverpfändung

a) Prior tempore potior iure

171 Gai. D 20,4,11,4 *(ius offerendi et succedendi)* 253
172 Tryph. D 20,4,20 (*superfluum* verpfändet, Vertragsauslegung) 254
173 Gai. D 20,1,15,2 (Vertragspraxis der Mehrfachverpfändung) 255
174 Afr. D 20,4,9,3 (Mehrfachverpfändung, keine Konvaleszenz) 257
175 Marci. D 20,4,12 pr. (Klagen und Einreden bei Mehrfachverpfändung) 259

176	Ulp. D 20,1,10 (Gleichzeitige Mehrfachverpfändung)	260
177	Afr. D 20,4,9 pr. und 1 (Rang bei befristeter und bedingter Verpfändung) ..	261
178	Gai. D 20,4,11,2 (Rang bei bedingter Verpfändung)	262
178a	Paul. D 20,4,14 (Mehrfachverpfändung einer *res aliena*)	263

b) Konvertierung

179	Paul. D 20,3,3 (Voraussetzungen und Wirkungen der Umschuldung)	264
180	Marci. D 20,4,12,9 (Konvertierung und Vorrückungsrecht)	266
181	Marci. D 20,4,12,8 (Vertragsauslegung)	268

c) Gesetzliche Pfandrechte und Rangprivilegien

182	Ulp. D 20,4,5 (Rangprivileg für Aufwendungen auf die Pfandsache)	269
183	Ulp. D 27,9,3 pr. (gesetzliches Pfandrecht zugunsten des *pupillus*)	270
184	Antonin. C 8,14,2 (Pfandrecht des Fiskus)	271
185	Ulp. D 49,14,28 (Generalverpfändung, Rang des Fiskus)	272

Anhang

Fallanalyse zu Gai. D 41,1,5,1 (Fall 8) 273
Fallanalyse zu Ulp. D 41,2,13 pr. (Fall 47) 276

Quellenregister 279
Moderne Gesetzestexte 282
Römische Rechtsregeln 284
Argumentationsweisen römischer Juristen 284

Abkürzungsverzeichnis

ABGB	Allgemeines bürgerliches Gesetzbuch (Österreich)
ANRW	*Temporini* (Hrsg), Aufstieg und Niedergang der römischen Welt
BGB	Bürgerliches Gesetzbuch (Deutschland)
BIDR	Bulletino dell'Istituto di Diritto Romano
C	Codex Iustinianus
CRRS	*Chiusi/Filip-Fröschl/Rainer* (Hrsg), Corpus der Römischen Rechtsquellen zur antiken Sklaverei
D	Digesta
FG	Festgabe
FS	Festschrift
Inst. Iust.	Institutiones Iustiniani
IJ	The Irish Jurist
JAP	Juristische Ausbildung und Praxisvorbereitung
OR	Obligationenrecht (Schweiz)
PS	Pauli sententiae
RIDA	Revue internationale des droits de l'antiquité[1])
RLT	Roman Legal Tradition[2])
SDHI	Studia et documenta historiae et iuris
SPG	Sicherheitspolizeigesetz (Österreich)
TR	Tijdschrift voor rechtsgeschiedenis/The Legal History Review[3])
WEX	Wahlfach Examinatorium
ZEuP	Zeitschrift für Europäisches Privatrecht
ZGB	Zivilgesetzbuch (Schweiz)
ZPO	Zivilprozessordnung (Österreich)
ZSS	Zeitschrift der Savigny-Stiftung für Rechtsgeschichte, romanistische Abteilung

---

[1]) Online-Version: http://www2.ulg.ac.be/vinitor/rida/index.html (ab Jahrgang 1997; Stand: 30. 6. 2012)

[2]) Online-Version: http://www.romanlegaltradition.org (Stand: 30. 6. 2012)

[3]) Online-Version: http://booksandjournals.brillonline.com/content/15718190 (Stand: 30. 6. 2012)

Vorbemerkung zur Textüberlieferung und Textkritik

Die in diesem Buch enthaltenen Texte klassischer römischer Juristen wurden zwischen dem ersten und dritten Jahrhundert n. Chr. verfasst, sind uns jedoch nicht in ihrer ursprünglichen Form überliefert. Wegen der geringen Haltbarkeit des Beschreibstoffes Papyrus mussten regelmäßig neue Abschriften hergestellt werden. Der Kopierprozess war fehleranfällig und konnte zu verschiedenen unbeabsichtigten Textveränderungen führen, wie etwa das Verschreiben eines Wortes, die Auslassung eines Textteiles oder die Einfügung von erklärenden Anmerkungen eines Lesers (Marginal- oder Interlinearglossen) durch den Kopisten. Daneben fanden aber auch bewusste Eingriffe statt, wenn etwa ein häufig verwendetes klassisches Werk (wie der Ediktskommentar Ulpians) in nachklassischer Zeit neu herausgegeben und dabei aktualisiert, dh an inzwischen eingetretene Änderungen der Rechtslage angepasst wurde.

Unsere heutige Kenntnis römischen Juristenrechts beruht weitgehend auf der Gestalt, in der Exzerpte aus Juristenwerken in die Digesten Justinians übernommen worden sind. Kaiser Justinian hat eine Kommission beauftragt, aus den klassischen Juristenschriften Texte auszuwählen und diese dabei zu kürzen und zu verändern, um Veraltetes und Widersprüche auszuscheiden sowie neues justinianisches Recht zu berücksichtigen. Anlässlich dieser Digestenkompilation 530 bis 533 n. Chr. haben zweifellos die stärksten Textveränderungen in den „Lebensläufen" der Juristenschriften stattgefunden.

Justinianische Rechtseingriffe werden global als „Interpolationen" bezeichnet, obwohl es sich bei ihnen überwiegend nicht um Einfügungen, sondern um Weglassungen handelt. Die Digestenkommission hat sich im Wesentlichen auf Kürzungen (Streichung von Fallbeispielen sowie von Zitaten unterstützender oder abweichender Meinungen anderer Juristen) beschränkt. Ihre rasche Arbeit hat gelegentlich Textstörungen hinterlassen, die an Brüchen in der Argumentation oder logischen Widersprüchen erkennbar sind und am besten als Ergebnis unsorgfältiger Kürzung oder Hinzufügung erklärt werden können. Manchmal ist eine solche Störung allerdings bereits vorjustinianischen Ursprungs und ist von den Kompilatoren lediglich unkorrigiert übernommen worden.

Während die ältere römischrechtliche Literatur (vom Ende des 19. bis zur Mitte des 20. Jh.) den Digestentexten mit dem Pauschalverdacht nicht nur formaler, sondern auch starker inhaltlicher Veränderung durch die Kompilatoren Justinians gegenübertrat, ist als Gesamtbefund jüngerer textkritischer Untersuchungen festzuhalten, dass das Gedankengut klassischer Juristen in den Digesten weitgehend unverfälscht überliefert worden ist.

I. Kapitel: Besitzerwerb

Einleitung
A. Erwerbsart: corpore et animo
B. Sonderfälle: Besitzerwerb „animo"
   a) Traditio brevi manu
      Exkurs: nemo sibi ipse causam possessionis mutare potest
   b) Constitutum possessorium
C. Fähigkeit zum Besitzerwerb
   a) Besitzerwerb und Geschäftsfähigkeit
   b) Besitzerwerb durch Gewaltunterworfene
      aa) Besitzerwerb und Vermögensfähigkeit
      bb) Besitzerwerb durch eigene Sklaven und Haussöhne
      cc) Besitzerwerb durch bona fide serviens und durch servus usufructuarius
      dd) Besitzerwerb durch servus fugitivus
   c) Besitzerwerb durch gewaltfreie „Stellvertreter"

Einleitung

Die römischen Juristen haben den Besitz *(possessio)* als tatsächliche Herrschaft über eine Sache vom Eigentum *(dominium, proprietas)* als Recht an einer Sache unterschieden: *„nihil commune habet proprietas cum possessione"*[1] (Ulpian D 41, 2, 12, 1); *„eam* (dh *possessionem) enim rem facti, non iuris esse"*[2] (Ofilius und Nerva filius in D 41, 2, 1, 3). Aber auch an die bloße *possessio,* insbesondere an ihre wichtigsten Erscheinungsformen Interdiktenbesitz und Ersitzungsbesitz, sind Rechtswirkungen geknüpft. Diese können unter Umständen sogar stärker sein als die Ansprüche des nichtbesitzenden Eigentümers: a) Zwecks Bewahrung des sozialen Friedens muss die Rechtsordnung eigenmächtige Rechtsdurchsetzung beschränken. Das bedeutet, dass auch nichtberechtigten Sachbesitzern vorläufiger Schutz gegen Angriffe Dritter oder sogar gegen den Berechtigten (Eigentümer) selbst gewährt wird[3] (Interdiktenverfahren). b) Zwecks Beendigung strittiger oder unsicherer Rechtsansprüche lässt die Rechtsordnung durch gutgläubige ungestörte Besitzausübung während eines bestimmten Zeitraumes Eigentum entstehen (Ersitzung)[4].

Wer ferner an einer *res nec mancipi* Eigentum übertragen will, muss dem Erwerber mittels *traditio ex iusta causa* (Übergabe auf Grund eines anerkannten Erwerbsgrundes

---

[1] „Das Eigentum hat mit dem Besitz nichts gemeinsam".
[2] „Er (dh der Besitz) sei nämlich eine faktische, keine rechtliche Angelegenheit".
[3] Beispiel: A stiehlt von B ein Buch, das dem C gehört. Der Dieb A genießt gegen den Eigentümer C Besitzschutz. Dieser darf die Sache nicht eigenmächtig an sich nehmen, sondern muss gegen A einen Prozess auf Herausgabe der Sache führen.
[4] Beispiel: A kauft gutgläubig von B ein Grundstück, das dem C gehört. Nachdem A das Grundstück zwei Jahre lang besessen hat, ist er durch Ersitzung Eigentümer geworden. C hat sein Eigentum nicht rechtzeitig geltend gemacht und es deshalb verloren.

wie Kauf, Schenkung etc) *possessio* an der Sache verschaffen. Wenn der Eigentümer an seiner Sache Besitz verloren hat, kann er den *possessor* auf Herausgabe klagen.

Wegen der bedeutsamen Rechtsfolgen, die an den Besitz anknüpfen, haben die römischen Juristen den Vorgängen des Besitzerwerbs und Besitzverlustes besondere Aufmerksamkeit geschenkt.

Die Vorstellungen klassischer römischer Juristen über den Besitzerwerb sind für uns vor allem aus dem Digestentitel 41, 2 *de adquirenda vel amittenda possessione*[5]) zu gewinnen. Als Leitwerk dieses Titels haben die Kompilatoren Justinians das 54. Buch des Kommentars verwendet, den der Spätklassiker Paulus zum Edikt des Prätors geschrieben hat.

Paulus beginnt die Erörterung des Besitzerwerbs mit ausführlichen Feststellungen zum Subjekt („Wer kann Besitz erlangen?", D 41, 2, 1, 2 bis 22; D 41, 2, 2. Vgl etwa D 41, 2, 1, 2–3: *Apiscimur autem possessionem per nosmet ipsos. Furiosus et pupillus sine tutoris auctoritate non potest incipere possidere*...[6]) und D 41, 2, 1, 5: *Item adquirimus possessionem per servum aut filium, qui in potestate est*...[7]). Dann gibt er einen knappen Hinweis auf das Objekt („Was kann besessen werden?", D 41, 2, 3 pr.: *Possideri autem possunt, quae sunt corporalia.*[8])) und wendet sich schließlich dem Modus zu („Wie erwirbt man Besitz?", D 41, 2, 3, 1: *Et apiscimur possessionem corpore et animo*...[9])).

Wir wollen unsere Erörterung des Besitzerwerbs mit dem Modus (Erwerbsart) beginnen und im Anschluss daran die Fähigkeit zum Besitzerwerb behandeln.

---

[5]) Besitzerwerb und -verlust.

[6]) Besitz erwerben wir durch eigenes Handeln. Ein Geisteskranker und ein Mündel, dem die Mitwirkung des Vormundes fehlt, können nicht zu besitzen anfangen...

[7]) Ebenso erwerben wir Besitz durch einen Sklaven oder gewaltunterworfenen Sohn...

[8]) Besitzen kann man körperliche Sachen.

[9]) Besitz erwerben wir durch einen körperlichen Akt und einen Willensakt...

A. Erwerbsart: Corpore et animo

Besitz kann grundsätzlich (Ausnahmen siehe unten Abschnitt B.) nur *corpore et animo* erworben werden. (Die Termini technici bleiben am besten unübersetzt.) *Animus* ist der Besitzwille, *corpore* (der Nominativ *corpus* wird in diesem Zusammenhang so gut wie nie gebraucht) bedeutet „durch Herstellung eines körperlichen Naheverhältnisses" zur Sache, an der Besitz erworben werden soll. Der *animus* muss nicht ausdrücklich erklärt werden, er tritt häufig in der Herstellung des körperlichen Naheverhältnisses zur Sache konkludent in Erscheinung.

Welches Ausmaß physischer Nähe jeweils als Voraussetzung des Besitzerwerbs *corpore* genügt, wird von römischen Juristen in breiter Kasuistik geprüft. Dabei ist ua beachtlich, ob es sich um den Erwerb einer beweglichen oder unbeweglichen Sache (Grundstück) handelt und ob der Erwerb mit Einverständnis des Vorbesitzers (derivativ) oder ohne bzw gegen dessen Willen (originär) erfolgt. Die Beherrschbarkeit der Sache kann auch durch die Wahrscheinlichkeit der störenden Einwirkung Dritter in Frage gestellt sein (vgl zur Schlüsselübergabe die Fälle 5 und 6, zum Besitzerwerb an wilden Tieren die Fälle 8 und 9). Wir finden engere und weitere Auffassungen über dieses körperliche Substrat und wollen im Folgenden die wichtigsten einschlägigen Fallentscheidungen analysieren. Vom *animus possidendi* handeln insbesondere die Fälle 7 und 11.

Literatur:
Schulz, Einführung in das Studium der Digesten (1916) 66 ff.
Gordon, Studies in the Transfer of Property by traditio (1970) 44 ff.

Fall 1

D 41, 2, 3, 1 (Paulus libro quinquagensimo quarto ad edictum)

Et apiscimur possessionem corpore et animo, neque per se animo aut per se corpore. quod autem diximus et corpore et animo adquirere nos debere possessionem, non utique ita accipiendum est, ut qui fundum possidere velit, omnes glebas circumambulet: sed sufficit quamlibet partem eius fundi introire, dum mente et cogitatione hac sit, uti totum fundum usque ad terminum velit possidere.

Übersetzung: (Paulus im 54. Buch seines Ediktskommentars)*)

Und wir erwerben Besitz *corpore et animo*, nicht *animo* allein oder *corpore* allein. Wenn wir aber gesagt haben, dass wir den Besitz *corpore et animo* erwerben müssen, ist das allerdings nicht so zu verstehen, dass jemand, der ein Grundstück in Besitz nehmen will, um das ganze Grundstück (wörtl: alle Erdschollen) herumgehen muss: Sondern es genügt, dass er einen beliebigen Teil dieses Grundstückes betritt, wenn er es in der Absicht und Überlegung tut, das ganze Grundstück bis zu dessen Grenzen besitzen zu wollen.

Bemerkungen zum Text:

Der Text beginnt mit einer lehrhaft breiten Erläuterung des Prinzips *„apiscimur possessionem corpore et animo" (neque per se..., quod autem diximus...)*. Der abstrakte Grundsatz wird sodann durch ein Beispiel interpretiert *(ita accipiendum est...)*. Zur Wendung *accipiendum est* siehe auch unten Fall 72.

Fundus kann Landgut oder Grundstück bedeuten. Im Folgenden wird vorwiegend die Übersetzung „Grundstück" verwendet.

Erörterung des Problems:

a) Wie erlangt man nach Paulus Besitz an einem Grundstück?

b) Welche praktischen Erwägungen sprechen für das Abschreiten der Grundstücksgrenzen, welche dagegen?

c) Würden Sie nach Lage und Beschaffenheit des Grundstückes verschieden entscheiden?

d) Denkt Paulus an ursprünglichen (originären) Erwerb (ohne Ableitung des Besitzes von einem Vormann) oder abgeleiteten (derivativen) Besitzerwerb?

e) Würden Sie bei originärem oder derivativem Erwerb von Grundstücken jeweils verschiedene Anforderungen an das körperliche Naheverhältnis stellen?

---

*) Zu Autor und Werk: Der spätklassische Jurist Iulius Paulus war Schüler des Cervidius Scaevola und begann seine Ämterlaufbahn ebenso wie Ulpian als Adsessor des Praefectus praetorio Papinian. Er gehörte sodann gemeinsam mit Ulpian dem Consilium des Septimius Severus (193–211) an. Unter Alexander Severus (222–235) erreichte er als Praefectus praetorio das höchste kaiserliche Amt. Paulus gilt als origineller als der etwas jüngere Ulpian, dem man eine stärkere Neigung zu dogmatischer Verfestigung ursprünglich elastischerer klassischer Rechtsbegriffe nachsagt.

Neben seiner gewiss schwierigen und zeitraubenden Amtstätigkeit ist Paulus ein erstaunlich produktiver juristischer Schriftsteller gewesen (Notae zu Iulian, Marcellus, Scaevola, Neraz, 16 libri ad Sabinum, 26 Bücher quaestiones, 23 Bücher responsa). Der Ediktkommentar des Paulus ist ein Monumentalwerk von 80 libri (Papyrusrollen), in dem die klassische Kasuistik kritisch gesammelt, gesichtet und unter einigermaßen systematischen Gesichtspunkten dargestellt wird. Die Kompilatoren haben zahlreiche Exzerpte aus dem Werk in die Digesten aufgenommen, dabei allerdings ausführliche Literaturzitate und Kontroversenberichte des Paulus zumeist gestrichen. Vom hier zitierten 54. Buch (Besitz und Ersitzung) ist in den Digesten etwa ein Drittel erhalten geblieben.

Fall 1

f) Welche Maßnahmen müsste ein Erwerber treffen, wenn die Juristen sogar ein „*omnes glebas circumambulare*" nicht als ausreichendes körperliches Naheverhältnis gelten ließen?

g) Mit welchen Maßnahmen könnte sich eine weniger strenge Auffassung begnügen, die nicht einmal das Betreten des Grundstückes verlangen will?

h) Wie könnte der Erwerber möglichst deutlich seinen Willen zum Ausdruck bringen, den Besitz am ganzen Grundstück *usque ad terminum* zu erwerben
 – bei ursprünglichem,
 – bei abgeleitetem Besitzerwerb?

Antworten:

zu a): Durch Betreten eines beliebigen Teils des Grundstückes in der Absicht, Besitz am ganzen Grundstück zu erwerben.

zu b): Pro: Publizität (Erwerb wird unter Umständen für Dritte deutlicher erkennbar); eindeutige Feststellung der Grenzen vermeidet künftige Streitigkeiten mit den Nachbarn. (*Fines demonstrare* ist Verkäuferpflicht, der Besitzerwerb ist davon freilich unabhängig.)

Contra: Umständlichkeit; Grundstücksgrenzen können auch anders verdeutlicht werden; vom Gesichtspunkt der „Beherrschung" des Grundstückes besteht kein qualitativer Unterschied zum Betreten.

zu c): Bei besonders großen oder unwegsamen Grundstücken wäre der „Flurumgang" kaum zumutbar. Mit den oben unter b) genannten Gründen kann für oder gegen differenzierende Behandlung argumentiert werden.

zu d): Wahrscheinlich an derivativen Erwerb (Normalfall). Originärer Erwerb wäre denkbar an einem dauernd verlassenen Grundstück, ferner durch *usucapio pro herede*, sowie durch gewaltsames Eindringen (siehe dazu jedoch unten Fall 54).

zu e): Bei originärem Erwerb sind unter Umständen strengere Anforderungen zu stellen im Hinblick auf mögliche Akte Dritter, die ebenfalls Besitz erlangen wollen (A betritt vormittags ein herrenloses Grundstück in Erwerbsabsicht, verlässt es wieder; B fängt nachmittags in Erwerbsabsicht zu pflügen oder einzuzäunen an).

zu f): Einzäunen, bearbeiten.

zu g): Zeigen (vom Nachbargrundstück aus oder eventuell auch aus größerer Entfernung).

zu h): Bei ursprünglichem Erwerb: Abschreiten der Grenzen, Einzäunen, Bewirtschaften, Bearbeiten des Grundstückes in einer Weise, die eine Beanspruchung der gesamten Fläche zum Ausdruck bringt (nicht etwa bloßes Spazierengehen, oder Hausbau in einem Teilgebiet, ohne den Rest des Grundstückes jemals zu betreten).

Bei abgeleitetem Erwerb: Willensäußerung (meist ausdrückliche Erklärung) gegenüber dem vorhergehenden Besitzer, am ganzen Grundstück Besitz erwerben zu wollen.

Fall 1

Vgl dazu:

§ 309 ABGB
Wer eine Sache in seiner Macht oder Gewahrsame hat, heißt ihr Inhaber. Hat der Inhaber einer Sache den Willen, sie als die seinige zu behalten, so ist er ihr Besitzer.

§ 312 ABGB
Körperliche, bewegliche Sachen werden durch physische Ergreifung, Wegführung oder Verwahrung; unbewegliche aber durch Betretung, Verrainung, Einzäunung, Bezeichnung oder Bearbeitung in Besitz genommen. . . .

Literaturhinweis:
Möhler, Der Besitz am Grundstück, wenn der Besitzmittler es verläßt, ZSS 77 (1960) 54f.

Fall 2

D 41, 2, 18, 2 (Celsus libro vicensimo tertio digestorum)

Si venditorem quod emerim deponere in mea domo iusserim, possidere me certum est, quamquam id nemo dum attigerit: aut si vicinum mihi fundum mercato venditor in mea turre demonstret vacuamque se possessionem tradere dicat, non minus possidere coepi, quam si pedem finibus intulissem.

Übersetzung: (Celsus im 23. Buch seiner Digesten)*)

Wenn ich dem Verkäufer aufgetragen habe, das, was ich gekauft habe, in meinem Haus abzulegen, steht fest, dass ich besitze, wenngleich noch niemand die Sache berührt hat. Oder wenn mir, nachdem ich das Nachbargrundstück gekauft habe, der Verkäufer dieses von meinem Turm aus zeigt und erklärt, die *vacua possessio* zu übergeben, beginne ich ebenso zu besitzen, wie wenn ich das Grundstück betreten hätte.

Bemerkungen zum Text und Erörterung des Problems:

Zu *certum est* (es steht fest) s unten zu Fall 27. Der Text bringt zwei Parallelfälle, die mit *aut* verbunden sind. Nicht erkennbar ist, ob eine Anfrage an den Juristen zugrundeliegt oder es sich um theoretische Erwägungen handelt. Es empfiehlt sich eine schematische Aufgliederung der Digestenstelle:

a) Erster Fall:
1. Sachverhalt: Der Käufer beauftragt den Verkäufer, die Ware im Haus des Käufers abzustellen. (Der Verkäufer entspricht dieser Anordnung.)
2. Rechtsfrage: Hat der Käufer damit Besitz erworben?
3. Entscheidung des Juristen: Selbstverständlich *(certum est)*, und zwar auch wenn noch niemand im Haus des Käufers die Ware berührt hat.
4. Erwägungen: Der Besitzwille des Käufers ist hier unproblematisch und wird deshalb nicht erörtert. Der Jurist erwägt jedoch, wie das körperliche Naheverhältnis beschaffen sein muss, damit Besitz erworben werden kann. Im Normalfall eines Kaufes erfolgt die Übergabe der Ware *(traditio)* von Hand zu Hand an den Käufer, der sie ergreift und mit sich nimmt. Hier wird dagegen Zustellung ins Haus des Käufers vereinbart.
   a) Celsus erklärt dezidiert, dass bei Lieferung der Sache ins Haus ein Berühren der Sache nicht erforderlich ist. Warum begnügt sich der Jurist mit bloßem Abstellen ohne Ergreifungsakt? Denkt er nur an den Fall, dass der Verkäufer mit der Ware ins Haus des Käufers kommt, wo dieser persönlich anwesend ist und anordnet, die Sache abzustellen? Oder passt die Entscheidung auch auf den Fall der Einigung im

---

*) Publius Iuventius Celsus (106 n. Chr. Prätor, 128 zum zweiten Mal Konsul, Statthalter in Thracia und Asia, Mitglied von Hadrians Consilium) ist eine der profiliertesten Juristenpersönlichkeiten der Hochklassik. Scharfsinn und Originalität werden gelegentlich von polemischer Aggressivität begleitet. Obwohl gemeinsam mit Neraz Schuloberhaupt der Prokulianer, scheint Celsus einiges zur Überwindung traditioneller Schulkontroversen beigetragen zu haben. Bemerkenswert sind seine abstrakten Aussagen zur Rechtsquellenlehre und Interpretationsmethode.

Das Hauptwerk des Celsus, Digesta in 39 Büchern, folgt der Ediktsordnung (libri 1–27) und einer stereotypen Reihe von leges und senatusconsulta (libri 28–39). Es ist in den Digesten Justinians relativ gut überliefert (141 Fragmente).

Fall 2

Geschäft des Verkäufers mit nachfolgendem Abstellen im Haus des Käufers (in dessen Abwesenheit)?

b) Erwirbt der Käufer Besitz, wenn der Verkäufer die Sache vor dem Haus abstellt?

c) Erwirbt der Käufer jedenfalls Besitz an der vor seinem Haus abgestellten Sache, wenn er dies mit dem Verkäufer ausdrücklich vereinbart hat?

Antworten zum ersten Fall:

a) Auch die im leeren Haus des abwesenden Käufers abgegebene Sache ist eindeutig in dessen Machtsphäre eingetreten.

b) Wenn der Käufer den Verkäufer zum Abstellen im Haus beauftragt hat, gilt erst dadurch der Besitz als ordnungsgemäß übergeben. Obwohl man unter Umständen ein ausreichendes körperliches Naheverhältnis annehmen könnte, findet kein Besitzerwerb statt, da der Käufer nicht zu diesem Zeitpunkt Besitz erwerben wollte. Der Verkäufer trägt bis dahin die Verpflichtung zu sorgfältiger Aufbewahrung *(custodia)* und haftet somit für Verlust oder Beschädigungen der Sache, die deshalb eingetreten sind, weil er die Sache nicht vereinbarungsgemäß im Haus, sondern vor dem Haus abgestellt hat.

c) Die Parteienvereinbarung kann das erforderliche körperliche Naheverhältnis nicht ersetzen. Da vom Gesichtspunkt der Beherrschbarkeit ein beachtlicher Unterschied bestehen kann, ob die Sache im oder vor dem Haus abgestellt wird, dürften die römischen Juristen je nach den Umständen (Beschaffenheit des Ortes, der Sache, Respektierung fremden Eigentums etc) verschieden geurteilt haben.

b) Zweiter Fall:

1. Sachverhalt: Jemand hat ein Grundstück gekauft, das an sein eigenes angrenzt. Der Verkäufer zeigt dem Käufer dieses Nachbargrundstück von einem Turm aus, der auf dem Grundstück des Käufers steht, und erklärt ihm, die *vacua possessio* zu übertragen (dh das Grundstück geräumt zu übergeben).

2. Rechtsfrage: Kann man hier von einem Besitzerwerb *corpore* sprechen?

3. Entscheidung des Juristen: Ja, genauso als hätte der Erwerber das Grundstück betreten.

4. Erwägungen:

   a) Halten Sie den Umstand für erheblich, dass es sich um ein benachbartes Grundstück handelt?

   b) Ist es für die Entscheidung relevant, dass das Grundstück von meinem Turm aus gezeigt wird?

   c) In welchem Verhältnis steht die Entscheidung des Celsus zu Paulus D 41, 2, 3, 1 (oben Fall 1)?

   d) Inwiefern ist das Zeigen eines Grundstückes vom Turm aus mit dem Abstellen einer Sache im Haus des Käufers vergleichbar?

   e) Könnte man trotz Verwandtschaft der Fälle eine Differenzierung im Grad des körperlichen Naheverhältnisses vornehmen?

Literaturhinweis:
   Gordon, Studies in the Transfer of Property by traditio (1970) 50 ff.

Fall 3

D 46, 3, 79 (Iavolenus libro decimo epistularum)

Pecuniam, quam mihi debes, aut aliam rem si in conspectu meo ponere te iubeam, efficitur, ut et tu statim libereris et mea esse incipiat: nam tum, quod a nullo corporaliter eius rei possessio detinetur, adquisita mihi et quodammodo manu longa tradita existimanda est.

Übersetzung: (Javolenus im zehnten Buch seiner brieflichen Rechtsgutachten)*)

Wenn ich dir gebiete, das Geld, das du mir schuldest, oder eine andere Sache vor meinen Augen niederzulegen, wird bewirkt, dass du sofort von der Schuld befreit wirst und das Geld oder die Sache mein Eigentum wird: Denn da der Besitz an dieser Sache von niemandem körperlich behalten wird, gilt er mir erworben und gewissermaßen von langer Hand übergeben.

Bemerkungen zum Text:

Die Kompilatoren haben den Text in den Digestentitel 46, 3 *de solutionibus et liberationibus* (Leistung und Erlöschen der Schuld) gestellt. *Aut aliam rem* könnte eine spätere Einfügung sein, vielleicht aber auch nur unpräzise Ausdrucksweise: das folgende *libereris* zeigt, dass es sich um eine geschuldete Sache handeln muss.

Sachverhalt: Jemand gebietet seinem Schuldner, geschuldetes Geld oder eine andere geschuldete Sache vor seinen Augen hinzulegen. (Der Schuldner entspricht dieser Anordnung.)

Rechtsfrage: Wird der Schuldner damit befreit; erwirbt der Gläubiger Besitz an der Sache?

Erörterung des Problems:

a) Genügt bereits die Anordnung zur Befreiung des Schuldners und zum Besitzerwerb des Gläubigers oder ist dazu deren Ausführung erforderlich?

b) Wie beurteilen Sie die Bedeutung der räumlichen Entfernung des Gläubigers von der Sache und der Einwirkungsmöglichkeit Dritter?

c) Versuchen Sie, aus diesem Text eine Definition der *traditio longa manu* zu entwickeln, und prüfen Sie sodann, ob auch das Zeigen des Grundstückes vom Turm aus (D 41, 2, 18, 2 oben Fall 2) und das Ablegen der Ware im Haus des Käufers (ebendort) unter diese Definition subsumiert werden können.

d) Welchen Sinn und welches Gewicht hat die Begründung „*quod a nullo corporaliter eius rei possessio detinetur*"?

Literaturhinweis:

Eckardt, Iavoleni epistulae (1978) 213 f.

---

*) Der Hochklassiker L. Iavolenus Priscus wirkt in der 2. Hälfte des 1. Jh. n. Chr. (Konsul 86 n. Chr., später Statthalter in Germania superior, Syria, Africa, Mitglied des Consilium Trajans und Hadrians). Er hat vorwiegend die Werke älterer Juristen kritisch bearbeitet (Labeo, Cassius, Plautius). Von seinen Epistulae (14 Bücher, ein Prinzip der Stoffanordnung ist nicht erkennbar) sind 72 Fragmente in die Digesten übernommen worden. Die ursprüngliche Briefform ist dabei nicht erhalten geblieben. Längere Exzerpte folgen dem Responsenaufbau (Sachverhaltsdarstellung – quaestio – responsum).

Fall 4

D 41, 2, 1, 21 (Paulus libro quinquagensimo quarto ad edictum)

Si iusserim venditorem procuratori rem tradere, cum ea in praesentia sit, videri mihi traditam Priscus ait, idemque esse, si nummos debitorem iusserim alii dare. non est enim corpore et tactu necesse adprehendere possessionem, sed etiam oculis et affectu argumento esse eas res, quae propter magnitudinem ponderis moveri non possunt, ut columnas, nam pro traditis eas haberi, si in re praesenti consenserint: et vina tradita videri, cum claves cellae vinariae emptori traditae fuerint.

Übersetzung: (Paulus im 54. Buch seines Ediktskommentars)*)

Wenn ich den Verkäufer in Gegenwart der Sache beauftragt habe, diese meinem Prokurator zu übergeben, so sagt Priscus, sie sei als mir übergeben zu betrachten. Das gelte auch, wenn ich den Schuldner beauftragt habe, das Geld jemand anderem zu geben. Es ist nämlich nicht notwendig, den Besitz körperlich und durch Berührung zu ergreifen, sondern er kann auch mit den Augen und mit dem Willen erworben werden. Als Beweis dafür dienen die Sachen, die wegen der Größe ihres Gewichtes nicht bewegt werden können, wie zB Säulen. Denn diese gelten als übergeben, wenn sich Veräußerer und Erwerber in Gegenwart der Sachen geeinigt haben. Auch Wein gelte als übergeben, wenn die Schlüssel des Weinkellers dem Käufer übergeben worden sind.

Bemerkung zum Text:

Zu *videri* (sei ... zu betrachten) s unten zu Fall 72.

Erörterung des Problems:

In der Stelle werden vier Fälle miteinander verknüpft:

1. Besitzerwerb durch Auftrag des Erwerbers an den Veräußerer in Gegenwart der Sache, diese an einen Prokurator des Erwerbers zu übergeben;
2. Besitzerwerb durch Auftrag des Gläubigers an den Schuldner, das geschuldete Geld einem Dritten zu übergeben;
3. Besitzerwerb an besonders schweren Sachen (zB Säulen) durch Einigung zwischen Veräußerer und Erwerber in Gegenwart der Sachen;
4. Besitzerwerb an Wein durch Übergabe der Schlüssel zum Weinkeller an den Käufer.

ad 1) Findet der Besitzerwerb des Käufers im Augenblick des Auftrages an den Verkäufer oder im Augenblick der Übergabe der Sache an den Prokurator statt?

Ist die Anwesenheit des Prokurators bei der Auftragserteilung nötig?

ad 2) Ist in diesem Fall Einigung in Gegenwart eines sichtbaren, abgezählten Geldbetrages erforderlich?

ad 3) In welchem logischen Verhältnis steht dieser Sachverhalt zu den Fällen 1 und 2?

---

*) Zu Autor und Werk s oben Fall 1 (D 41, 2, 3, 1). Der im Text zitierte Priscus könnte Neratius (unten Fall 71, D 41, 3, 41) oder Javolenus (oben Fall 3, D 46, 3, 79) sein, die beide dieses cognomen tragen.

Fall 4

ad 4) a) Denkt der Jurist an Schlüsselübergabe im Keller, vor dem Keller oder an einem beliebigen Ort?
   b) Würden Sie alle vier Fälle als *traditio longa manu* (D 46, 3, 79 oben Fall 3) bezeichnen?
   c) Unter welchen Voraussetzungen gilt der Satz, dass man Besitz auch *oculis et affectu* (mit den Augen und dem Willen) erwerben könne?

Literaturhinweise:
   Gordon (Fall 2) 47 ff.
   Watson, Acquisition of Ownership by traditio to an extraneus, SDHI 33 (1967) 194 f.
   (= Studies in Roman Private Law [1991] 114 f).
   Klinck, Erwerb durch Übergabe an Dritte nach klassischem römischen Recht (2004) 197 f.

Fall 5

D 18, 1, 74 (Papinianus libro primo definitionum)

Clavibus traditis ita mercium in horreis conditarum possessio tradita videtur, si claves apud horrea traditae sint: quo facto confestim emptor dominium et possessionem adipiscitur, etsi non aperuerit horrea: quod si venditoris merces non fuerunt, usucapio confestim inchoabitur.

Übersetzung: (Papinian im ersten Buch seiner Definitionen)*)

Durch Schlüsselübergabe gilt der Besitz an Waren, die in Magazinen liegen, dann als übergeben, wenn die Schlüssel bei den Magazinen übergeben worden sind. Dadurch erlangt der Käufer unverzüglich Eigentum und Besitz, obgleich er die Magazine noch nicht geöffnet hat. Wenn die Waren nicht Eigentum des Verkäufers waren, beginnt sofort die Ersitzung.

Bemerkung zum Text:

Zu *videtur* (es gilt) s unten zu Fall 72.

Erörterung des Problems:

a) Ist die Schlüsselübergabe als „symbolische" (§ 427 ABGB „durch Zeichen") oder als tatsächliche Übergabe der Waren anzusehen?

b) Welche Auffassung vom Besitzerwerb vertritt Papinian, wenn er fordert, dass die Schlüssel vor den Magazinen (und nicht an einem anderen Ort) übergeben werden?

c) Ist es relevant, ob außer den übergebenen Schlüsseln noch weitere Exemplare existieren, und wer diese in Händen hält?

d) Macht es einen Unterschied, ob Waren mehrerer Eigentümer eingelagert sind? Ob der Gesamtinhalt des Magazins oder nur ein Teil der Waren veräußert wird?

e) Kann man Waren in einem unversperrten Magazin durch bloßes Zeigen des Magazins (ohne Schlüsselübergabe) übergeben?

Vgl dazu:

§ 426 ABGB
Bewegliche Sachen können in der Regel nur durch körperliche Übergabe von Hand zu Hand an einen anderen übertragen werden.

§ 427 ABGB
Bei solchen beweglichen Sachen aber, welche ihrer Beschaffenheit nach keine körperliche Übergabe zulassen, wie bei Schuldforderungen, Frachtgütern, bei einem Warenla-

---

*) Aemilius Papinianus stieg zur Spitze der kaiserlichen Ämterhierarchie auf: Er war 203–212 n. Chr. Praefectus praetorio. Paulus und Ulpian waren zeitweise als seine adsessores tätig. Papinian wurde 212 hingerichtet, da er angeblich den Mord Caracallas an dessen Bruder und Mitkaiser Geta missbilligt hat.
Die Werke Papinians (besonders seine 37 libri quaestiones und 19 libri responsa) bieten Kasuistik in höchster Vollendung: Trotz schwierigen Stils und oft äußerster Knappheit im Ausdruck besticht Papinian durch Gedankenfülle und Treffsicherheit. Von den Kompilatoren wurde er hoch geschätzt (zahlreiche Exzerpte in den Digesten) und noch heute gilt er zu Recht als einer der größten römischen Juristen.
Seine zwei Bücher definitiones sind die einzige Juristenschrift, die unter diesem Titel überliefert ist. Soweit aus den vorhandenen Exzerpten erkennbar, handelt es sich um „Präzisierungen" geltender Rechtssätze.

Fall 5

ger oder einer andern Gesamtsache, gestattet das Gesetz die Übergabe durch Zeichen; indem der Eigentümer dem Übernehmer die Urkunden, wodurch das Eigentum dargetan wird, oder die Werkzeuge übergibt, durch die der Übernehmer in den Stand gesetzt wird, ausschließend den Besitz der Sache zu ergreifen; oder, indem man mit der Sache ein Merkmal verbindet, woraus jedermann deutlich erkennen kann, dass die Sache einem andern überlassen worden ist.

Literaturhinweis:
Gordon (Fall 2) 57.

Fall 6

D 41, 1, 9, 6 (Gaius libro secundo rerum cottidianarum sive aureorum)

Item si quis merces in horreo repositas vendiderit, simul atque claves horrei tradiderit emptori, transfert proprietatem mercium ad emptorem.

Übersetzung: (Gaius im zweiten Buch seiner „Jurisprudenz des täglichen Lebens" bzw. „Goldenen Rechtsregeln")*)

(Ebenso) wenn jemand Waren, die in einem Magazin gelagert sind, verkauft hat, überträgt er das Eigentum an den Waren an den Käufer, sobald er ihm die Schlüssel des Magazins übergeben hat.

Erörterung des Problems:

Gaius spricht vom Eigentumserwerb. Da Besitzerwerb eine Voraussetzung des Eigentumserwerbs ist, impliziert die Entscheidung des Gaius die Bejahung des Besitzerwerbs.

Im Gaiustext fehlt im Vergleich zu Papinian (oben Fall 5) ein Hinweis darauf, dass die Schlüsselübergabe vor dem Magazin stattfinden müsse. Es könnte sich dabei um einen unbeabsichtigten Textausfall, eine bewusste Juristenkontroverse über die Notwendigkeit der Schlüsselübergabe in Sachpräsenz oder um verschieden gelagerte Sachverhalte handeln, in denen je nach den Umständen die Schlüsselübergabe vor dem Magazin erfolgen muss oder nicht.

Versuchen Sie, die Entscheidungen des Gaius und des Papinian (oben Fall 5) durch Differenzierung solcher Sachverhalte nebeneinander bestehen zu lassen. Können aus den Fällen D 41, 2, 18, 2 (oben Fall 2) und D 41, 1, 55 (unten Fall 9) Argumente zugunsten der Entscheidung des Gaius gefunden werden?

Literaturhinweis:
    Gordon (Fall 2) 57 ff.

---

*) Gaius (Name und Herkunft bleiben dunkel) war ein Außenseiter der klassischen Jurisprudenz, der als Rechtslehrer ohne ius respondendi wirkte. Seine Werke (etwa 20 Schriften zwischen 150 und 180 n. Chr.) dienen vorwiegend didaktischen Zwecken (leicht fassliche Mitteilungen des Stoffes), lassen auch rechtshistorische Interessen erkennen (zB ein Zwölftafelkommentar), verzichten aber auf kasuistische Problemdiskussion. Gaius galt deshalb bei Kollegen und Nachfolgern nicht als zitierfähig. Seine bedeutende Leistung liegt auf dem Gebiet abstrakter Dogmatik und Systembildung. Die institutiones des Gaius (Anfängerlehrbuch in vier libri) haben durch Vermittlung Justinians bis in die Neuzeit Rechtsunterricht und Kodifikationen entscheidend beeinflusst. Die res cottidianae (sieben Bücher) sind wahrscheinlich eine von Gaius selbst überarbeitete Fassung der institutiones.

Fall 7

D 18, 6, 15 (14), 1 (Paulus libro tertio epitomatorum Alfeni)

Materia empta si furto perisset, postquam tradita esset, emptoris esse periculo respondit, si minus venditoris: videri autem trabes traditas, quas emptor signasset.

Übersetzung: (Paulus im dritten Buch seines Auszuges aus Alfenus)*)

Wenn eine gekaufte Sache durch Diebstahl verlorengegangen ist, nachdem sie übergeben worden war, erteilte er das Gutachten, der Käufer trage die Gefahr. Wenn noch nicht übergeben worden sei, trage sie der Verkäufer. Balken, welche der Käufer angezeichnet habe, seien als übergeben anzusehen.

Bemerkung zum Text:

Zu *videri* (seien anzusehen) s unten zu Fall 72.

Erörterung des Problems:

a) Was bedeutet der Satz *periculum est emptoris* (der Käufer trägt die Gefahr)?
b) Welche Regelung gilt bezüglich der Gefahrtragung und Haftung des Verkäufers?
c) Welche Bedenken kann man gegen Besitzerwerb *(corpore, animo)* an Balken durch bloßes *signare* geltend machen?
d) Ist es erheblich, auf welche Weise der Käufer die Balken anzeichnet?
   Ob er dazu eine Erklärung abgibt oder nicht?
   Wäre es zur Beantwortung dieser Frage nützlich, die Praxis des römischen Holzhandels zu kennen?
e) Wäre auch Besitzerwerb durch bloßes Zeigen möglich?

Antworten:

a) *Periculum est emptoris* heißt, dass der Käufer die Preisgefahr trägt: Das Risiko für Untergang der Sache durch Einwirkung „höherer Gewalt" (Feuersbrunst, Überschwemmung, Raubüberfall etc) geht bereits bei Kaufabschluss, nicht erst bei Übergabe der Ware auf den Käufer über. Dieser muss den Kaufpreis bezahlen, obwohl er keine Ware erhält.

b) Bis zur Übergabe haftet allerdings der Verkäufer nicht nur für vorsätzliche oder fahrlässige Beschädigung oder Zerstörung der Sache, sondern er trägt darüber hinaus eine besondere Bewachungspflicht, *custodia*, die ihm vor allem auch das Risiko für Diebstahl aufbürdet. Bei Diebstahl nach Übergabe muss der Käufer den Kaufpreis bezahlen, obwohl er weder die Sache noch Ersatz für sie erhält. Bei Diebstahl vor Übergabe muss der Verkäufer dem Käufer einen allenfalls bereits erhaltenen Kaufpreis zurückerstatten.

c) Bloßes *signare* bringt unter Umständen nicht deutlich genug zum Ausdruck, dass der Käufer in diesem Augenblick Besitz erwerben will. Er könnte auch lediglich beabsich-

---

*) Zu Paulus s oben Fall 1 (D 41, 2, 3, 1). Der republikanische Jurist P. Alfenus Varus (Konsul 39 v.Chr.) hat 40 libri digesta geschrieben, die von Paulus exzerpiert und mit eigenen Bemerkungen versehen worden sind. Er ist der einzige Vorklassiker, aus dessen Werk uns größere Stücke (54 Digestenfragmente) überliefert sind.

tigen, die angezeichneten Hölzer aus dem Vorrat auszusondern und sie erst später (durch Abholung oder Zustellung) in Besitz zu nehmen.

d) Durch Abgabe einer Erklärung würde sicher verdeutlicht, ob *animus possidendi* vorliegt. Eine entsprechende Praxis des römischen Holzhandels würde erlauben, das *signare* oder die Art, in welcher der Käufer dieses vornimmt, als konkludente Willensäußerung in der einen oder anderen Richtung auszulegen.

e) Ja; das körperliche Naheverhältnis wäre wohl ausreichend, vgl D 41, 2, 1, 21 (Säulen usw) oben Fall 4.

Literaturhinweis:
  Pennitz, Das periculum rei venditae (2000) 381 ff.

Fall 8

D 41, 1, 5, 1 (Gaius libro secundo rerum cottidianarum sive aureorum)

Illud quaesitum est, an fera bestia, quae ita vulnerata sit, ut capi possit, statim nostra esse intellegatur. Trebatio placuit statim nostram esse et eo usque nostram videri, donec eam persequamur, quod si desierimus eam persequi, desinere nostram esse et rursus fieri occupantis: itaque si per hoc tempus, quo eam persequimur, alius eam ceperit eo animo, ut ipse lucrifaceret, furtum videri nobis eum commisisse. plerique non aliter putaverunt eam nostram esse, quam si eam ceperimus, quia multa accidere possunt, ut eam non capiamus: quod verius est.

Übersetzung: (Gaius im zweiten Buch seiner „Jurisprudenz des täglichen Lebens" bzw „Goldenen Rechtsregeln")*)

Es ist fraglich, ob anzunehmen ist, dass ein wildes Tier, das so verwundet worden ist, dass es gefangen werden kann, sofort Eigentum dessen wird, der es verwundet hat. Trebatius hat die Meinung vertreten, es werde sofort sein Eigentum und bleibe es, solange er es verfolge. Wenn er aber die Verfolgung aufgebe, höre das Tier auf, sein Eigentum zu sein und könne sodann von einem anderen durch occupatio erworben werden. Wenn also während der Verfolgung eines verwundeten Tieres ein anderer dieses um seines Vorteils willen einfange, begehe er einen Diebstahl. Die meisten Juristen sind jedoch der Ansicht, man erwerbe Eigentum erst durch Fangen des Tieres, da vieles geschehen könne, wodurch das Fangen verhindert würde. Und das ist die richtigere Auffassung.

Bemerkungen zum Text:

Der Text steht im Digestentitel 41, 1 *de adquirendo rerum dominio,* als dessen Einleitung die Kompilatoren ein großes Stück aus den *res cottidianae* des Gaius verwendet haben. Gaius erörtert zunächst den originären Eigentumserwerb nach *ius gentium* und beginnt mit der Feststellung, dass man an wilden Tieren als *res nullius* (herrenlosen Sachen) durch *occupatio* (Besitzergreifung in Aneignungsabsicht) Eigentum erwerbe (D 41, 1, 1 und 3, unten Fall 92). Er prüft sodann in unserer Stelle das zum Besitzerwerb erforderliche körperliche Naheverhältnis.

Gaius nimmt dabei auf eine ältere Juristenkontroverse *(quaesitum est)* Bezug und schließt sich der Mehrheit bzw herrschenden Lehre *(plerique)* gegen Trebatius an *(verius est).* Zu *intellegatur* (anzunehmen) s unten zu Fall 72.

Verius est „es ist richtiger", dh die bessere juristische Entscheidung oder Problemlösung, signalisiert zumeist eine Kontroverse: Der Jurist trifft eine Wahl zwischen zwei Standpunkten, die von Kollegen oder Vorgängern vertreten werden (vgl unten Fälle 120 und 125) oder setzt einer vorhandenen Meinung die eigene entgegen. Gelegentlich mag *verius* freilich auch die Bilanz aus einer Abwägung zweier Gesichtspunkte ziehen, die ein und derselbe Jurist gegeneinander gestellt hat.

Erörterung des Problems:

a) Formulieren Sie Sachverhalt, Rechtsfrage und die beiden kontroversen Juristenmeinungen.

---

*) Zu Autor und Werk s oben Fall 6 (D 41, 1, 9, 6). Der zitierte Gaius Trebatius Testa war ein jüngerer Freund und Schützling Ciceros sowie juristischer Berater von Caesar und Augustus.

b) Ist für den Standpunkt des Trebatius die Verwundung essentiell oder könnte die bloße Verfolgung eines langsamen (leicht einholbaren) Tieres bereits zum Besitzerwerb genügen?

c) Spricht sich Gaius gegen einen Besitzerwerb *longa manu* aus (vgl oben Fall 3)?

d) Wie hätte Gaius die Tötung des Tieres ohne sofortige Ergreifung beurteilt?

e) Hätte Gaius vermutlich anders entschieden, wenn das Tier tödlich verwundet worden oder seine Ergreifung praktisch unausweichlich gewesen wäre?

f) Sollte man dem Verfolger unter gewissen Voraussetzungen einen Anspruch einräumen, der nicht mehr durch Einmischung anderer gestört werden darf? (Etwa als Belohnung für Zeitaufwand und Mühe, oder zwecks Verhinderung von Streitigkeiten.)

Siehe auch die Musterexegese im Anhang.

Vgl dazu:

Pierson v. Post, Supreme Court of New York (1805)

SV: Der Jäger Post verfolgt zu Pferd mit Hundemeute einen Fuchs und ist bereits nahe daran, ihn zu erlegen. Da springt plötzlich der Bauer Pierson dazwischen, erschlägt den Fuchs und trägt ihn fort.

Post klagt Pierson und siegt in der ersten Instanz. Pierson beruft gegen das Urteil.

Das Berufungsgericht weist die Klage ab:
„The case now under consideration is one of mere pursuit, and presents no circumstances or acts which can bring it within the definition of occupancy . . ."

Dagegen Judge Livingston, dissenting:
„. . . our decision should have in view the greatest possible encouragement to the destruction of an animal so cunning and ruthless in his career. But who would keep a pack of hounds . . . and for hours . . . pursue the windings of this wily quadruped, if . . . a saucy intruder, who had not shared in the honors or labors of the chase, were permitted to come in at the death, and bear away in triumph the object of pursuit?" . . .
„a pursuit like the present . . . which must inevitably and speedily have terminated in corporal possession, confers such a right to the object of it as to make anyone a wrongdoer who shall interfere and shoulder the spoil."

Zu diesem amerikanischen Fall und den römischrechtlichen Grundlagen seiner Entscheidung *Donahue*, Animalia ferae naturae: Rome, Bologna, Leyden, Oxford and Queen's County, N.Y., in Studies in Memory of A. Arthur Schiller (1986) 39 ff.

Literaturhinweise:

Knütel, Von schwimmenden Inseln, wandernden Bäumen, flüchtenden Tieren und verborgenen Schätzen, in *Zimmermann* (Hrsg), Rechtsgeschichte und Rechtsdogmatik (199) 565 ff.

Knütel, Der Wettlauf der Okkupanten, in Usus modernus pandectarum – FS Luig (2007) 84 ff.

Fall 9

D 41, 1, 55 (Proculus libro secundo epistularum)

In laqueum, quem venandi causa posueras, aper incidit: cum eo haereret, exemptum eum abstuli: num tibi videor tuum aprum abstulisse? et si tuum putas fuisse, si solutum eum in silvam dimisissem, eo casu tuus esse desisset an maneret? et quam actionem mecum haberes, si desisset tuus esse, num in factum dari oporteret, quaero. respondit: laqueum videamus ne intersit in publico an in privato posuerim et, si in privato posui, utrum in meo an in alieno, et, si in alieno, utrum permissu eius cuius fundus erat an non permissu eius posuerim: praeterea utrum in eo ita haeserit aper, ut expedire se non possit ipse, an diutius luctando expediturus se fuerit. summam tamen hanc puto esse, ut, si in meam potestatem pervenit, meus factus sit. sin autem aprum meum ferum in suam naturalem laxitatem dimisisses et eo facto meus esse desisset, actionem mihi in factum dari oportere, veluti responsum est, cum quidam poculum alterius ex nave eiecisset.

Übersetzung: (Proculus im zweiten Buch seiner brieflichen Rechtsgutachten)*)

In eine Schlinge, die du zum Jagen gelegt hattest, ist ein Eber gegangen. Als er dort hing, nahm ich ihn heraus und brachte ihn weg. Ist anzunehmen, dass ich dir deinen Eber weggetragen habe? Und wenn du meinst, dass er dein Eigentum war: Hört er auf, dein Eigentum zu sein, oder bleibt er es, wenn ich ihn befreie und in den Wald entlaufen lasse? Weiters frage ich, welche *actio* du gegen mich anstellen könntest, wenn er aufgehört hat, dein Eigentum zu sein; ob vielleicht eine *actio in factum* zu geben sei? (Proculus) antwortete: Prüfen wir, ob es einen Unterschied macht, ob ich die Schlinge auf öffentlichem oder privatem Grund gelegt habe; und wenn auf privatem, ob auf meinem oder auf fremdem; und wenn auf fremdem, ob mit oder ohne Erlaubnis des Grundeigentümers; außerdem, ob der Eber so in der Schlinge hing, dass er sich selbst nicht befreien konnte, oder ob er sich durch längeres Kämpfen befreit hätte. Der wesentliche Gesichtspunkt ist meiner Meinung, dass er, wenn er in meine Herrschaft gelangt ist, mein Eigentum geworden ist. Wenn du aber meinen wilden Eber wieder in seine natürliche Freiheit entlässt und er dadurch aufhört, mein Eigentum zu sein, müsse mir eine *actio in factum* gegeben werden, wie ja auch entschieden worden ist, als jemand den Becher eines anderen vom Schiff ins Wasser warf.

Bemerkungen zum Text:

Zu *videor* (anzunehmen) s unten zu Fall 72. Betrachten Sie die Stelle nur unter dem Gesichtspunkt des Besitzerwerbs, für den Proculus folgende Erwägungen aufgibt:

a) Eber hängt fest in der Schlinge – oder könnte sich befreien

b) Schlinge gelegt auf:

---

*) Der Frühklassiker Proculus lebte in der ersten Hälfte des 1. Jahrhunderts n. Chr. Er hat vermutlich 33 n. Chr. die Leitung der später nach ihm benannten Rechtsschule übernommen. Sein Hauptwerk epistulae ist mit 33 Fragmenten in den Digesten vertreten. In ihnen werden Rechtsprobleme in Frage und Antwort erörtert. Dabei steht weniger der praktische Fall im Vordergrund als dessen theoretische Ausweitungen. Zahlreiche Distinktionen geben dem Werk eine didaktisch-systematisierende Note.

Erörterung des Problems:

a) Ist in Rom die Jagd auf fremden Grundstücken zulässig? Vgl unten Fall 94.
b) Welchen Einfluss hat das Verbot des Grundstückseigentümers auf den Besitz- und Eigentumserwerb des Jägers?
c) Versuchen Sie, unter Verwendung der abstrakten Gesichtspunkte des Proculus konkrete Fälle zu bilden, in denen der Besitzerwerb des Fallenstellers zu bejahen oder zu verneinen wäre. Vgl dazu unten Fall 55.
d) Lösen Sie zur Kontrolle folgende Fallvariante. A legt auf dem Grundstück des B trotz dessen Verbots eine Schlinge. In dieser verfängt sich ein Eber. A sieht den Eber von weitem und geht auf ihn zu, um ihn an sich zu nehmen. Da taucht plötzlich B auf, durchschneidet die Schlinge und lässt den Eber entlaufen. Hatte A bereits Besitz erworben? Hängt die Entscheidung davon ab, ob sich der Eber nach einiger Zeit selbst hätte befreien können?
e) Beurteilen Sie den Fall, in dem jemand Fische aus dem Netz nimmt, das ein anderer auf dem Meer ausgelegt hat.

Vgl dazu:

Young v. Hichens, Queen's Bench (1844)

SV: Der Fischer Young entdeckt vom Boot aus einen Makrelenschwarm, legt um diesen halbkreisförmig sein Netz und zieht es bis auf eine schmale Lücke zu. Seine Leute schlagen mit den Rudern auf das Wasser und verhindern damit das Entweichen der Fische. Bevor sie das Netz schließen können, fährt das Boot des Beklagten Hichens durch die Lücke in den Kreis und fischt ihn völlig aus.

Das englische Gericht entscheidet: „It does appear almost certain that the plaintiff would have had possession of the fish but for the act of the defendant; but it is quite certain that he had not possession."

Literaturhinweise:
  Krampe, Proculi epistulae (1970) 65 ff.
  Gerkens, Das Wildschwein und die geheimnisvolle Insel, in FS Knütel (2009) 367 ff.

Fall 10

D 41, 2, 51 (Iavolenus libro quinto ex posterioribus Labeonis)

Quarundam rerum animo possessionem apisci nos ait Labeo: veluti si acervum lignorum emero et eum venditor tollere me iusserit, simul atque custodiam posuissem, traditus mihi videtur. idem iuris esse vino vendito, cum universae amphorae vini simul essent. sed videamus, inquit, ne haec ipsa corporis traditio sit, quia nihil interest, utrum mihi an et cuilibet iusserim custodia tradatur. in eo puto hanc quaestionem consistere, an, etiamsi corpore acervus aut amphorae adprehensae non sunt, nihilo minus traditae videantur: nihil video interesse, utrum ipse acervum an mandato meo aliquis custodiat: utrubique animi quodam genere possessio erit aestimanda.

Übersetzung: (Javolenus im fünften Buch seines Auszuges aus den nachgelassenen Schriften Labeos)*)

Labeo sagt, an gewissen Sachen könne man *animo* Besitz erwerben: Etwa wenn ich einen Holzhaufen kaufe und der Verkäufer mich ermächtigt, ihn wegzuschaffen, ist er als übergeben anzusehen, sobald ich einen Wächter aufgestellt habe. Dasselbe sei rechtens bei verkauftem Wein, wenn alle Weinkrüge zugleich am selben Ort sind. Doch prüfen wir, sagte er, ob das nicht eine körperliche Übergabe ist, da es keinen Unterschied macht, ob mir selbst oder einem von mir Beauftragten die Gewahrsame übertragen wird. Ich glaube, dass das Problem darin besteht, ob der Holzhaufen und die Weinkrüge als übergeben anzusehen sind, obgleich sie nicht körperlich ergriffen worden sind: Ich sehe keinen Unterschied, ob ich den Holzhaufen selbst bewache oder jemand anderer in meinem Auftrag. In beiden Fällen ist eine Art von Besitzerwerb *animo* anzunehmen.

Erörterung des Problems:

a) Denkt Labeo an Einigung in Gegenwart des Holzhaufens oder an einem anderen Ort?

b) Fordert Labeo zum Besitzerwerb an Weinkrügen Wächteraufstellung?

c) Prüfen Sie, inwieweit in den Fällen 2, 3, 4, 5, 7 und 9 Parallelentscheidungen einerseits zum Holzhaufen-, andererseits zum Weinkrügefall feststellbar sind.

d) Was verstehen Labeo und Javolenus unter Besitzerwerb *animo*? Liegt darin ein Verzicht auf das körperliche Naheverhältnis?

e) Kommt es auf den *status* des Wächters an?

Antworten:

a) Eher an einen anderen Ort; denn wie aus dem folgenden Weinkrügefall hervorgeht, anerkennt auch Labeo Besitzerwerb durch Einigung in Sachpräsenz. Der Käufer des Holzhaufens hätte also bei Einigung in Gegenwart des Holzhaufens sofort Besitz er-

---

*) Zu Javolenus s oben Fall 3 (D 46, 3, 79). Der in inscriptio und Text erwähnte M. Antistius Labeo war Schüler des Trebatius und gilt auf Grund seiner schöpferischen Originalität als hervorragendster Vertreter der frühklassischen Jurisprudenz. Aus Opposition zu Augustus soll er den Konsulat abgelehnt haben. Er hatte kein ius respondendi und wirkte deshalb vorwiegend als Rechtslehrer – die später sog prokulianische Rechtsschule wird auf ihn zurückgeführt – sowie als juristischer Schriftsteller. Labeos umfangreiches Werk (über 400 libri) ist uns nur durch zwei kürzende Bearbeitungen bekannt: Paulus hat die pithana in acht libri (s unten Fall 37), Javolenus die posteriores (nachgelassene Schriften) in zehn Büchern epitomiert und kommentiert.

langt, ohne einen Wächter aufstellen zu müssen. Es sei denn, er wollte den Besitz erst mit Wächteraufstellung erwerben.

b) Nein; Einigung in Gegenwart der Sache genügt zum Besitzerwerb.

c) Holzhaufen (Eintritt in die Herrschaftssphäre): Abstellen im Haus, Eber in der Schlinge. Weinkrüge (Einigung in Sachpräsenz): Zeigen vom Turm, Hinlegen *in conspectu,* Schlüsselübergabe vor dem Magazin.

d) Javolenus und Labeo verzichten nicht auf das körperliche Naheverhältnis: Die *custodia* des Erwerbers ist jedenfalls erforderlich; nur auf das Ergreifen wird verzichtet *(adprehensae non sunt),* das offenbar von einer älteren Lehre gefordert und mit *corpore possidere* identifiziert worden ist.

e) Ja; der (später formulierte) Satz, Besitzerwerb sei auch *animo nostro corpore alieno* möglich, lässt die Vermittlung des körperlichen Elements nur durch Gewaltunterworfene, nicht durch Gewaltfreie zu.

Literaturhinweise:

Hausmaninger, Besitzerwerb solo animo, in FG Herdlitczka (1972) 117 f.

Pennitz (Fall 7) 383 ff.

Klinck (Fall 4) 34 ff.

Fall 11

D 18, 6, 1, 2 (Ulpianus libro vicesimo octavo ad Sabinum)

Si dolium signatum sit ab emptore, Trebatius ait traditum id videri: Labeo contra, quod et verum est: magis enim ne summutetur, signari solere quam ut traditum videatur.

Übersetzung: (Ulpian im 28. Buch seines Kommentars zum *ius civile* des Sabinus)*)

Trebatius sagt, wenn ein Weinfass vom Käufer gesiegelt worden sei, gelte es als übergeben. Labeo spricht sich dagegen aus, und das völlig zu Recht: man pflege nämlich eher deshalb zu siegeln, damit keine Vertauschung stattfinden könne, als dass die Übergabe als vollzogen gelte.

Bemerkungen zum Text:

Zu *videatur* (gelte) s unten zu Fall 72. *Signare* bedeutet „siegeln" oder „versiegeln", *summutare* (vertauschen, austauschen) kann sich auf das Fass, aber auch auf den Wein beziehen.

Sachverhalt:

Der Käufer hat auf einem Weinfass sein Siegel angebracht. Das Fass bleibt noch im Keller des Verkäufers.

Rechtsfrage:

Hat der Käufer damit Besitz erworben?

Erörterung des Problems:

Trebatius bejaht das Vorliegen einer *traditio,* setzt also einen Besitzerwerbsakt des Käufers im Einverständnis mit dem Verkäufer (der den Besitz aufgeben will) voraus. Labeo verneint die *traditio.*

1. Analyse der Rechtsmeinung des Trebatius:

  a) Genügt Siegeln zur Herstellung des körperlichen Naheverhältnisses?

  b) Liegt *animus possidendi* des Käufers vor?

  c) Kommt dieser *animus* schon durch den Kauf zum Ausdruck?

---

*) Der Spätklassiker Domitius Ulpianus war Schüler und ebenso wie Paulus Adsessor des Praefectus praetorio Papinian. Er war Mitglied des kaiserlichen Consiliums und bekleidete schließlich selbst unter Alexander Severus das Amt des Praefectus praetorio. 223 wurde er bei einem Aufruhr der Praetorianer ermordet.
Sein Ediktkommentar hat mit 83 libri annähernd den gleichen Umfang wie der des Paulus und bietet eine ausführliche Diskussion der klassischen Rechtsliteratur. Ulpians Kommentar zum ius civile (51 libri ad Sabinum) bricht mit der Erörterung der rei vindicatio ab; wir wissen nicht, ob er unvollendet geblieben oder ein Teil verlorengegangen ist.
Die Kompilatoren haben Ulpians Arbeiten stärker als alle anderen Klassikerschriften herangezogen: Fast ein Drittel der Digesten stammt aus seinem Werk.
Der in der inscriptio zitierte Massurius Sabinus, ein Frühklassiker, erhielt von Tiberius als erster Angehöriger des Ritterstandes das ius respondendi; die sabinianische Rechtsschule wird auf ihn zurückgeführt.
Sein bedeutendstes Werk, libri tres iuris civilis, ist während der ganzen klassischen Zeit diskutiert worden und hat noch Pomponius, Paulus und Ulpian zu umfangreichen Kommentaren („ad Sabinum") angeregt.
Zu Trebatius s oben Fall 8 (D 41, 1, 5, 1); zu Labeo s oben Fall 10 (D 41, 2, 51).

d) Glauben Sie, dass für Trebatius auch Besitzübertragung ohne Siegeln oder sonstiges Berühren des *dolium* in Frage käme?
   e) Kann die Entscheidung des Trebatius durch Alfenus D 18, 6, 15 (14), 1 (oben Fall 7) gestützt werden? (Begründung)
2. Analyse der Gegenansicht des Labeo:
   a) Genügt ihm das körperliche Naheverhältnis nicht?
   b) Wie beurteilt er das Willensmoment (Verkäufer, Käufer) und wie begründet er seine Entscheidung?
   c) Wie könnte man nach Labeo an einem *dolium* Besitz erlangen?
   d) Welche Rechtsfolgen sind mit dem Zeitpunkt der *traditio* verknüpft?
   e) Welche Erwägungen sprechen für die apodiktische Billigung der Meinung Labeos durch Ulpian?

B. Sonderfälle: Besitzerwerb „animo"

Es hat den Anschein, als gelte der vom Spätklassiker Paulus formulierte Lehrsatz *„apiscimur possessionem corpore et animo, neque per se animo aut per se corpore"* (oben Fall 1) nicht ausnahmslos. Bei einigen Juristen findet sich die Auffassung, dass man in bestimmten Fällen auch *„animo"* allein Besitz erwerben könne: vgl die Erwägungen des Frühklassikers Labeo in D 41, 2, 51 (oben Fall 10), die eine Neigung erkennen lassen, Besitzerwerb ohne physischen Ergreifungsakt zuzulassen. Wenn man in solchen Fällen (zB Aufstellung eines Wächters bei einem Holzhaufen) von Besitzerwerb *„animo"* sprach, wurde freilich nicht auf ein gewisses körperliches Naheverhältnis verzichtet, sodass Labeo selbst die Frage aufwirft, ob man nicht auch hier besser von Besitzerwerb *„corpore"* sprechen sollte.

Wenn ein Detentor (zB Mieter, Pächter, Verwahrer, Entleiher) die Sache vom Besitzer kauft (oder geschenkt oder als Darlehen erhält usw), erlangt er insofern durch bloße Willenseinigung Besitz, als man nicht die Rückgabe der Sache und einen nachfolgenden körperlichen Übertragungsakt fordert. (Vgl unten Fall 13, D 12, 1, 9, 9 *animo enim coepit possidere*). Auch in diesem Fall einer sogenannten *traditio brevi manu*[1]) fehlt jedoch das Naheverhältnis nicht, es ist vielmehr bereits in ausreichendem Ausmaß vorhanden, sodass es nicht Gegenstand eines physischen Besitzübertragungs- und Erwerbsaktes werden muss.

Die Formulierung, man könne Besitz *„animo"* erwerben, ist also unscharf, da in Wirklichkeit kein Verzicht auf das körperliche Element vorliegt.

Das sogenannte *constitutum possessorium*[2]) wird zwar in den Quellen nicht als Besitzerwerb *„animo"* bezeichnet, gehört jedoch seiner Konstruktion nach ebenfalls in diesen Abschnitt: Jemand erwirbt Besitz durch bloße Willenseinigung mit dem bisherigen Besitzer, wobei letzterer sich bereit erklärt, fortan die Sache als Detentor im Namen des Erwerbers innezuhaben, und derart diesem das körperliche Naheverhältnis vermittelt. (Siehe unten Fälle 17 ff.)

Literatur:

Hausmaninger, Besitzerwerb solo animo, in FG Herdlitczka (1972) 113 ff.

Schulz, Einführung in das Studium der Digesten (1916) 63 ff.

Gordon, Studies in the Transfer of Property by traditio (1970) 13 ff.

Wacke, Das Besitzkonstitut als Übergabesurrogat in Rechtsgeschichte und Rechtsdogmatik (1974) 8 ff.

---

[1]) Die Bezeichnung ist nicht quellenmäßig, sie wurde offenbar aus D 23, 3, 43, 1 (brevi manu acceptum a muliere et marito datum) entwickelt. Sie ist insofern irreführend, als eben keine traditio (Übergabe) stattfindet, jedoch deren Rechtswirkung eintritt (vgl unten Fall 14 D 6, 2, 9, 1 pro tradita erit accipienda).

[2]) Der Terminus tritt erst im 16. Jh. auf, Anknüpfungspunkt ist der Satz „possessio autem recedit, ut quisque constituit nolle possidere" in D 41, 2, 17, 1.

Fall 12

a) Traditio brevi manu

D 41, 1, 9, 5 (Gaius libro secundo rerum cottidianarum sive aureorum)

Interdum etiam sine traditione nuda voluntas domini sufficit ad rem transferendam, veluti si rem, quam commodavi aut locavi tibi aut apud te deposui, vendidero tibi: licet enim ex ea causa tibi eam non tradiderim, eo tamen, quod patior eam ex causa emptionis apud te esse, tuam efficio.

Übersetzung: (Gaius im zweiten Buch seiner „Jurisprudenz des täglichen Lebens" bzw „Goldenen Rechtsregeln")*)

Bisweilen genügt auch ohne *traditio* der bloße Wille des Eigentümers, um die Übertragung einer Sache zu bewirken, etwa wenn ich dir eine Sache, die ich dir geliehen oder vermietet oder bei dir hinterlegt habe, nachträglich verkaufe. Obwohl ich sie dir nämlich nicht auf Grund der letztgenannten *causa* übergebe, verschaffe ich dir dennoch dadurch Eigentum an ihr, dass ich dulde, dass sie aus dem Rechtsgrund des Kaufes bei dir ist.

Erörterung des Problems:

a) Unter welchem Aspekt fasst Gaius geliehene, vermietete, hinterlegte Sachen zusammen? Könnten Sie weitere Beispiele nennen?
b) Hätte Gaius statt des Kaufes auch andere Erwerbsgründe nennen können?
c) Gaius spricht von Eigentumserwerb. Inwiefern enthält seine Entscheidung eine Aussage zum Besitzerwerb?
d) Warum erwähnt der Jurist den *animus possidendi* des Erwerbers nicht?

Vgl dazu:

§ 428 ABGB
Durch Erklärung wird die Sache übergeben, wenn der Veräußerer auf eine erweisliche Art seinen Willen an den Tag legt, daß er die Sache künftig im Namen des Übernehmers innehabe; oder, daß der Übernehmer die Sache, welche er bisher ohne ein dingliches Recht innehatte, künftig aus einem dinglichen Rechte besitzen solle.

Literaturhinweis:
Gordon (Fall 2) 37 ff.

---

*) Zu Autor und Werk s oben Fall 6 (D 41, 1, 9, 6).

Fall 13

D 12, 1, 9, 9 (Ulpianus libro vicensimo sexto ad edictum)

Deposui apud te decem, postea permisi tibi uti: Nerva Proculus etiam antequam moveantur, condicere quasi mutua tibi haec posse aiunt, et est verum, ut et Marcello videtur: animo enim coepit possidere. ergo transit periculum ad eum, qui mutuam rogavit et poterit ei condici.

Übersetzung: (Ulpian im 26. Buch seines Ediktskommentars)*)

Ich habe bei dir zehn Geldstücke hinterlegt, später habe ich dir gestattet, sie zu verwenden. Nerva und Proculus sagen, sie könnten, auch bevor sie von ihrem Aufbewahrungsort wegbewegt werden, als Darlehen kondiziert werden. Und das ist richtig, wie auch Marcellus meint: Er hat nämlich *animo* zu besitzen begonnen. Daher geht die Gefahr auf denjenigen über, der das Darlehen erbeten hat, und man kann gegen ihn eine *condictio* anstellen.

Bemerkungen zum Text:

Die Erörterung Ulpians steht in D 12, 1 „*de rebus creditis si certum petetur et de condictione*" im Rahmen der Erörterung der Darlehensklage.

Sachverhalt: A und B schließen einen Verwahrungsvertrag über 10 Geldstücke ab. Später gibt der Hinterleger dem Verwahrer auf dessen Bitte die Verwendungserlaubnis:

Abschluss des Verwahrungsvertrages	Vertragsänderung durch Verwendungsvereinbarung	tatsächl. Verwendung des Geldes
⊢	⊢	⊢ →

Rechtsfragen: Welche Rechtswirkungen ergeben sich aus der Verwendungsvereinbarung? Wieso treten diese Wirkungen schon vor der tatsächlichen Verwendung des Geldes ein?

Erörterung des Problems:

Ein *depositum* (Verwahrungsvertrag) ist ein Realkontrakt, der durch die Hingabe einer beweglichen Sache in die Obhut des Verwahrers zustandekommt, wobei sich der Verwahrer zu unentgeltlicher Aufbewahrung und jederzeitiger Rückgabe derselben Münzen verpflichtet. Der Verwahrer wird Detentor, der die Sache im Namen des Hinterlegers innehat; er darf die Sache nicht gebrauchen.

Ein *mutuum* (Darlehensvertrag) ist ein Realkontrakt, der durch die Übertragung einer Summe Geldes (oder anderer vertretbarer Sachen) ins Eigentum des Empfängers zustandekommt, wobei vereinbart wird, dass die gleiche Summe (oder Menge vertretbarer Sachen) zurückzugeben ist. Der Darlehensempfänger wird Eigentümer, er darf das Geld verwenden (ausgeben).

Nerva und Proculus nehmen an, dass durch die Erteilung der Verwendungserlaubnis der ursprüngliche Verwahrungsvertrag in einen Dahrlehensvertrag umgewandelt

---

*) Zu Ulpian s oben Fall 11 (D 18, 6, 1, 2). Der im Text erwähnte M. Cocceius Nerva (pater, gest. 33 n. Chr.) leitete vor Proculus die später sog prokulianische Rechtsschule und stand dem Kaiser Tiberius als Berater nahe. Er wird von späteren Autoren viel zitiert, die Titel seiner Werke sind uns jedoch nicht bekannt.
Zu Proculus siehe oben Fall 9 (D 41, 1, 55); zu Marcellus s unten Fall 18 (D 41, 2, 19 pr.).

wird. Dabei gehen sie von der Voraussetzung aus, dass der Verwahrer den Hinterleger gebeten hat, das Geld verwenden zu dürfen *(qui mutuam rogavit)*. Ein Vertrag kommt durch Willenseinigung zustande; eine nicht erbetene Verwendungserlaubnis des Hinterlegers wäre ein annahmebedürftiges Angebot. Die Annahme durch den Verwahrer könnte ausdrücklich oder konkludent (Ausgeben des Geldes) erfolgen, bis zu dieser Annahme träte keine Vertragsänderung ein.

Ein *mutuum* bedarf der Eigentumsübertragung, diese setzt Besitzerwerb voraus. Der Verwahrer der 10 Geldstücke ist Detentor. Es ist nun nicht erforderlich, dass er das Geld dem Hinterleger zurückgibt und neuerlich als Darlehensvaluta übergeben erhält, ja, er muss das Geld nicht einmal vom Aufbewahrungsort holen. Schon die Frühklassiker Nerva und Proculus lassen ihn durch die Konstruktion einer *traditio brevi manu* Besitz erlangen, Marcellus und zuletzt Ulpian stimmen dieser Lösung zu. (Anderer Meinung war möglicherweise die rivalisierende Schule der Sabinianer, s dazu unten Fall 16.)

Animo enim coepit possidere bringt zum Ausdruck, dass Besitzerwerb dann keiner körperlichen Betätigung bedarf, wenn ein ausreichendes Naheverhältnis zur Sache bereits besteht. Der Detentor erlangt durch bloße Willenseinigung mit dem Besitzer Eigenbesitz.

Periculum bedeutet Risiko des zufälligen Untergangs der Sache. Dieses trägt grundsätzlich der Eigentümer *(casum sentit dominus)*. Da der Darlehensempfänger Eigentümer der Darlehensvaluta wird, muss er die erhaltene Summe auch dann zurückzahlen, wenn sie ohne sein Verschulden untergegangen ist (Feuersbrunst, Raub etc). Als Verwahrer des Geldes hätte er nur für absichtliche oder grob fahrlässige Vereitelung der Rückgabe gehaftet. Diese geringere Haftung ist aus der Interessenlage zu erklären: Das *depositum* dient ausschließlich dem Nutzen des Hinterlegers, das ebenso unentgeltliche *mutuum* kommt nur dem Darlehensempfänger zugute.

Als Anlass zur vorliegenden Juristenentscheidung wäre ein Fall vorstellbar, in dem die hinterlegte Summe nach Erteilung der Verwendungserlaubnis aber vor Verwendung des Geldes zufällig untergegangen (zB gestohlen worden) ist.

Literaturhinweise:

MacCormack, The Role of Animus in the Classical Law of Possession, ZSS 86 (1969) 125 f.

von Lübtow, Die Entwicklung des Darlehensbegriffs im römischen und im geltenden Recht (1965) 55 ff.

Jung, Darlehensvalutierung im römischen Recht (2002) 104 ff.

Fall 14

D 6, 2, 9, 1 (Ulpianus libro sexto decimo ad edictum)

Si quis rem apud se depositam vel sibi commodatam emerit vel pignori sibi datam, pro tradita erit accipienda, si post emptionem apud eum remansit.

Übersetzung: (Ulpian im 16. Buch seines Ediktskommentars)*)

Wenn jemand eine bei ihm hinterlegte oder ihm geliehene Sache kauft (oder eine ihm als Pfand gegebene), so ist diese als übergeben zu betrachten, wenn sie nach Abschluss des Kaufvertrages bei ihm verbleibt.

Bemerkungen zum Text:

Der nachhinkende Satzteil *vel pignori sibi datam* (oder eine ihm als Pfand gegebene) könnte auf einem Abschreibeversehen beruhen oder der Einschub eines späteren Bearbeiters sein. Zu *accipienda* (zu betrachten) s unten zu Fall 72.

Erörterung des Problems:

Formulieren Sie Sachverhalt(e) und Rechtsfrage und begründen Sie die Entscheidung des Juristen. Beziehen Sie D 41, 1, 9, 5 (Fall 12) und D 12, 1, 9, 9 (Fall 13) in die Diskussion mit ein.

Literaturhinweis:

von Lübtow (Fall 13) 57 f.

---

*) Zu Autor und Werk s oben Fall 11 (D 18, 6, 1, 2).

Exkurs: Nemo sibi ipse causam possessionis mutare potest

Diese Rechtsregel ist bereits von der republikanischen Jurisprudenz *(veteres)* geprägt worden und bedeutet, dass niemand eigenmächtig die rechtliche Grundlage seines Besitzes zu seinen Gunsten verändern kann. *Causa possessionis* ist dabei nicht technisch als „Besitztitel" zu verstehen, sondern ganz allgemein als „Besitzlage", worunter insbesondere auch die Stellung als Detentor *(naturalis possessor)* begriffen wird: so soll zB ein Mieter oder Pächter nicht nach dem Tod des Eigentümers *pro herede* ersitzen dürfen.

Für das Gefühl der Klassiker war die Regel zu weit gefasst und musste eingeschränkt werden. Julian hat in D 41, 3, 33, 1 jenen Pächter *pro herede* ersitzen lassen, der sich gutgläubig für den Erben hielt. Der Jurist berief sich für diese Lösung auf ein fadenscheiniges Argument: Da der Pächter keine *possessio* habe, könne er auch nicht gegen das Verbot einer *mutatio causae possessionis* verstoßen! Die Regel ließ sich also nicht einfach beiseite schieben. Celsus musste sich bei der theoretischen Begründung des Besitzkonstituts D 41, 2, 18 pr. (s unten Fall 17) mit ihr auseinandersetzen. Noch der Spätklassiker Paulus war durch ihre Ausstrahlung beunruhigt und sah sich veranlasst, die *traditio brevi manu* von ihrem Geltungsbereich abzugrenzen: vgl die gedankenlos von Julian übernommene Entscheidungsbegründung im nun folgenden Text D 41, 2, 3, 20 *(qui ne possidebam quidem)*, die zur unsinnigen Konsequenz verleiten könnte, dass zwar kein Besitzer, wohl aber ein Detentor eigenmächtig seinen Besitzgrund ändern dürfte (um sodann durch Ersitzung Eigentum zu erwerben).

Die Regel ist noch in § 319 ABGB anzutreffen (s unten Fall 17).

Literatur:

Hausmaninger, Nemo sibi ipse causam possessionis mutare potest – eine Regel der veteres in der Diskussion der Klassiker, in GS für Rudolf Schmidt (1966) 399 ff.

Schmidlin, Die römischen Rechtsregeln (1970) 90 ff, 114 ff.

Nörr, Spruchregel und Generalisierung, ZSS 89 (1972) 62 ff.

MacCormack, Nemo sibi ipse causam possessionis mutare potest, BIDR 75 (1972) 71 ff.

Böhr, Das Verbot der eigenmächtigen Besitzumwandlung im römischen Privatrecht (2002).

Fall 15

D 41, 2, 3, 19 und 20 (Paulus libro quinquagensimo quarto ad edictum)

(19) Illud quoque a veteribus praeceptum est neminem sibi ipsum causam possessionis mutare posse.

(20) Sed si is, qui apud me deposuit vel commodavit, eam rem vendiderit mihi vel donaverit, non videbor causam possessionis mihi mutare, qui ne possidebam quidem.

Übersetzung: (Paulus im 54. Buch seines Ediktskommentars)*)

(19) Die Vorklassiker haben auch gelehrt, dass niemand sich selbst einen Besitzgrund ändern könne.

(20) Wenn jedoch derjenige, der eine Sache bei mir hinterlegt hat oder sie mir geliehen hat, mir später diese Sache verkauft oder schenkt, gelte ich nicht als jemand, der für sich den Besitzgrund ändert, da ich nicht einmal besessen habe.

Bemerkung zum Text:

Zu *videbor* (gelte) s unten zu Fall 72.

Erörterung des Problems:

a) Grenzen Sie die *traditio brevi manu* gegen die Regel „*nemo sibi ipse...*" ab.

b) Ersetzen Sie die unpassende Begründung „*qui ne possidebam quidem*" durch eine treffendere Überlegung.

Literaturhinweise:

Hausmaninger, Nemo sibi ipse causam possessionis mutare potest – eine Regel der veteres in der Diskussion der Klassiker, in GS für Rudolf Schmidt (1966) 404f.

Böhr, Das Verbot der eigenmächtigen Besitzumwandlung im römischen Privatrecht (2002) 215 ff.

---

*) Zu Autor und Werk s oben Fall 1 (D 41, 2, 3, 1).

Fall 16

D 41, 2, 3, 18 (Paulus libro quinquagensimo quarto ad edictum)

Si rem apud te depositam furti faciendi causa contrectaveris, desino possidere. sed si eam loco non moveris et infitiandi animum habeas, plerique veterum et Sabinus et Cassius recte responderunt possessorem me manere, quia furtum sine contrectatione fieri non potest nec animo furtum admittatur.

Übersetzung: (Paulus im 54. Buch seines Ediktskommentars)*)

Wenn du eine bei dir hinterlegte Sache in Diebstahlsabsicht beiseitegeschafft hast, höre ich auf zu besitzen. Wenn du sie jedoch nicht von der Stelle bewegt hast und die Absicht hast, sie zu verleugnen, so sagen die meisten Vorklassiker sowie Sabinus und Cassius zu Recht, dass ich Besitzer bleibe, weil ohne Wegschaffen kein Diebstahl vorliege und *animo* allein kein Diebstahl begangen werde.

Bemerkung zum Text:

Zu *plerique* (die meisten) s oben zu Fall 8.

Erörterung des Problems:

Behandeln Sie diesen Text im Zusammenhang mit D 12, 1, 9, 9 (*animo enim coepit possidere,* oben Fall 13) sowie mit der Regel *nemo sibi ipse causam possessionis mutare potest.* Sehen Sie in den zwei Texten einen Schulkonflikt der Sabinianer und Prokulianer über die Zulässigkeit eines Besitzerwerbs *solo animo?*

Literaturhinweise:

Thomas, Infitiando depositum nemo facit furtum, in St. Volterra II (1971) 762 ff.

Brandsma, Kann ein Detentor nach gemeinem Recht durch Konstitut Besitz verschaffen? ZSS 127 (2010) 343 f.

---

*) Zu Autor und Werk s oben Fall 1 (D 41, 2, 3, 1); zu Sabinus oben Fall 11 (D 18, 6, 1, 2); zu seinem Nachfolger Cassius unten Fall 19 (D 41, 2, 21, 3).

Fall 17

b) Constitutum possessorium

D 41, 2, 18 pr. (Celsus libro vicensimo tertio digestorum)

Quod meo nomine possideo, possum alieno nomine possidere: nec enim muto mihi causam possessionis, sed desino possidere et alium possessorem ministerio meo facio. nec idem est possidere et alieno nomine possidere: nam possidet, cuius nomine possidetur, procurator alienae possessioni praestat ministerium.

Übersetzung: (Celsus im 23. Buch seiner Digesten)*)

Was ich im eigenen Namen besitze, kann ich auch in fremdem Namen zu besitzen anfangen. Ich ändere mir nämlich damit nicht die *causa* meines Besitzes, sondern höre auf zu besitzen und mache durch meine Hilfe einen anderen zum Besitzer. Es ist ja nicht dasselbe, zu besitzen oder in fremdem Namen zu besitzen: Es besitzt (streng genommen) nur der, in dessen Namen der Besitz ausgeübt wird. Ein *procurator* leistet dem fremden Besitz nur Hilfestellung.

Bemerkung zum Text:

Die hier von Celsus gebotene theoretische Begründung des *constitutum possessorium* dürfte ursprünglich in einem konkreten Fallzusammenhang gestanden sein, der von den Kompilatoren gestrichen wurde. Das unvermittelte Auftreten des *procurator* im letzten Satz ist ein Indiz für eine solche Kürzung.

Erörterung des Problems:

a) Wie grenzt Celsus das *constitutum possessorium* gegen die Regel „nemo sibi ipse..." ab?

b) Konstruieren Sie einen konkreten Fall, auf den die abstrakte Aussage des Celsus passt.

c) Prüfen Sie, ob die Entscheidung des Trebatius in D 18, 6, 1, 2 (oben Fall 11) als Annahme eines *constitutum possessorium* verstanden werden könnte.

d) Glauben Sie, dass Celsus eine abstrakte Vereinbarung genügen lässt, dass der bisherige Besitzer die Sache fortan im Namen des neuen Besitzers innehaben solle, ohne dass er eine konkrete „*causa detentionis*" (zB Verwahrungsvertrag, Miete usw) voraussetzt? Vgl dazu die folgenden Texte.

e) Welches rechtspolitische Argument spricht zugunsten eines kausalen gegen ein abstraktes Besitzkonstitut?

f) Wird durch das *constitutum possessorium* der römische Grundsatz durchbrochen, der beim Besitzerwerb Stellvertretung durch Gewaltfreie ausschließt?

g) Welcher logische Zusammenhang besteht zwischen *constitutum possessorium* und *traditio brevi manu*?

---

*) Zu Autor und Werk s oben Fall 2 (D 41, 2, 18, 2).

Vgl dazu:

§ 319 ABGB
Der Inhaber einer Sache ist nicht berechtigt, den Grund seiner Gewahrsame eigenmächtig zu verwechseln, und sich dadurch eines Titels anzumaßen; wohl aber kann derjenige, welcher bisher eine Sache im eigenen Namen rechtmäßig besaß, das Besitzrecht einem andern überlassen und sie künftig in dessen Namen innehaben.

§ 428 ABGB, 1. Halbsatz (oben Fall 12)

§ 930 BGB
Ist der Eigentümer im Besitze der Sache, so kann die Übergabe dadurch ersetzt werden, dass zwischen ihm und dem Erwerber ein Rechtsverhältnis vereinbart wird, vermöge dessen der Erwerber den mittelbaren Besitz erlangt.

Antworten:

a) Der Veräußerer ändert nicht seinen Besitzgrund, sondern gibt den Besitz auf.

b) Ein *procurator* hat eine Sache zunächst im eigenen Namen erworben und macht dem *dominus* sodann Mitteilung, er halte sie zu seiner Verfügung.

c) Nein. Dazu hätte ausdrücklich vereinbart werden müssen, dass der Verkäufer das *dolium* in Hinkunft im Namen des Käufers innehabe. Sachgegenwart oder gar Siegeln wäre bei dieser Art des Besitzerwerbs überflüssig.

d) Nein. Den folgenden Texten liegt jeweils eine konkrete *causa* zugrunde, der *procurator* im Celsustext indiziert ein *mandatum* als *causa detentionis*.

e) Mangelnde Publizität.

f) Ja.

g) Verzicht auf körperliche Übergabe.

Literaturhinweise:

Hausmaninger (Fall 15) 405 ff.

Gordon (Fall 2) 27 ff.

Weyand, Der Durchgangserwerb in der juristischen Sekunde (1989) 108 f.

Böhr (Fall 15) 232 ff.

Jung (Fall 13) 130 ff.

Klinck (Fall 4) 259 ff.

Fall 18

D 41, 2, 19 pr. (Marcellus libro septimo decimo digestorum)

Qui bona fide alienum fundum emit, eundem a domino conduxit: quaero, utrum desinat possidere an non. respondi: in promptu est, ut possidere desierit.

Übersetzung: (Marcellus im 17. Buch seiner Digesten)*)

Jemand hat gutgläubig ein fremdes Grundstück gekauft und dasselbe später vom Eigentümer gemietet (oder gepachtet). Ich frage, ob er zu besitzen aufhört oder nicht. Ich habe geantwortet: Es liegt auf der Hand, dass er zu besitzen aufgehört hat.

Sachverhaltsskizze: Verkäufer   Käufer und
                     ⊢─────────────────────────────⊣   Mieter

                     ⊢─────────────
                     Eigentümer

Erörterung des Problems:

a) Welche Rechtsstellung hat der Käufer des Grundstücks zunächst erlangt?
b) Was veranlasst ihn später zum Abschluss des Mietvertrages?
c) Warum hört er zu besitzen auf?
d) Was geschieht mit dem Besitz nach Abschluss des Mietvertrages?

Literaturhinweise:
    Gordon (Fall 2) 22 f.
    Klinck (Fall 4) 265 f.

---

*) Der Hochklassiker Ulpius Marcellus gehörte dem Consilium des Antoninus Pius (138–161) und des Mark Aurel (161–180) an. Sein Hauptwerk sind 31 libri digestorum, eine an den Digesten Julians orientierte Problemsammlung.

Fall 19

D 41, 2, 21, 3 (Iavolenus libro septimo ex Cassio)

Qui alienam rem precario rogavit, si eandem a domino conduxit, possessio ad dominum revertitur.

Übersetzung: (Javolenus im siebenten Buch seines Auszuges aus Cassius)*)

Wenn jemand eine fremde Sache zum Prekarium erbeten und dieselbe sodann vom Eigentümer gemietet (oder gepachtet) hat, kehrt der Besitz an den Eigentümer zurück.

Erörterung des Problems:

Formulieren Sie Sachverhalt und Rechtsfrage; begründen Sie die Entscheidung des Juristen. (Vgl dazu oben Fall 18.)

Literaturhinweise:

Manthe, Die libri ex Cassio des Iavolenus Priscus (1982) 200 f.

Gordon (Fall 2) 22 ff.

Klinck (Fall 4) 264 f.

Wimmer, Digestenexegese. Fälle mit Lösungen zum römischen Recht² (2007) 9.

---

*) Zu Javolenus s oben Fall 3 (D 46, 3, 79). Der Frühklassiker C. Cassius Longinus entstammte einer der vornehmsten Familien Roms (30 n. Chr. Konsul, später Prokonsul und Legat in den Provinzen Asien und Syrien, 65 n. Chr. von Nero nach Sardinien verbannt). Er war Schüler des Sabinus und leitete gemeinsam mit diesem oder als dessen Nachfolger die sabinianische Rechtsschule, deren Anhänger deshalb auch Cassiani genannt wurden. Sein Hauptwerk sind libri iuris civilis, die uns aus einer Bearbeitung des Javolenus in Bruchstücken bekannt sind.

Fall 20

D 6, 1, 77 (Ulpianus libro septimo decimo ad edictum)

Quaedam mulier fundum non marito donavit per epistulam et eundem fundum ab eo conduxit: <—>¹) posse defendi in rem ei competere, quasi per ipsam adquisierit possessionem veluti per colonam. proponebatur, quod etiam in eo agro qui donabatur fuisset, cum epistula emitteretur: quae res sufficiebat ad traditam possessionem, licet conductio non intervenisset.

Übersetzung: (Ulpian im 17. Buch seines Ediktskommentars)*)

Eine Frau hat einem nicht mit ihr verheirateten Mann brieflich ein Grundstück geschenkt und hat dasselbe Grundstück von ihm zurückgepachtet. <—>¹) Es könne behauptet werden, dass ihm eine *actio in rem* zustehe, weil er durch sie Besitz erworben habe wie durch eine Pächterin. Es wurde vorgebracht, dass er sich, als der Brief übersandt wurde, sogar auf dem Grundstück befand, das geschenkt wurde. Dieser Umstand genügte zur Besitzübertragung, selbst wenn keine Verpachtung stattgefunden hätte.

Erörterung des Problems:

a) Formulieren Sie die beiden von Ulpian behandelten Sachverhaltsvarianten.

b) Welche *actio in rem* ist gemeint, und warum steht sie dem Mann zu?

c) Welche Bedeutung hat der Brief für den Besitzerwerb?

d) In welchem Zeitpunkt und auf welche Weise erwirbt der Beschenkte Besitz?

e) Vergleichen Sie die Erwerbsvoraussetzungen *(corpore et animo)* in den genannten Sachverhaltsvarianten.

Literaturhinweise:

Gordon (Fall 2) 15 ff.

Klinck (Fall 4) 273 ff.

---

*) Zu Autor und Werk s oben Fall 11 (D 18, 6, 1, 2).

¹) Vor posse defendi ist der Hauptsatz ausgefallen (etwa respondi oder X respondit).

Fall 21

D 41, 2, 48 (Papinianus libro decimo responsorum)

Praedia cum servis donavit eorumque se tradidisse possessionem litteris declaravit. si vel unus ex servis, qui simul cum praediis donatus est, ad eum, qui donum accepit, pervenit, mox in praedia remissus est, per servum praediorum possessionem quaesitam ceterorumque servorum constabit.

Übersetzung: (Papinian im 10. Buch seiner Rechtsgutachten)*)

Jemand hat Grundstücke samt Sklaven geschenkt und brieflich erklärt, den Besitz an ihnen übergeben zu haben. Wenn nun einer der Sklaven, der zugleich mit den Grundstücken geschenkt worden ist, zum Schenkungsempfänger gekommen und alsbald wieder auf die Grundstücke zurückgesandt worden ist, so wird feststehen, dass durch den Sklaven Besitz an den Grundstücken und an den übrigen Sklaven erworben worden ist.

Bemerkung zum Text:

Zu *constabit* (es wird feststehen) s unten zu Fall 41.

Erörterung des Problems:

a) Zu welchem Zeitpunkt und auf welche Weise erwirbt der Beschenkte Besitz?

b) Warum liegt kein *constitutum possessorium* vor?

Literaturhinweise:

Gordon (Fall 2) 26 f.

Klinck (Fall 4) 276 ff.

---

*) Zu Autor und Werk s oben Fall 5 (D 18, 1, 74).

C. Fähigkeit zum Besitzerwerb

a) Geschäftsfähigkeit ist die Fähigkeit, durch eigenes rechtsgeschäftliches Handeln Rechte und Pflichten zu erwerben. Sie fehlt zur Gänze oder teilweise jenen Personen, denen die Rechtsordnung die Fähigkeit abspricht, einen vernünftigen, rechtlich erheblichen Willen zu bilden (Kindern, Geisteskranken, Frauen, Verschwendern). Die Begriffe „Rechtsgeschäft" und „Geschäftsfähigkeit" existieren zwar im römischen Recht noch nicht explizit, doch zeigen die Texte deutliche Ansätze zu ihrer Ausprägung.

Die römischen Juristen unterscheiden allerdings Besitzerwerb als faktischen Vorgang (Erwerb der tatsächlichen Sachherrschaft) vom Rechtserwerb und stellen beim Besitzerwerb geringere Anforderungen an die Willensreife des Erwerbers, vgl dazu Fall 22.

b) Gewaltunterworfene (*uxor in manu,* Hauskinder, Sklaven) können nicht Träger eigener Vermögensrechte sein. Auch die *possessio* können sie (wegen ihrer rechtlichen Aspekte, vgl Papinian D 41, 2, 49, 1 unten Fall 23) nicht für sich selbst ausüben. Sie gelten jedoch als „Werkzeuge" oder „Organe" des Gewalthabers, die für ihn Rechte und Besitz erwerben können.

Die klassischen Juristen haben in der Konstruktion des Besitzerwerbs durch Gewaltunterworfene divergierende Entscheidungen getroffen und abweichende Begründungen gegeben. Neben der Frage, inwieweit der Besitzerwerb des Gewalthabers von dessen mehr oder minder konkretem Wissen und Willen abhängt, haben sie vor allem das Problem behandelt, auf Grund welcher rechtlichen oder faktischen Beziehung zwischen Gewalthaber und Gewaltunterworfenem (*potestas, possessio,* tatsächliche Einwirkungsmöglichkeit, Eingliederung in den Wirtschaftsbetrieb) die Besitzergreifung durch Gewaltunterworfene auch *corpore* dem Gewalthaber zugerechnet werden kann.

Soweit es dabei auf den eigenen Willen der Gewaltunterworfenen ankommt, gelten die allgemeinen Regeln über Geschäftsfähigkeit und Fähigkeit zum Besitzerwerb.

c) Besitzerwerb durch Gewaltfreie ist im klassischen römischen Recht nur ausnahmsweise möglich. Wenn Titius seinen Freund Seius beauftragt, für ihn eine Sache zu kaufen, erlangt er nicht im Zeitpunkt der Übergabe der Sache an Seius Besitz, sondern erst dann, wenn ihm Seius die Sache ausfolgt (siehe unten Fall 35). Wenn allerdings ein Tutor für sein Mündel Besitz ergreift, wird dieser von den Spätklassikern sofort dem Mündel zugerechnet. Dasselbe gilt für den Kurator und sogar den Prokurator (Vermögensverwalter).

Literatur:

Benöhr, Der Besitzerwerb durch Gewaltabhängige (1972).

Wieacker, IURA 12 (1961) 371 ff (Besprechung von Nicosia, L'acquisto del possesso mediante i „potestati subiecti", 1960).

Watson, Acquisition of Possession per extraneam personam, TR 29 (1961) 22 ff (= Studies in Roman Private Law [1991] 63 ff).

Watson, Acquisition of Ownership by traditio to an extraneus, SDHI 33 (1967) 189ff (= Studies in Roman Private Law [1991] 109ff).

Berneisen, Per liberam personam, RIDA 6 (1959) 249ff.

Krüger, Erwerbszurechnung kraft Status (1979).

Claus, Gewillkürte Stellvertretung im Römischen Privatrecht (1973).

Krenz, Der Besitzerwerb „per procuratorem", Labeo 43 (1997) 345ff.

Klinck, Erwerb durch Übergabe an Dritte nach klassischem römischen Recht (2004).

Fall 22

a) Besitzerwerb und Geschäftsfähigkeit

D 41, 2, 1, 3 (Paulus libro quinquagensimo quarto ad edictum)

Furiosus et pupillus sine tutoris auctoritate non potest incipere possidere, quia affectionem tenendi non habent, licet maxime corpore suo rem contingant, sicuti si quis dormienti aliquid in manu ponat. sed pupillus tutore auctore incipiet possidere. Ofilius quidem et Nerva filius etiam sine tutoris auctoritate possidere incipere posse pupillum aiunt: eam enim rem facti, non iuris esse: quae sententia recipi potest, si eius aetatis sint, ut intellectum capiant.

Übersetzung: (Paulus im 54. Buch seines Ediktskommentars)*)

Ein Geisteskranker sowie ein Mündel ohne Genehmigung des Vormunds können nicht zu besitzen beginnen, da ihnen der Besitzwille fehlt, wenn sie auch noch so sehr die Sache körperlich berühren: ähnlich einem Schlafenden, dem jemand etwas in die Hand legt. Aber der *pupillus* kann mit *auctoritas tutoris* zu besitzen beginnen. Ofilius freilich und der jüngere Nerva meinen, ein *pupillus* könne auch ohne *auctoritas tutoris* zu besitzen beginnen. Es handle sich dabei nämlich um eine faktische, nicht um eine rechtliche Angelegenheit. Diese Ansicht kann man akzeptieren, wenn ein Mündel jenes Alter erreicht hat, in dem es des Vernunftgebrauches fähig ist.

Erörterung des Problems:

a) Inwieweit ist die Gleichbehandlung von Schlafenden, Geisteskranken und Kindern beim Besitzerwerb einleuchtend?

b) Differenzieren nur Ofilius und Nerva oder auch Paulus zwischen Fähigkeit zum Besitzerwerb und Geschäftsfähigkeit?

c) Glauben Sie, dass Ofilius und Nerva den Besitzerwerb eines vierjährigen Kindes ohne *auctoritas tutoris* zugelassen haben? (Zu Lebensalter und Geschäftsfähigkeit s unten zu Fall 86.)

d) Halten Sie eine feste Altersgrenze in diesem Fall für sinnvoll?

Vgl dazu:

§ 310 ABGB
Kinder unter sieben Jahren und Personen über sieben Jahre, die den Gebrauch der Vernunft nicht haben, können – außer in den Fällen des § 151 Abs. 3 und § 280 Abs. 2 – Besitz nur durch ihren gesetzlichen Vertreter erwerben. Im übrigen ist die Fähigkeit zum selbständigen Besitzerwerb gegeben.

§ 151 Abs 3 ABGB
Schließt ein minderjähriges Kind ein Rechtsgeschäft, das von Minderjährigen seines Alters üblicherweise geschlossen wird, und eine geringfügige Angelegenheit des tägli-

---

*) Zu Autor und Werk s oben Fall 1 (D 41, 2, 43, 1); Aulus Ofilius war Schüler des Servius und war mit Caesar befreundet. In den Digesten finden sich keine Auszüge aus seinen Werken, er wird jedoch von anderen Juristen über fünfzigmal zitiert.
M. Cocceius Nerva (filius) war Sohn des gleichnamigen Juristen (oben Fall 13) und Vater des Kaisers Nerva (gest. 98 n. Chr.). Er hat die juristische Bedeutung seines Vaters nicht erreicht.

chen Lebens betrifft, so wird dieses Rechtsgeschäft ... mit der Erfüllung der das Kind treffenden Pflichten rückwirkend rechtswirksam.

Literaturhinweise:

Klinck (Fall 4) 171 ff.

Nörr, P. Haun. III 45 und der verlorene Traktat Modestins zum Vermächtnisrecht, ZSS 127 (2010) 85.

Fall 23

b) Besitzerwerb durch Gewaltunterworfene

aa) Besitzerwerb und Vermögensfähigkeit

D 41, 2, 49, 1 (Papinianus libro secundo definitionum)

Qui in aliena potestate sunt, rem peculiarem tenere possunt, habere possidere non possunt, quia possessio non tantum corporis, sed et iuris est.

Übersetzung: (Papinian im zweiten Buch seiner Definitionen)*)

Wer in fremder Gewalt steht, kann ein Pekulium innehaben, jedoch nicht besitzen, da der Besitz nicht nur eine körperliche, sondern auch eine rechtliche Angelegenheit ist.

Erörterung des Problems:

a) Sind Haussöhne und Sklaven gleichermaßen vermögensunfähig?

b) Welchen wirtschaftlichen Zweck verfolgt das Pekulium, welche Rechtsstellung vermittelt es seinem Inhaber?

c) Erläutern Sie die Entscheidungsbegründung Papinians. (Vgl dazu oben Fall 22 *rem facti, non iuris esse*.)

Literaturhinweis:

Benöhr, Der Besitzerwerb durch Gewaltabhängige (1972) 66, 77 ff.

---

*) Zu Autor und Werk s oben Fall 5 (D 18, 1, 74).

Fall 24

bb) Besitzerwerb durch eigene Sklaven und Haussöhne

D 41, 2, 3, 12 (Paulus libro quinquagensimo quarto ad edictum)

Ceterum animo nostro, corpore etiam alieno possidemus, sicut diximus per colonum et servum, nec movere nos debet, quod quasdam etiam ignorantes possidemus, id est quas servi peculiariter paraverunt: nam videmur eas eorundem et animo et corpore possidere.

Übersetzung: (Paulus im 54. Buch seines Ediktskommentars)*)

Im Übrigen können wir auch mit unserem Willen, aber durch den Körper eines anderen Besitz erwerben, wie etwa durch einen Pächter oder Sklaven, und es darf uns nicht beirren, dass wir bestimmte Sachen auch ohne unser Wissen besitzen: jene nämlich, die unsere Sklaven auf Grund eines Pekuliums erworben haben. Wir besitzen solche Sachen nämlich mittels *corpus* und *animus* der Sklaven.

Erörterung des Problems:

a) Glauben Sie, dass Paulus bezüglich des Besitzerwerbs durch einen Pächter an das *constitutum possessorium* denkt?

b) Betrachtet Paulus bei der Formulierung „*animo nostro, corpore alieno*" den Sklaven nur als Werkzeug oder auch als Stellvertreter des *dominus* im Willen?

c) Kann man sagen, dass beim Erwerb auf Grund eines Pekuliums der *animus possidendi* des Sklaven den *animus possidendi* des *dominus* vertritt?

d) Lesen Sie die Begründung des Paulus im folgenden Text D 41, 2, 1, 5 (Fall 25) und prüfen Sie ihr Verhältnis zu D 41, 2, 3, 12.

Antworten:

a) Möglicherweise ja. Das Besitzkonstitut ist allerdings nur ein Sonderfall des Besitzerwerbs, in dem der bisherige Eigenbesitzer dadurch dem Erwerber Besitz verschafft, dass er die faktische Sachherrschaft in Hinkunft als Fremdbesitzer (Detentor, zB Pächter) für den Erwerber ausübt.

Im vorliegenden Fall scheint Paulus eher an Besitzerwerb des *dominus* zu denken, der einen Pächter oder Sklaven auf ein gekauftes Grundstück schickt und durch sie gleichsam als „verlängerte Hände" oder „Werkzeuge" körperlichen Besitz ergreift.

Doch Besitzerwerb durch Gewaltfreie ist nur ausnahmsweise anerkannt, auch wenn diese als bloße Werkzeuge fungieren. Vielleicht lässt man beim *colonus* ebenso wie beim *procurator* auf Grund der starken faktischen Abhängigkeit den stellvertretenden Besitzerwerb zu.

b) Stellvertretung ist Abgabe oder Empfang einer Willenserklärung für einen anderen in dessen Namen, dh so, dass die Wirkungen des Rechtsgeschäftes unmittelbar diesen treffen sollen. Bloße Hilfskräfte (zB Boten, die nur die Erklärung übermitteln) sind nicht Vertreter im Willen.

---

*) Zu Autor und Werk s oben Fall 1 (D 41, 2, 3, 1).

Fall 24

Abgesehen davon, ob man von Stellvertretung nur bei rechtsgeschäftlichem Handeln sprechen soll und ob man einen Gewaltunterworfenen, insbesondere einen nicht rechtsfähigen Sklaven, als „Stellvertreter" bezeichnen kann, wird aus der Formulierung des Paulus deutlich, dass er hier an den Sklaven als Werkzeug denkt.

Doch auch wenn der Sklave nur Instrument ist, wird man von ihm ein „natürliches Bewusstsein" des Erwerbes verlangen müssen, eine Absicht, die tatsächliche Gewalt auszuüben. Nicht erforderlich (bzw irrelevant) ist der Wille, für den dominus Besitz zu erwerben.

c) Ja. *Concessio peculii* bedeutet Übertragung einer Generalvollmacht zur Vermögensverwaltung, zum Handelsbetrieb usw. Der Gewaltunterworfene ist in diesem Rahmen auch Vertreter im Willen. In der Vollmachterteilung liegt ein generell-abstrakter Besitzwille des *dominus,* der dann im Einzelfall durch den Gewaltunterworfenen konkretisiert wird.

d) Auch Pekuliarerwerb ohne Wissen des *dominus* erfolgt im Grunde *animo nostro corpore alieno*. Der generell-abstrakte *animus* des *dominus* bedarf allerdings der Konkretisierung durch den Gewaltunterworfenen, sodass man sowohl von Besitzerwerb *animo servorum* (D 41, 2, 3, 12 *eorundem et animo et corpore*), als auch von Erwerb *animo nostro* (D 41, 2, 1, 5 *nostra voluntate,* unten Fall 25) sprechen kann.

Literaturhinweise:

Benöhr (Fall 23) 46 f.

MacCormack (Fall 13) 131 f.

Klinck (Fall 4) 45 ff.

Bömer, Besitzmittlungswille und mittelbarer Besitz (2009) 75 ff.

Fall 25

D 41, 2, 1, 5 (Paulus libro quinquagensimo quarto ad edictum)

Item adquirimus possessionem per servum aut filium, qui in potestate est, et quidem earum rerum, quas peculiariter tenent, etiam ignorantes, sicut Sabino et Cassio et Iuliano placuit, quia nostra voluntate intellegantur possidere, qui eis peculium habere permiserimus. igitur ex causa peculiari et infans et furiosus adquirunt possessionem et usucapiunt, et heres, si hereditarius servus emat.

Übersetzung: (Paulus im 54. Buch seines Ediktskommentars)*)

Ebenso erwerben wir Besitz durch einen Sklaven oder Haussohn, und zwar bezüglich jener Sachen, die sie auf Grund ihres Pekuliums erlangen, nach Ansicht von Sabinus, Cassius und Julian sogar ohne unser Wissen, da man der Auffassung ist, dass sie mit unserem Willen besitzen, wenn wir ihnen ein Pekulium gestattet haben. Und so können auf Grund eines Pekuliums auch Kinder und Geisteskranke Besitz erwerben und ersitzen, so wie der Erbe, wenn ein Erbschaftssklave eine Sache gekauft hat.

Bemerkung zum Text:

Zu *intellegantur* (man ist der Auffassung) s unten zu Fall 72.

Erörterung des Problems:

a) Titius beauftragt seinen Sklaven, einen Ring zu kaufen, und verreist sodann. Der Sklave erwirbt am nächsten Tag den Ring, Titius erfährt davon erst bei seiner Rückkehr. In welchem Zeitpunkt hat er am Ring Besitz erlangt?

b) Warum fordert man grundsätzlich Kenntnis des *dominus* von der Besitzergreifung des Sklaven?

c) Warum schreibt man dem *dominus* nicht den Willen zu, alle Sachen zu besitzen, die irgendeiner seiner Gewaltunterworfenen auf beliebige Weise erwirbt?

d) Versuchen Sie, die Entscheidung des Paulus „Besitzerwerb des *dominus* an Pekuliarsachen auch ohne eigene Kenntnis" durch wirtschaftliche Erwägungen zu untermauern.

e) Wie kann Pekuliarerwerb zugunsten eines *infans* oder *furiosus* zustandekommen, obwohl diese kein Pekulium einräumen und keinen rechtserheblichen Willen äußern können?

f) Paulus spricht hier nur vom *servus* und vom *filius*. Halten Sie auch den Besitzerwerb durch eine gewaltunterworfene Tochter oder durch eine Sklavin für möglich?
 – durch einen *servus furiosus?*
 – durch einen *servus impubes?*
 – durch ein (vierjähriges) Sklavenkind?

Literaturhinweis:

Benöhr (Fall 23) 20 ff, 91.

Klinck (Fall 4) 50 f, 174 f.

---

*) Zu Paulus s oben Fall 1 (D 41, 2, 3, 1); zu Sabinus oben Fall 11 (D 18, 6, 1, 2); zu Cassius oben Fall 19 (D 41, 2, 21, 3); zu Julian unten Fall 70 (D 41, 1, 36).

Fall 26

D 41, 2, 44, 1 (Papinianus libro vicensimo tertio quaestionum)

Quaesitum est, cur ex peculii causa per servum ignorantibus possessio quaereretur. dixi utilitatis causa iure singulari receptum, ne cogerentur domini per momenta species et causas peculiorum inquirere. nec tamen eo pertinere speciem istam, ut animo videatur adquiri possessio: nam si non ex causa peculiari quaeratur aliquid, scientiam quidem domini esse necessariam, sed corpore servi quaeri possessionem.

Übersetzung: (Papinian im 23. Buch seiner Rechtsfragen)*)

Es ist gefragt worden, warum auf Grund eines Pekuliums durch den Sklaven auch für einen Unwissenden Besitz erworben werden soll. Ich habe geantwortet, dies sei auf Grund von Zweckmäßigkeitserwägungen als Ausnahmeregelung eingeführt worden, damit die Gewalthaber nicht gezwungen werden, unentwegt allen Pekuliarangelegenheiten nachzuspüren. Nicht hieher gehöre jedoch der Fall, in dem der Besitz *animo* erworben gelte. Wenn etwas nämlich nicht auf Grund des Pekuliums erworben werde, sei das Wissen des Gewalthabers nötig, doch körperlich werde der Besitz durch den Sklaven erlangt.

Bemerkungen zum Text:

Papinian gibt zunächst eine Entscheidungsbegründung, verknüpft mit einem Hinweis auf die Entstehung der Entscheidung als Ausnahmesatz des Juristenrechtes (*utilitatis causa iure singulari receptum*). Sodann versucht er eine Abgrenzung zwischen Besitzerwerb durch Gewaltunterworfene und Besitzerwerb „*animo*".

Römische Juristen berufen sich häufig auf *utilitas* (Zweckmäßigkeit, Rücksicht auf praktische Bedürfnisse) als Argument oder Entscheidungsbegründung. Nicht selten wird damit ausdrücklich einer pragmatischen Lösung der Vorzug vor einer logisch konsequenten gegeben.

Erörterung des Problems:

a) Was bedeutet *utilitatis causa* hier konkret? Könnten Sie den Erwägungen Papinians weitere Gesichtspunkte hinzufügen?

b) *Ius singulare* ist eine Ausnahmeregelung, die ein bestehendes rechtliches Prinzip durchbricht (Paulus D 1, 3, 16). Versuchen Sie eine prägnante Formulierung des Prinzips und der Ausnahme. Zu *receptum est* siehe unten Fall 31.

c) Papinian sieht wie Paulus D 41, 2, 3, 12 (oben Fall 24) den Besitzerwerb durch Gewaltunterworfene als *animo nostro corpore alieno* vollzogen an. Wie kann man diesen Typus vom Erwerb *animo* abgrenzen? Wo würden Sie den Fall einordnen, in dem jemand einen Sklaven als Wächter bei einem Holzhaufen aufstellt (vgl D 41, 2, 51 oben Fall 10)?

Literaturhinweise:

Benöhr (Fall 23) 22 ff, 92 f.

Wubbe, Ius singulare quid sit, in FS Waldstein (1993) 460 ff.

---

*) Zu Autor und Werk s oben Fall 5 (D 18, 1, 74).

Klinck (Fall 4) 50 f, 174 f.

Ankum, The Functions of Expressions with utilitatis causa in the Works of the Classical Roman Lawyers, in Essays in honour of Ph. J. Thomas (2010) 14 f.

Fall 27

cc) Besitzerwerb durch bona fide serviens und durch servus usufructuarius

Gai. Inst. 2, 94

De illo quaeritur, an per eum servum, in quo usumfructum habemus, possidere aliquam rem et usucapere possimus, quia ipsum non possidemus. per eum vero, quem bona fide possidemus, sine dubio et possidere et usucapere possumus. loquimur autem in utrisque personis secundum definitionem, quam proxume exposuimus; id est si quid ex re nostra vel ex operis suis adquirant, id nobis adquiritur.

Übersetzung: (Gaius im zweiten Buch seiner Institutionen)*)

Es ist fraglich, ob wir durch einen Sklaven, an dem wir einen Nießbrauch haben, eine Sache besitzen und ersitzen können, da wir den Sklaven selbst nicht besitzen. Aber durch jemanden, den wir gutgläubig besitzen, können wir zweifellos besitzen und ersitzen. Bezüglich beider Personentypen halten wir uns an die Abgrenzung, die wir gerade gegeben haben, dh was sie mit unseren Mitteln oder mit ihrer Arbeitskraft erwerben, das wird für uns erworben.

Bemerkungen zum Text:

Gaius beruft sich auf seine Ausführungen in Inst. 2, 91, dass nach hL der Nießbrauchsklave *ex re nostra vel ex operis suis* für den Nießbraucher Eigentum erwirbt, *extra eas causas* (zB durch Erbschaft oder Legat) jedoch für seinen Eigentümer.

In Inst. 2, 92 setzt Gaius fort: *Idem placet de eo, qui a nobis bona fide possidetur, sive liber sit sive alienus servus... itaque quod extra duas istas causas adquiritur, id vel ad ipsum pertinet, si liber est, vel ad dominum, si servus sit.*[1] (Ein *homo liber bona fide serviens* ist ein Freier, der sich irrtümlich für einen Sklaven hält und der auch von dem Herrn, in dessen Diensten er steht, gutgläubig als Sklave angesehen wird.)

Mit negativen Feststellungen wie „zweifellos" *(sine dubio)* oder „es besteht kein Zweifel" *(nulla dubitatio est, procul dubio est, non dubitatur* usw) berufen sich römische Juristen ebenso häufig wie mit positiven Formulierungen „es steht fest" *(constat)*, „es ist (war) herrschende Lehre" *(placet, placuit)*, „es ist anerkannt" *(receptum est)*, „es ist gesichert" *(certum est)* auf eine gesicherte Juristenlehre, durch die jede weitere Argumentation erspart werden kann.

Erörterung des Problems:

a) Hält Gaius den Besitz am Sklaven für eine Voraussetzung des Besitzerwerbs durch den Sklaven?

b) Aus welchen Erwägungen lässt Gaius den Nießbrauchsklaven teils für den Nießbraucher, teils für den Eigentümer Besitz erwerben?

---

*) Zu Autor und Werk s oben Fall 6 (D 41, 1, 9, 6).

[1] „Dasselbe gilt bezüglich des bona fide serviens, ob er nun ein Freier ist oder ein fremder Sklave... daher gehört das, was von ihm außerhalb dieser zwei Erwerbsgründe erworben wird, entweder ihm selbst (wenn er ein Freier ist) oder seinem Eigentümer (wenn er ein Sklave ist)."

c) Halten Sie bezüglich des Besitzerwerbs für den *possessor* die Gleichstellung eines *homo liber bona fide serviens* mit einem gutgläubig besessenen fremden Sklaven für gerechtfertigt?

Literaturhinweise:
> *Benöhr* (Fall 23) 35 f.
> *Klinck* (Fall 4) 91 ff.

Fall 28

D 41, 2, 1, 6 (Paulus libro quinquagensimo quarto ad edictum)

Sed et per eum, quem bona fide possidemus, quamvis alienus sit vel liber, possessionem adquiremus. si mala fide eum possideamus, non puto adquiri nobis possessionem per eum: sed nec vero domino aut sibi adquiret, qui ab alio possidetur.

Übersetzung: (Paulus im 54. Buch seines Ediktskommentars)*)

Aber auch durch denjenigen, den wir *bona fide* besitzen, erwerben wir Besitz, wenngleich er ein fremder Sklave oder ein Freier ist. Wenn wir ihn *mala fide* besitzen, glaube ich nicht, dass uns durch ihn Besitz erworben wird. Jemand, der von einem anderen besessen wird, erwirbt jedoch auch nicht für seinen echten *dominus* oder für sich selbst.

Erörterung des Problems:

a) Lässt Paulus den *bona fide serviens* nur für seinen Besitzer erwerben?

b) Vergleichen Sie die Entscheidung des Paulus mit Gai. Inst. 2, 94 (Fall 27) und versuchen Sie, die divergierenden Standpunkte zu begründen.

Literaturhinweise:

Benöhr (Fall 23) 30, 39, 78 ff.

Söllner, Irrtümlich als Sklaven gehaltene freie Menschen und Sklaven in unsicheren Eigentumsverhältnissen (CRRS IX, 2000) 101.

Klinck (Fall 4) 91 ff.

Harke, Liber homo bona fide serviens und Vertragsgeltung im klassischen römischen Recht, RIDA 52 (2005) 163 ff.

---

*) Zu Autor und Werk s oben Fall 1 (D 41, 2, 3, 1).

Fall 29

D 41, 1, 21 pr. (Pomponius libro undecimo ad Sabinum)

Si servus meus tibi bona fide serviret et rem emisset traditaque ei esset, Proculus nec meam fieri, quia servum non possideam, nec tuam, si non ex re tua sit parata. sed si liber bona fide tibi serviens emerit, ipsius fieri.

Übersetzung: (Pomponius im elften Buch seines Kommentars zum *ius civile* des Sabinus)*)

Wenn mein Sklave, der dir gutgläubig dient, eine Sache gekauft hat und diese ihm übergeben worden ist, so sagt Proculus, dass sie weder in mein Eigentum übergegangen sei, da ich den Sklaven nicht besitze, noch in deines, wenn sie nicht mit deinen Mitteln erworben worden sei. Wenn jedoch ein Freier, der dir gutgläubig dient, eine Sache gekauft habe, gehe sie in sein Eigentum über.

Erörterung des Problems:

a) Erwirbt der *liber bona fide serviens* nach Proculus und Pomponius nur für sich selbst?

b) Kann der *homo liber bona fide serviens* für sich selbst Besitz erwerben, obwohl er sich für einen Sklaven hält und für seinen *dominus* zu erwerben glaubt? (Problem des *animus possidendi*.)

c) Für wen hätten Proculus und Pomponius einen *servus usufructuarius* Besitz erwerben lassen?

Literaturhinweise:

Benöhr (Fall 23) 68 ff.

Klinck (Fall 4) 87 ff.

Harke (Fall 28) 169 f.

---

*) Sextus Pomponius ist Zeitgenosse des Gaius und wie dieser ein Vertreter der akademischen Richtung in der römischen Jurisprudenz. Er hat kein ius respondendi, beeindruckt jedoch als Verfasser lehrhaft breiter Kommentarwerke (39 libri ad Quintum Mucium; ein erster ausführlicher Kommentar ad Sabinum in 35 Büchern; sein Ediktskommentar dürfte den stattlichen Umfang von 150 libri erreicht haben). Pomponius wird vor allem von Ulpian häufig zitiert und ist mit zahlreichen Exzerpten in den Digesten vertreten.

Fall 30

D 41, 2, 1, 8 (Paulus libro quinquagensimo quarto ad edictum)

Per eum, in quo usum fructum habemus, possidere possumus, sicut ex operis suis adquirere nobis solet: nec ad rem pertinet, quod ipsum non possidemus: nam nec filium.

Übersetzung: (Paulus im 54. Buch seines Ediktskommentars)*)

Durch einen (Sklaven), an dem wir einen Nießbrauch haben, können wir Besitz erlangen, so wie er auch durch seine Arbeit für uns zu erwerben pflegt. Und es ist unerheblich, dass wir ihn selbst nicht besitzen: Wir besitzen ja auch den Sohn nicht.

Erörterung des Problems:

Versuchen Sie, die Entscheidung des Paulus für den Besitzerwerb durch Nießbrauchsklaven positiv zu begründen, und vergleichen Sie seine Aussage mit Gaius Inst. 2, 94 (Fall 27), Proculus/Pomponius D 41, 1, 21 pr. (Fall 29) sowie Paulus D 41, 2, 1, 6 (Fall 28).

Literaturhinweise:
 Benöhr (Fall 23) 37, 80.
 Klinck (Fall 4) 101 ff.

---

*) Zu Autor und Werk s oben Fall 1 (D 41, 2, 3, 1).

Fall 31

dd) Besitzerwerb durch servus fugitivus

D 41, 2, 1, 14 (Paulus libro quinquagensimo quarto ad edictum)

Per servum, qui in fuga sit, nihil posse nos possidere Nerva filius ait, licet respondeatur, quamdiu ab alio non possideatur, a nobis eum possideri ideoque interim etiam usucapi. sed utilitatis causa receptum est, ut impleatur usucapio, quamdiu nemo nactus sit eius possessionem. possessionem autem per eum adquiri, sicut per eos, quos in provincia habemus, Cassii et Iuliani sententia est.

Übersetzung: (Paulus im 54. Buch seines Ediktskommentars)*)

Durch einen Sklaven, der geflohen ist, können wir nichts besitzen, meint der jüngere Nerva, obgleich entschieden werde, solange er von niemand anderem besessen werde, werde er von uns besessen und daher auch weiterhin ersessen. Doch aus Zweckmäßigkeitsgründen hat sich die Meinung durchgesetzt, dass die Ersitzung vollendet werden könne, solange niemand an ihm Besitz ergriffen habe. Besitz könne man durch ihn ebenso erwerben wie durch jene Sklaven, die wir in der Provinz halten, ist die Ansicht von Cassius und Julian.

Bemerkung zum Text:

Receptum est „es ist anerkannt", „die Meinung hat sich durchgesetzt" verweist auf eine etablierte Juristenlehre, die ohne weitere Argumentation bei der Entscheidung künftiger Fälle zugrundegelegt werden kann. Zu *utilitatis causa* „aus Zweckmäßigkeitsgründen" s oben Fall 26.

Erörterung des Problems:

a) Lässt Nerva den Besitz des *dominus* am *servus fugitivus* erlöschen? (Vgl dazu Fall 46.)

b) Der flüchtige Sklave hat Sachen seines *dominus* mitgenommen. Hat der *dominus* dadurch Besitz an diesen Sachen verloren?

c) Mit welcher Begründung könnte Nerva den Besitzerwerb durch einen *servus fugitivus* abgelehnt haben?

d) Welche Parallele lässt sich zwischen dem *fugitivus* und den Sklaven in der Provinz ziehen?

e) Der *fugitivus* wird von einem Dritten in Besitz genommen. Kann er für diesen Besitz erwerben? (Vgl oben Fall 28.)

Literaturhinweise:

Benöhr (Fall 23) 129 f.

Klinck (Fall 4) 118 ff.

Klingenberg, Servus fugitivus (CRRS X.6, 2006) 121.

Ankum (Fall 26) 15 f.

---

*) Zu Autor und Werk s oben Fall 1 (D 41, 2, 3, 1); zu Nerva filius oben Fall 22 (D 41, 2, 1, 3); zu Cassius oben Fall 19 (D 41, 2, 21, 3); zu Julian unten Fall 70 (D 41, 1, 36).

Fall 32

c) Besitzerwerb durch gewaltfreie „Stellvertreter"

Gai. Inst. 2, 95

>   Ex iis apparet per liberos homines, quos neque iuri nostro subiectos habemus neque bona fide possidemus, item per alienos servos, in quibus neque usumfructum habemus neque iustam possessionem, nulla ex causa nobis adquiri posse. et hoc est, quod vulgo dicitur per extraneam personam nobis adquiri non posse; tantum de possessione quaeritur, an per procuratorem nobis adquiratur.

Übersetzung: (Gaius im zweiten Buch seiner Institutionen)*)

>   Daraus geht hervor, dass durch freie Menschen, die weder unserer Gewalt unterworfen sind noch gutgläubig von uns besessen werden, ebenso durch fremde Sklaven, an denen wir weder einen Nießbrauch noch *iusta possessio* haben, aus keinem Grund für uns erworben werden kann. Und das ist gemeint, wenn gemeinhin gesagt wird, durch fremde Personen könne man nicht erwerben. Nur bezüglich des Besitzes ist fraglich, ob er durch einen Prokurator für uns erworben werden könne.

Bemerkung zum Text:

>   *Vulgo dicta* sind regelhafte Aussagen (Faustregeln), die von den Juristen gelegentlich als zu breit formuliert empfunden und deshalb kritisch eingeschränkt werden (vgl unten Fall 90).

Erörterung des Problems:

a) Stellen Sie unter Mitberücksichtigung der Fälle 23 bis 31 eine Liste der Personen auf, durch die ein römischer *pater familias* Besitz erwerben kann.

b) Kann man diese Fälle unter einem einheitlichen Gesichtspunkt zusammenfassen?

c) Warum ist gerade der Prokurator Ansatzpunkt für die Zulassung von Besitzerwerb durch Gewaltfreie?

Vgl dazu:

§ 855 BGB
>   Übt jemand die tatsächliche Gewalt über eine Sache für einen anderen in dessen Haushalt oder Erwerbsgeschäft oder in einem ähnlichen Verhältnis aus, vermöge dessen er den sich auf die Sache beziehenden Weisungen des anderen Folge zu leisten hat, so ist nur der andere Besitzer.

Literaturhinweise:

>   *Watson*, Acquisition of Possession per extraneam personam, TR 29 (1961) 27 ff (= Studies in Roman Private Law [1991] 68 ff).
>   *Klinck* (Fall 4) 206 ff.

---

*) Zu Autor und Werk s oben Fall 6 (D 41, 1, 9, 6).

Fall 33

Pauli sententiae 5, 2, 2

Per liberas personas, quae in potestate nostra non sunt, adquiri nobis nihil potest. Sed per procuratorem adquiri nobis possessionem posse utilitatis causa receptum est. Absente autem domino comparata non aliter ei, quam si rata sit, quaeritur.

Übersetzung: (Paulussentenzen 5, 2, 2)*)

Durch freie Personen, die nicht in unserer Gewalt stehen, können wir nichts erwerben. Doch dass der Prokurator für uns Besitz erwerben kann, ist aus Zweckmäßigkeitserwägungen anerkannt worden. Ein in Abwesenheit des *dominus* erlangter Besitz gilt jedoch nur dann für ihn erworben, wenn er dies billigt.

Erörterung des Problems:

Vergleichen Sie zur historischen Entwicklung *utilitatis causa receptum est* mit Gai. Inst. 2, 95 *quaeritur* (oben Fall 32) und Neraz (etwa eine Generation vor Gaius) D 41, 3, 41 *iam fere conveniat* (unten Fall 73). Zu *utilitatis causa receptum* siehe auch oben Fälle 26 und 31.

a) Wodurch unterscheidet sich der Besitzerwerb *per procuratorem* vom Pekuliarerwerb durch Gewaltunterworfene?
b) Kann der Prokurator auch als Vertreter des *dominus* im Willen fungieren?
c) Welche Zweckmäßigkeitsgründe sprechen zugunsten des Besitzerwerbs durch den Prokurator?
d) Versuchen Sie, den Satz „*Absente autem domino* . . .“ zu erklären.

Literaturhinweise:

Watson (Fall 32) 32 (= Studies 73).

Krenz, Der Besitzerwerb „per procuratorem", Labeo 43 (1997) 352.

Klinck (Fall 4) 211 f.

---

*) Zu Paulus s oben Fall 1 (D 41, 2, 3, 1). Die Paulussentenzen gelten heute als frühnachklassischer Auszug – überwiegend, aber nicht ausschließlich aus Werken des Paulus – der zwischen dem 3. und 5. Jh. mehrfach überarbeitet worden ist. Die sententiae haben lange Zeit als einfaches, praktisches Handbuch großen Einfluss ausgeübt.

Fall 34

D 41, 2, 1, 20 (Paulus libro quinquagensimo quarto ad edictum)

Per procuratorem tutorem curatoremve possessio nobis adquiritur. cum autem suo nomine nacti fuerint possessionem, non cum ea mente, ut operam dumtaxat suam accommodarent, nobis non possunt adquirere. alioquin si dicamus per eos non adquiri nobis possessionem, qui nostro nomine accipiunt, futurum, ut neque is possideat cui res tradita sit, quia non habeat animum possidentis, neque is qui tradiderit, quoniam cesserit possessione.

Übersetzung: (Paulus im 54. Buch seines Ediktskommentars)*)

Durch einen Prokurator, Tutor oder Kurator wird für uns Besitz erworben. Wenn diese allerdings im eigenen Namen Besitz erlangt haben, nicht in der Absicht, bloß ihre Dienste zur Verfügung zu stellen, können sie nicht für uns erwerben. Falls wir nämlich die Entscheidung träfen, dass wir nicht durch jene Besitz erwerben, die ihn in unserem Namen erlangen, träte die Folge ein, dass weder derjenige besitzt, dem die Sache übergeben worden ist, da er keinen Besitzwillen hat, noch derjenige, der übergeben hat, weil er ja den Besitz aufgegeben hat.

Bemerkungen zum Text:

Paulus verwendet ein *argumentum ad absurdum:* Er will die Richtigkeit seiner Entscheidung damit stützen, dass er die Gegenposition oder Alternative als absurd (unsinnig, unerträglich) erscheinen lässt. Das *argumentum ad absurdum* wird nicht selten mit einer Wendung wie *alioquin dicendum* „sonst müsste man ja sagen..." eingeleitet.

Vgl jedoch zur Paulusentscheidung Celsus D 41, 2, 18, 1 (unten Fall 43) sowie Paulus D 41, 2, 1, 6 (oben Fall 28).

Erörterung des Problems:

a) Ist auch bei Gewaltunterworfenen der Wille erforderlich, für einen anderen zu erwerben?

b) Kann ein *infans* auch selbst Besitz erwerben, oder nur durch den Tutor? Vgl dazu Fall 22.

c) Welche Gründe sprechen für Gleichstellung des Tutors und Kurators; welche Gegenargumente hielten Sie für möglich?

Literaturhinweise:

Watson (Fall 32) 30 ff (= Studies 71 ff).

Krenz (Fall 33) 359 f.

Klinck (Fall 4) 228 f.

---

*) Zu Autor und Werk s oben Fall 1 (D 41, 2, 3, 1).

Fall 35

D 41, 1, 59 (Callistratus libro secundo quaestionum)

Res ex mandatu meo empta non prius mea fiet, quam si mihi tradiderit qui emit.

Übersetzung: (Callistratus im zweiten Buch seiner Rechtsfragen)*)

Eine Sache, die auf Grund meines Auftrages gekauft worden ist, wird nicht früher mein Eigentum, als sie mir derjenige, der sie gekauft hat, übergeben hat.

Erörterung des Problems:

Interpretieren Sie diesen Text des Spätklassikers Callistratus im Lichte der drei oben besprochenen Stellen Gai. Inst. 2, 95 (Fall 32); PS 5, 2, 2 (Fall 33); Paulus D 41, 2, 1, 20 (Fall 34).

Literaturhinweise:

Watson (Fall 4) 199 (= Studies 119).

Claus, Gewillkürte Stellvertretung im Römischen Privatrecht (1973) 183 f.

Klinck (Fall 4) 213 f.

---

*) Callistratus stammte aus dem griechisch sprechenden Osten des Reiches und wirkte unter Septimius Severus und Caracalla. Neben 2 Büchern quaestiones hat er institutiones in 3 Büchern, 6 libri de cognitionibus, 4 libri de iure fisci et populi, sowie 6 libri ad edictum monitorium verfasst.

Fall 36

D 41, 1, 20, 2 (Ulpianus libro vicensimo nono ad Sabinum)

Si ego et Titius rem emerimus eaque Titio et quasi meo procuratori tradita sit, puto mihi quoque quaesitum dominium, quia placet per liberam personam omnium rerum possessionem quaeri posse et per hanc dominium.

Übersetzung: (Ulpian im 29. Buch seines Kommentars zum *ius civile* des Sabinus)*)

Wenn ich und Titius eine Sache gekauft haben und diese Titius auch gleichsam als meinem Prokurator übergeben worden ist, glaube ich, dass auch ich Eigentum erworben habe, weil nach herrschender Lehre mittels einer freien Person an allen Sachen Besitz erworben werden kann und dadurch auch Eigentum.

Erörterung des Problems:

Formulieren Sie den Sachverhalt. Ermitteln Sie sodann den logischen Zusammenhang zwischen *quasi . . . procuratori, puto* und *placet.*

In Verbindung mit einem Juristennamen bezeichnet *placet* eine individuelle Rechtsauffassung, zB *Trebatio placuit* „Trebatius hat die Meinung vertreten" (oben Fall 8). Ohne Juristennamen verweist *placet (placuit)* auf eine allgemeine, gefestigte Juristenlehre: „es ist (war) herrschende Lehre". Ziehen Sie daraus sowie unter Berücksichtigung der übrigen oben besprochenen spätklassischen Stellen (Fälle 33 bis 35) Schlüsse bezüglich der Echtheit oder nachklassischen Überarbeitung des Textes.

Vgl dazu Inst. Iust. 2, 9, 5 *et hoc est, quod dicitur per extraneam personam nihil adquiri posse: excepto eo, quod per liberam personam veluti per procuratorem placet non solum scientibus, sed etiam ignorantibus vobis adquiri possessionem secundum divi Severi constitutionem . . .* (Und das ist gemeint, wenn man sagt, durch eine Person außerhalb des Hausverbandes könne nichts erworben werden: allerdings mit Ausnahme dessen, was auf Grund einer Konstitution des vergöttlichten Kaisers Severus für euch durch eine freie Person wie beispielsweise einen Prokurator nicht nur mit eurem Wissen, sondern auch ohne dieses erworben wird . . .)

Literaturhinweise:

Watson (Fall 4) 202 f (= Studies 122 f).

Flume, Rechtsakt und Rechtsverhältnis (1990) 87.

Claus (Fall 35) 189 ff.

Klinck (Fall 4) 28 f, 219 ff.

---

*) Zu Autor und Werk oben Fall 11 (D 18, 6, 1, 2).

Fall 37

D 41, 1, 65 pr. (Labeo libro sexto pithanon a Paulo epitomatorum)

Si epistulam tibi misero, non erit ea tua, antequam tibi reddita fuerit. Paulus: immo contra: nam si miseris ad me tabellarium tuum et ego rescribendi causa litteras tibi misero, simul atque tabellario tuo tradidero, tuae fient. idem accidet in his litteris, quas tuae dumtaxat rei gratia misero, veluti si petieris a me, uti te alicui commendarem, et eas commendaticias tibi misero litteras.

Übersetzung: (Labeo im sechsten Buch des von Paulus herausgegebenen Auszuges aus seinen Pithana)*)

Wenn ich dir einen Brief geschickt habe, ist er nicht früher dein Eigentum geworden, als er dir ausgehändigt worden ist. Paulus: Ganz im Gegenteil. Denn wenn du deinen Briefträger zu mir geschickt hast und ich dir Antwortbriefe schicke, werden sie dein Eigentum, sobald ich sie deinem Briefträger übergeben habe. Dasselbe gilt für jene Briefe, die ich nur dir zuliebe schicke, etwa wenn du mich gebeten hast, dich jemandem zu empfehlen, und ich dir diese Empfehlungsschreiben schicke.

Erörterung des Problems:

a) Glauben Sie, dass Labeo und Paulus bezüglich des Besitzerwerbs zwischen gewaltfreien und gewaltunterworfenen *tabellarii* (Sklaven) unterschieden haben?

b) Warum spezifiziert Paulus Antwortbrief und Empfehlungsschreiben und lässt nicht an allen Briefen, die dem fremden *tabellarius* übergeben werden, Besitz und Eigentum an den *dominus* übergehen?

Literaturhinweise:

Watson (Fall 4) 201 f (= Studies 121 f).

Claus (Fall 35) 115 ff, 203 ff.

Benöhr, Der Brief. Korrespondenz, menschlich und rechtlich gesehen, ZSS 115 (1998) 132 ff.

---

*) Zu Paulus oben Fall 1 (D 41, 2, 3, 1); zu Labeo oben Fall 10 (D 41, 2, 51). Pithana sind plausible Aussagen, die nicht streng beweisbar, jedoch einleuchtend sind. Sie gehören zur Literaturgattung der libri regularum. Paulus hat aus dem Werk Labeos einen kommentierenden Auszug in 8 Büchern verfasst. Er teilt den Labeotext wörtlich mit und knüpft daran häufig eigene kritische Bemerkungen.

Fall 38

D 47, 2, 14, 17 (Ulpianus libro vicensimo nono ad Sabinum)

Si epistula, quam ego tibi misi, intercepta sit, quis furti actionem habeat? et primum quaerendum est, cuius sit epistula, utrum eius qui misit, an eius ad quem missa est? et si quidem dedi servo eius, statim ipsi quaesita est, cui misi: si vero procuratori, aeque (quia per liberam personam possessio quaeri potest) ipsius facta est, maxime si eius interfuit eam habere. quod si ita misi epistulam, ut mihi remittatur, dominium meum manet, quia eius nolui amittere vel transferre dominium...

Übersetzung: (Ulpian im 29. Buch seines Kommentars zum *ius civile* des Sabinus)*)

Wenn ein Brief, den ich an dich absandte, abgefangen worden ist, erhebt sich die Frage, wer die Diebstahlsklage hat. Und zunächst ist zu ermitteln, in wessen Eigentum der Brief steht: dem des Absenders oder dem des Adressaten. Wenn ich ihn dem Sklaven des Empfängers gegeben habe, hat sofort der Empfänger Eigentum erworben. Wenn ich ihn jedoch seinem Prokurator gegeben habe, hat er gleichfalls Eigentum erlangt (weil durch freie Personen Besitz erworben werden kann), insbesondere wenn es in seinem Interesse lag, den Brief zu haben. Wenn ich allerdings den Brief so geschickt habe, dass er mir zurückgesandt werde, bleibt mir das Eigentum erhalten, da ich es nicht aufgeben oder übertragen wollte...

Erörterung des Problems:

Schreiben Sie eine kurze Exegese unter Mitberücksichtigung von D 41, 1, 65 pr. (Fall 37).

Literaturhinweise:

Watson (Fall 4) 204 f (= Studies 124 f).

Claus (Fall 35) 194 ff.

Benöhr (Fall 37) 137 ff.

Klinck (Fall 4) 221 f.

---

*) Zu Autor und Werk s oben Fall 11 (D 18, 6, 1, 2).

II. Kapitel: Besitzerhaltung und Besitzverlust

A. Freiwillige Besitzaufgabe
B. Unfreiwilliger Besitzverlust
   a) an beweglichen Sachen
   b) an Grundstücken
      aa) Besitzerhaltung und -verlust an Sommer- und Winterweiden
      bb) Besitzerhaltung und -verlust an anderen Grundstücken durch den Eigenbesitzer
         Exkurs: Besitzschutz
      cc) Besitzerhaltung und -verlust durch Besitzmittler

Einleitung

Der Besitzverlust wird in den Digesten im selben Titel wie der Besitzerwerb behandelt: D 41, 2 *de adquirenda vel amittenda possessione*. Ansätze zu theoretischer Durchdringung und Systematisierung finden sich wieder bei den Spätklassikern.

Paulus D 41, 2, 8 behauptet, der Besitz werde ebenso verloren wie er erworben werde, nämlich *corpore et animo**), doch zeigt sich bald der beschränkte Geltungsbereich dieses Symmetrieprinzips. Schon der Verlust eines Elements (des physischen Naheverhältnisses bei unfreiwilligem Besitzverlust, des Besitzwillens in bestimmten Fällen freiwilliger Besitzaufgabe durch Übertragung) führt häufig das Ende des Besitzes herbei.

Wie beim Besitzerwerb wird auch in der Frage der Besitzerhaltung das erforderliche körperliche Naheverhältnis kasuistisch geprüft, wobei sich die Verkehrsauffassung weniger streng zeigt als bezüglich des Besitzerwerbs: Trotz weitgehender Verdünnung physischer Herrschaft, ja jeglicher räumlichen Zuordnung (vgl Sommer- und Winterweiden, insb aber den flüchtigen Sklaven) kann der Besitz aufrechterhalten werden.

Dabei spielt naturgemäß der Besitzwille eine besondere Rolle. Eine längere Abhandlung zum Willenselement aus Paulus 54 *ad edictum* geben die Kompilatoren in offensichtlich gekürzter Form in D 41, 2, 3, 6–11 wieder**). Die Struktur spätklassischer Überlegungen geht am deutlichsten aus einem gleichfalls nur auszugsweise überlieferten Papiniantraktat D 41, 2, 44, 2 ff hervor***). Danach ist im Hinblick auf den Besitzverlust zu unterscheiden, ob jemand die Sache selbst *corpore et animo* besitzt, ob das körperliche Naheverhältnis durch Besitzmittler hergestellt wird *(possessio animo nostro, corpore alieno)* oder ob jemand den Besitz *solo animo* aufrechterhält.

Die gravierenden Folgen des Besitzverlustes (Unterbrechung der Ersitzung, Verlust der vorteilhaften Beklagtenrolle im Eigentumsprozess, Besitzerwerb durch Sklaven ist vom Besitz am Sklaven abhängig usw) haben die römischen Juristen zu vielfältigen Be-

---

*) Quemadmodum nulla possessio adquiri nisi animo et corpore potest, ita nulla amittitur, nisi in qua utrumque in contrarium actum est. Ebenso Paulus D 50, 17, 153.
**) Siehe D 41, 2, 3, 6 (unten Fall 40), D 41, 2, 3, 8 (Fall 65), D 41, 2, 3, 9 (Fall 39), D 41, 2, 3, 11 (Fall 48).
***) Unten Fall 51.

mühungen veranlasst, den Besitz möglichst lange aufrechtzuerhalten. Dieser Schutz des Besitzers über den Verlust der physischen Gewalt hinaus musste in Konflikt mit der Vorstellung vom Besitz als faktischer Sachherrschaft geraten. Juristenkontroversen und abweichende Konstruktionsversuche klingen in den Quellen noch an, Entwicklungslinien sind jedoch, wenn überhaupt, nur schwer rekonstruierbar.

Literatur:

Rabel, Zum Besitzverlust nach klassischer Lehre, in St. Riccobono IV (1936) 203 ff (= Gesammelte Aufsätze IV [1971] 580 ff).

Wieacker, Der Besitzverlust an den heimlichen Eindringling, in FS Lewald (1953) 185 ff.

Möhler, Der Besitz am Grundstück, wenn der Besitzmittler es verläßt, ZSS 77 (1960) 52 ff.

MacCormack, The Role of Animus in the Classical Law of Possession, ZSS 86 (1969) 105 ff.

Ankum, Das Verlassen von Liegenschaften, ZSS 114 (1997) 402 ff.

Fall 39

A. Freiwillige Besitzaufgabe
(einseitig oder durch Übertragung, bewegliche oder unbewegliche Sachen)

D 41, 2, 3, 9 (Paulus libro quinquagesimo quarto ad edictum)

Et si alii tradiderim, amitto possessionem. nam constat possidere nos, donec aut nostra voluntate discesserimus aut vi deiecti fuerimus.

Übersetzung: (Paulus im 54. Buch seines Ediktskommentars)*)

Auch wenn ich (das Grundstück) einem anderen übergebe, verliere ich den Besitz. Es steht nämlich fest, dass wir solange besitzen, bis wir es entweder freiwillig verlassen haben oder bis wir gewaltsam vertrieben worden sind.

Bemerkung zum Text:

Zu *constat* (es steht fest) s unten zu Fall 41.

Erörterung des Problems:

a) Erlischt nach Paulus der Besitz am Grundstück durch vorübergehendes Verlassen in Rückkehrabsicht?

b) In welchem Zeitpunkt endet der Besitz des A, der sein Grundstück an B verkauft und übergibt:
 – mit dem Entschluss des A, den Besitz aufzugeben?
 – mit der Erklärung dieses Entschlusses?
 – mit dem Verlassen des Grundstückes durch A?
 – mit der Besitzergreifung am Grundstück durch B?

c) Wann endet der Besitz des A, der a) auf seinem Grundstück, b) an einem anderen Ort den Entschluss fasst, den *fundus* nicht mehr besitzen zu wollen?

d) In welchem Zeitpunkt endet der Besitz des A, der von B gewaltsam von seinem Grundstück vertrieben wird:
 – mit der Besetzung des Grundstückes durch B?
 – mit dem Verlassen des Grundstückes durch A?
 – mit dem Scheitern von Wiedergewinnungsversuchen des A?
 – mit dem Unterlassen von Wiedergewinnungsversuchen durch A?
 – mit der Aufgabe des Wiederbemächtigungswillens durch A?

Vgl dazu:

§ 349 ABGB
 Der Besitz einer körperlichen Sache geht insgemein verloren, wenn dieselbe ohne Hoffnung, wieder gefunden zu werden, in Verlust gerät; wenn sie freiwillig verlassen wird; oder, in fremden Besitz kommt.

§ 856 BGB
 Der Besitz wird dadurch beendigt, daß der Besitzer die tatsächliche Gewalt über die Sache aufgibt oder in anderer Weise verliert.

---

*) Zu Autor und Werk s oben Fall 1 (D 41, 2, 3, 1).

Fall 40

D 41, 2, 3, 6 (Paulus libro quinquagensimo quarto ad edictum)

In amittenda quoque possessione affectio eius qui possidet intuenda est: itaque si in fundo sis et tamen nolis eum possidere, protinus amittes possessionem. igitur amitti et animo solo potest, quamvis adquiri non potest.

Übersetzung: (Paulus im 54. Buch seines Ediktskommentars)*)

Auch beim Besitzverlust ist der Wille des Besitzers zu beachten. Wenn du daher auf deinem Grundstück bist und es dennoch nicht besitzen willst, verlierst du sofort den Besitz. Also kann man den Besitz auch *solo animo* verlieren, obgleich man ihn auf diese Art nicht erwerben kann.

Erörterung des Problems:

a) Glauben Sie, dass Paulus eine Willensäußerung für erforderlich hält?

b) Welche Möglichkeiten gibt es, freiwillig den Besitz aufzugeben
 – an Grundstücken,
 – an beweglichen Sachen?

c) Denkt Paulus an Dereliktion oder an Übertragung, oder passt seine Entscheidung auf beide Fälle?

d) Denkt Paulus möglicherweise an ein Besitzkonstitut?

Literaturhinweis:
  MacCormack (Fall 13) 134 f.

---

*) Zu Autor und Werk oben Fall 1 (D 41, 2, 3, 1).

Fall 41

D 41, 2, 29 (Ulpianus libro trigensimo ad Sabinum)

Possessionem pupillum sine tutoris auctoritate amittere posse constat, non ut animo, sed ut corpore desinat possidere: quod est enim facti, potest amittere. alia causa est, si forte animo possessionem velit amittere: hoc enim non potest.

Übersetzung: (Ulpian im 30. Buch seines Kommentars zum *ius civile* des Sabinus)*)

Es steht fest, dass ein *pupillus* ohne *auctoritas tutoris* Besitz verlieren kann. Er kann zwar nicht *animo*, wohl aber *corpore* zu besitzen aufhören. Was nämlich bloß faktischer Natur ist, kann er verlieren. Anders ist die Lage, wenn er etwa den Besitz *animo* aufgeben wollte: Das kann er nämlich nicht.

Bemerkung zum Text:

Constat (es steht fest) beruft sich auf eine unbestrittene Juristenlehre, die als geltendes Recht anzuwenden ist. Vergleichbare Formulierungen sind *receptum est* (es ist anerkannt, s oben Fall 31) oder *eo iure utimur* (dieses Recht wenden wir an, s unten Fall 156).

Erörterung des Problems:

In welchem der folgenden Fälle verliert der *pupillus* Besitz (und warum)?
- er lässt einen Ring unabsichtlich ins Meer fallen;
- er wirft den Ring absichtlich ins Meer;
- er schenkt und übergibt den Ring einem Freund;
- er schenkt seinen Ring einem Freund, der ihn bisher (mit *auctoritas tutoris*) für ihn verwahrt hatte;
- er verlässt sein Grundstück in der Absicht, den Besitz daran aufzugeben;
- er schenkt und übergibt das Grundstück einem Freund;
- er schenkt das Grundstück seinem Pächter.

Literaturhinweis:
MacCormack (Fall 13) 138 f.

---

*) Zu Autor und Werk oben Fall 11 (D 18, 6, 1, 2).

Fall 42

D 41, 1, 11 (Marcianus libro tertio institutionum)

Pupillus quantum ad adquirendum non indiget tutoris auctoritate: alienare vero nullam rem potest nisi praesente tutore auctore, et ne quidem possessionem, quae est naturalis, ut Sabinianis visum est: quae sententia vera est.

Übersetzung: (Marcian im dritten Buch seiner Institutionen)*)

Soweit es sich um den Erwerb handelt, bedarf der *pupillus* keiner *auctoritas tutoris*, veräußern kann er jedoch keine Sache ohne Gegenwart des Vormundes als *auctor:* nicht einmal den Besitz, der eine faktische Angelegenheit ist, wie die Sabinianer gemeint haben. Diese Entscheidung ist richtig.

Erörterung des Problems:

a) Inwiefern ist der Hinweis auf die faktische Natur des Besitzes hier relevant?

b) Inwieweit war Besitzerwerb des *pupillus* ohne *auctoritas tutoris* anerkannt? (Siehe oben Fall 22.)

c) Wieso gelten für die Besitzaufgabe des *pupillus* andere Regeln als für den Besitzerwerb?

d) Entscheidet Marcian, dass bei Übergabe der Sache an den Erwerber trotz verlorener Sachgewalt die *possessio* des *pupillus* aufrechtbleibt?

---

*) Über Person und Laufbahn des Aelius Marcianus ist nichts bekannt. Er gehört wie Modestinus der letzten Generation der klassischen Jurisprudenz an. Neben auffallend umfangreichen institutiones (16 libri) hat Marcian einige kleinere Abhandlungen geschrieben.

Fall 43

D 41, 2, 18, 1 (Celsus libro vicensimo tertio digestorum)

Si furioso, quem suae mentis esse existimas, eo quod forte in conspectu inumbratae quietis fuit constitutus, rem tradideris, licet ille non erit adeptus possessionem, tu possidere desinis: sufficit quippe dimittere possessionem, etiamsi non transferas. illud enim ridiculum est dicere, quod non aliter vult quis dimittere, quam si transferat: immo vult dimittere, quia existimat se transferre.

Übersetzung: (Celsus im 23. Buch seiner Digesten)*)

Wenn du einem Geisteskranken, den du für gesund gehalten hast, etwa weil er sich im Zustand völliger Ruhe befand, eine Sache übergeben hast, hörst du auf zu besitzen, obwohl jener den Besitz nicht erlangt hat. Es genügt nämlich, dass du den Besitz aufgibst, obgleich du ihn nicht überträgst. Es ist ja lächerlich zu sagen, dass jemand den Besitz nicht anders aufgeben will, als wenn er ihn überträgt: Er will ihn vielmehr aufgeben, weil er ihn zu übertragen glaubt.

Bemerkung zum Text:

Emotionell gefärbte Kritik an Rechtsmeinungen anderer Juristen mit Ausdrücken wie *ridiculum* (lächerlich), *stultum* (dumm) usw kommt in der klassischen Jurisprudenz sehr selten vor. Celsus scheint mit seiner polemischen Ader eine gewisse Ausnahmestellung einzunehmen.

Erörterung des Problems:

a) Wer ist nach der Entscheidung des Celsus Besitzer, wer nach der von Celsus als „lächerlich" verworfenen Gegenmeinung?

b) Wie könnte zugunsten dieser Gegenmeinung argumentiert werden? (Vgl unten Fall 44, D 41, 2, 34 pr. sowie unten Fall 58, D 43, 16, 18 pr.)

c) Welche Überzeugungskraft hat das celsinische *argumentum ad absurdum*? (Siehe dazu oben Fall 34.)

Literaturhinweise:

Wieacker, Amoenitates Iuventianae, IURA 13 (1962) 15f.

Hausmaninger, Publius Iuventius Celsus: Persönlichkeit und juristische Argumentation, ANRW II/15 (1976) 394f.

Harke, Si error aliquis intervenit (2005) 109f.

---

*) Zu Autor und Werk oben Fall 2 (D 41, 2, 18, 2).

Fall 44

D 41, 2, 34 pr. (Ulpianus libro septimo disputationum)

Si me in vacuam possessionem fundi Corneliani miseris, ego putarem me in fundum Sempronianum missum et in Cornelianum iero, non adquiram possessionem, nisi forte in nomine tantum erraverimus, in corpore consenserimus. quoniam autem in corpore consenserimus, an a te tamen recedet possessio, quia animo deponere et mutare nos possessionem posse et Celsus et Marcellus scribunt, dubitari potest: et si animo adquiri possessio potest, numquid etiam adquisita est? sed non puto errantem adquirere: ergo nec amittet possessionem, qui quodammodo sub condicione recessit de possessione.

Übersetzung: (Ulpian im siebenten Buch seiner „Streitgespräche")*)

Wenn du mich in die *vacua possessio* des *fundus Cornelianus* eingewiesen hast, ich jedoch in der Meinung, ich sei zum *fundus Sempronianus* geschickt worden, zum *fundus Cornelianus* gehe, dann erwerbe ich nicht Besitz (es sei denn, wir hätten uns nur in der Bezeichnung geirrt, im Gegenstand aber übereingestimmt). Da wir uns jedoch bezüglich des Gegenstandes geeinigt haben, können Zweifel entstehen, ob dir der Besitz verloren geht, da sowohl Celsus wie auch Marcellus schreiben, man könne den Besitz auch *animo* aufgeben und ändern. Und wenn der Besitz *animo* erworben werden kann, ist er dann etwa in unserem Fall erworben worden? Doch ich glaube nicht, dass der Irrende erwirbt; deshalb soll auch derjenige den Besitz nicht verlieren, der ihn gewissermaßen unter einer Bedingung aufgegeben hat.

Erörterung des Problems:

a) Welche der drei folgenden Sachverhaltsvarianten erörtert Ulpian:

1. A will den *fundus Sempronianus* erwerben.
   B will den *fundus Cornelianus* veräußern und schickt A auf den *fundus Cornelianus*.
   A betritt den *fundus Cornelianus* in der Meinung, den *Sempronianus* zu betreten.

2. A will den *fundus Cornelianus* erwerben.
   B will den *fundus Cornelianus* veräußern und schickt auch A auf den *Cornelianus*.
   A betritt den *Cornelianus*, ist jedoch der Meinung, der *fundus* heiße *Sempronianus*.
   (Oder beide Partner haben immer irrtümlich vom *Sempronianus* gesprochen, jedoch den *Cornelianus* gemeint.)

3. A will den *fundus Sempronianus* erwerben.
   B will den *fundus Sempronianus* veräußern, schickt A jedoch irrtümlich auf den *Cornelianus*.
   A betritt den *Cornelianus* in der Meinung, es sei der *Sempronianus*.

b) Bezeichnen Sie die Arten von Irrtum, die in den drei SV-Varianten auftreten.

c) Hat nach Ulpian B am *fundus Cornelianus* Besitz verloren?

d) Hat B am *fundus Sempronianus* „*animo*" Besitz aufgegeben?

---

*) Zu Ulpian oben Fall 11 (D 18, 6, 1, 2). Disputationes sind Erörterungen von Rechtsproblemen im Unterricht oder im consilium des Richters. Ulpian hat zu dieser Literaturgattung 10 libri beigetragen.
Zu Celsus oben Fall 2 (D 41, 2, 18, 2); zu Marcellus Fall 18 (D 41, 2, 19 pr.).

e) Hat A am *fundus Cornelianus* Besitz erworben?

f) Hat A am *fundus Sempronianus* Besitz erlangt?

g) In welchem Verhältnis steht Ulpians Entscheidung zu Celsus D 41, 2, 18, 1 (oben Fall 43)?

Antworten:

a) Die Sachverhaltsvariante 3.

b) Variante 1: Dissens über das Leistungsobjekt;
Variante 2: *falsa demonstratio;*
Variante 3: gemeinschaftlicher Irrtum über das Leistungsobjekt.

c) Nein. B hat weiterhin Besitz am *fundus Cornelianus,* da er nicht an ihm, sondern am *fundus Sempronianus* Besitz aufgeben wollte. A hat den *Cornelianus* nicht als Besitzer inne, beeinträchtigt also den Besitz des B nicht.

d) Nein. B hat den Besitz am *Sempronianus* sozusagen unter der Bedingung aufgegeben, dass A ihn erwirbt, B ist also weiterhin Besitzer.

e) Nein. A hat am *Cornelianus* trotz Betretens nicht Besitz erlangt, da ihm der entsprechende *animus* fehlt. Er wollte ja nicht dieses, sondern ein anderes Grundstück, den *Sempronianus* in Besitz nehmen.

f) Nein. A hat am *Sempronianus* nicht Besitz erworben, da Besitzerwerb *solo animo* nur in Ausnahmefällen anerkannt wird. (Es käme ein *constitutum possessiorum* in Frage, für das hier allerdings die entsprechende Willenseinigung fehlt.)

g) Ulpian wendet sich gegen die Auffassung des Celsus, wonach B Besitz am *Sempronianus* verliere, auch wenn A den Besitz daran nicht erwirbt. Für Celsus ist es rechtlich irrelevant, dass B den Besitz nur deshalb aufgeben wollte, damit A ihn erwerben kann. Ulpian meint, es handle sich hier nicht um einen unerheblichen Motivirrtum, sondern quasi um eine Bedingung des Besitzverlustes. Da die Bedingung nicht eingetreten sei, bleibe B Besitzer.

Literaturhinweise:

MacCormack (Fall 13) 136 f.

Benöhr, Irrtum und guter Glaube der Hilfsperson beim Besitzerwerb, in *Medicus/Seiler* (Hrsg), Studien im römischen Recht (1973) 11 f.

Watson, Two Studies in Textual History, in Studies in Roman Private Law (1991) 363 ff.

Raap, Der Irrtum beim Erwerb und beim Verlust des Besitzes, ZSS 109 (1992) 501.

Harke (Fall 43) 107 ff.

Fall 45

B. Unfreiwilliger Besitzverlust

a) an beweglichen Sachen

D 41, 2, 25 pr. (Pomponius libro vicensimo tertio ad Quintum Mucium)

Si id quod possidemus ita perdiderimus, ut ignoremus, ubi sit, desinimus possidere.

Übersetzung: (Pomponius im 23. Buch seines Kommentars zum *ius civile* des Q. Mucius)*)

Wenn wir das, was wir besitzen, so verloren haben, dass wir nicht wissen, wo es ist, hören wir auf zu besitzen.

Erörterung des Problems:

a) Unterscheiden Sie die Bedeutung der Ausdrücke:
vergessen – verlegt – verloren.

b) Prüfen Sie die Frage des Besitzverlustes in folgenden Fällen:

1. Einem Römer fällt auf dem Heimweg aus den Thermen ein, dass er sein Buch dort liegengelassen hat.

2. Eine Römerin bemerkt nach der Rückkehr aus der Stadt, dass ihr offenbar unterwegs ein Schmuckstück abhandengekommen ist.

3. Jemand sucht unter seinen Papieren einen bestimmten Brief und findet ihn in der Eile nicht.

c) Passt die Aussage des Pomponius auf einen der unter b) geschilderten Fälle?

Vgl dazu:

§ 388 ABGB
(1) Verloren sind bewegliche, in niemandes Gewahrsame stehende Sachen, die ohne den Willen des Inhabers aus seiner Gewalt gekommen sind.
(2) Vergessen sind bewegliche Sachen, die ohne den Willen des Inhabers an einem fremden, unter der Aufsicht eines anderen stehenden Ort zurückgelassen worden und dadurch in fremde Gewahrsame gekommen sind.

---

*) Zu Autor und Werk oben Fall 29 (D 41, 1, 21 pr.); zu Q. Mucius Scaevola unten Fall 136 (D 43, 24, 1, 5).

Fall 46

D 41, 2, 3, 13 (Paulus libro quinquagensimo quarto ad edictum)

Nerva filius res mobiles excepto homine, quatenus sub custodia nostra sint, hactenus possideri, id est quatenus, si velimus, naturalem possessionem nancisci possimus. nam pecus simul atque aberraverit aut vas ita exciderit, ut non inveniatur, protinus desinere a nobis possideri, licet a nullo possideatur: dissimiliter atque si sub custodia mea sit nec inveniatur, quia praesentia eius sit et tantum cessat interim diligens inquisitio.

Übersetzung: (Paulus im 54. Buch seines Ediktskommentars)*)

Der jüngere Nerva schreibt, dass wir bewegliche Sachen mit Ausnahme von Sklaven besitzen, soweit sie sich in unserer *custodia* befinden, dh wenn wir, sobald wir wollen, den natürlichen Besitz an ihnen herstellen können. Denn Vieh, das entlaufen ist, oder ein Gefäß, das so entfallen ist, dass es nicht zu finden ist, höre sofort auf, von uns besessen zu werden, obgleich es von niemandem in Besitz genommen worden ist. Anders, wenn sich die Sache in meiner *custodia* befinde, aber nicht gefunden wird, da sie anwesend sei und nur vorläufig keine sorgfältige Suche stattfindet.

Erörterung des Problems:

a) Glauben Sie, dass nach Auffassung Nervas ein Bauer den Pflug besitzt, den er über Nacht auf dem Feld stehen lässt, oder den Holzstoß im Wald?
b) Wodurch geht der Besitz an Sklaven verloren?
c) Wie kann Nervas Unterscheidung von Besitzverlust an entlaufenem Vieh und an entlaufenen Sklaven begründet werden?

Literaturhinweis:
Klingenberg (Fall 31) 122 f.

---

*) Zu Autor und Werk oben Fall 1 (D 41, 2, 3, 1); zu Nerva filius Fall 22 (D 41, 2, 1, 3).

Fall 47

D 41, 2, 13 pr. (Ulpianus libro septuagensimo secundo ad edictum)

Pomponius refert, cum lapides in Tiberim demersi essent naufragio et post tempus extracti, an dominium in integro fuit per id tempus, quo erant mersi. ego dominium me retinere puto, possessionem non puto, nec est simile fugitivo: namque fugitivus idcirco a nobis possideri videtur, ne ipse nos privet possessione: at in lapidibus diversum est.

Übersetzung: (Ulpian im 72. Buch seines Ediktskommentars)*)

Pomponius behandelt das Problem, ob an Steinen, die bei einem Schiffbruch im Tiber untergegangen waren und nach einiger Zeit wieder gehoben worden sind, das Eigentum während dieser Zeitspanne aufrecht geblieben ist. Ich glaube, dass mir das Eigentum erhalten geblieben ist, der Besitz jedoch nicht. Der Fall ist nicht mit dem des *servus fugitivus* vergleichbar, denn am *fugitivus* gilt unser Besitz deshalb für fortbestehend, damit uns dieser nicht selbst des Besitzes berauben kann. Bei Steinen dagegen liegt die Sache anders.

Erörterung des Problems:

a) Die Lösung des Pomponius fehlt, sie wurde offenbar von den Kompilatoren gestrichen; wie könnte sie gelautet haben?

b) Behalten Sie Besitz bzw Eigentum an einem Ring, der
   – in ein Schwimmbecken
   – ins Meer
   gefallen ist?

c) Wie ist der Fall zu entscheiden, wenn die Steine in den Tiber geworfen wurden, um dem Schiffbruch zu entgehen?

d) Worin liegt die von Ulpian geleugnete, von anderen Juristen aber offenbar behauptete Ähnlichkeit zwischen untergegangenen Steinen und dem *servus fugitivus*?

e) Prüfen Sie die logischen und rechtspolitischen Aspekte der Differenzierung Ulpians unter Einbeziehung von D 41, 2, 3, 13 (oben Fall 46) und D 41, 2, 1, 14 (oben Fall 31).

Siehe auch die Musterexegese im Anhang.

*) Zu Autor und Werk oben Fall 11 (D 18, 6, 1, 2); zu Pomponius oben Fall 29 (D 41, 1, 21 pr.).

Fall 47 a

D 41, 2, 44 pr. (Papinianus libro vicensimo tertio quaestionum)

Peregre profecturus pecuniam in terra custodiae causa condiderat: cum reversus locum thensauri immemoria non repeteret, an desisset pecuniam possidere, vel, si postea recognovisset locum, an confestim possidere inciperet, quaesitum est. dixi, quoniam custodiae causa pecunia condita proponeretur, ius possessionis ei, qui condidisset, non videri peremptum, nec infirmitatem memoriae damnum adferre possessionis, quam alius non invasit: alioquin responsuros per momenta servorum, quos non viderimus, interire possessionem. et nihil interest, pecuniam in meo an in alieno condidissem, cum, si alius in meo condidisset, non alias possiderem, quam si ipsius rei possessionem supra terram adeptus fuissem. itaque nec alienus locus meam propriam aufert possessionem, cum, supra terram an infra terram possideam, nihil intersit.

Übersetzung: (Papinian im 23. Buch seiner Rechtsfragen)*)

Vor der Abreise hatte jemand Geld zwecks sicherer Verwahrung in der Erde vergraben. Als er nach der Rückkehr den Platz aus Vergesslichkeit nicht wiederfand, wurde gefragt, ob er aufgehört habe, das Geld zu besitzen, und ob er sofort wieder zu besitzen anfange, falls er später den Platz wiedererkennen sollte.

Ich habe gesagt, da angeführt werde, das Geld sei zwecks Verwahrung vergraben worden, sei das Recht des Besitzes demjenigen, der das Geld vergraben habe, nicht verlorengegangen, und es füge auch die Erinnerungsschwäche keinen Schaden bezüglich eines Besitzes zu, in den kein anderer eingedrungen ist.

Ansonsten müssten die Juristen entscheiden, der Besitz gehe an Sklaven in dem Augenblick verloren, in dem wir sie nicht mehr sehen.

Und es macht keinen Unterschied, ob ich das Geld im eigenen oder in einem fremden Grundstück vergraben habe, da ich, wenn ein anderer es in meinem Grundstück vergraben hätte, es nur dann besäße, wenn ich über der Erde daran Besitz erlangt hätte. Daher entzieht mir auch der fremde Platz nicht meinen eigenen Besitz, da es keinen Unterschied macht, ob ich über der Erde oder unter der Erde besitze.

Bemerkung zum Text:

Zum *argumentum ad absurdum „alioquin responsuros"* (sonst müssten die Juristen entscheiden) s oben zu Fall 34.

Erörterung des Problems:

a) Verliere ich Besitz an meinem vergrabenen Geld, wenn ein anderer in meiner Abwesenheit mein Grundstück besetzt?

b) Verliere ich Besitz, wenn ich mein Geld auf einem fremden Grundstück vergraben habe und mich der Eigentümer am Betreten hindert?

c) Verliere ich Besitz, wenn der Grundstückseigentümer mein Geld ausgräbt?

Literaturhinweis:

Mayer-Maly, Thensaurus meus, in Studia in honorem Elemér Polày (1985) 287f.

---
*) Zu Autor und Werk oben Fall 5 (D 18, 1, 74).

Fall 48

b) Unfreiwilliger Besitzverlust an Grundstücken

aa) Besitzerhaltung und -verlust an Sommer- und Winterweiden

D 41, 2, 3, 11 (Paulus libro quinquagensimo quarto ad edictum)

Saltus hibernos aestivosque animo possidemus, quamvis certis temporibus eos relinquamus.

Übersetzung: (Paulus im 54. Buch seines Ediktskommentars)*)

An Winter- und Sommerweiden halten wir den Besitz *animo* aufrecht, obwohl wir sie zeitweilig verlassen.

Erörterung des Problems:

a) Geht Paulus von der Vorstellung aus, dass durch Verlassen der *saltus* das körperliche Naheverhältnis verlorengeht?

b) Wie lange kann man den Besitz an *saltus* „*animo*" aufrechterhalten?

c) Könnte auch argumentiert werden, der Besitz an *saltus* werde *corpore et animo* aufrechterhalten?

d) Bei kurzfristigem Verlassen eines Hauses oder Feldes bleibt der Besitz jedenfalls aufrecht. Inwiefern stellen Sommer- und Winterweiden einen Grenzfall der Besitzerhaltung dar?

Literaturhinweis:

Rabel, Zum Besitzverlust nach klassischer Lehre, in St. Riccobono IV (1936) 210 (= Gesammelte Aufsätze IV [1971] 585f).

---

*) Zu Autor und Werk oben Fall 1 (D 41, 2, 3, 1).

Fall 49

D 41, 2, 27 (Proculus libro quinto epistularum)

Si is, qui animo possessionem saltus retineret, furere coepisset, non potest, dum fureret, eius saltus possessionem amittere, quia furiosus non potest desinere animo possidere.

Übersetzung: (Proculus im fünften Buch seiner brieflichen Rechtsgutachten)*)

Wenn derjenige, der den Besitz an einer Weide *animo* aufrechterhält, geisteskrank wird, kann er während der Dauer der Geisteskrankheit den Besitz an der Weide nicht aufgeben, weil ein *furiosus* nicht *animo* zu besitzen aufhören kann.

Erörterung des Problems:

a) Warum bewirkt „Verlust" des *animus* durch Geisteskrankheit nicht Besitzverlust? (Vgl zur Frage des Besitzerwerbs des *furiosus* D 41, 2, 1, 3 oben Fall 22.)

b) Wie könnte er trotzdem den Besitz verlieren?

c) Würden Sie den Besitzverlust eines *pupillus* analog behandeln? (Vgl oben Fälle 41 und 42.)

Literaturhinweise:
  MacCormack (Fall 13) 110 ff.
  Krampe (Fall 9) 79.

---

*) Zu Autor und Werk s oben Fall 9 (D 41, 1, 55).

Fall 50

D 43, 16, 1, 25 (Ulpianus libro sexagensimo nono ad edictum)

Quod volgo dicitur aestivorum hibernorumque saltuum nos possessiones animo retinere, id exempli causa[1]) didici Proculum dicere: nam ex omnibus praediis, ex quibus non hac mente recedemus, ut omisisse possessionem vellemus, idem est.

Übersetzung: (Ulpian im 69. Buch seines Ediktskommentars)*)

Ich habe gelernt, dass Proculus gesagt hat, die Faustregel „an Sommer- und Winterweiden halten wir den Besitz *animo* aufrecht" habe Beispielscharakter: Dasselbe gilt nämlich für alle Grundstücke, die wir nicht in der Absicht verlassen, den Besitz an ihnen aufzugeben.

Bemerkung zum Text:

Zu *volgo dicitur* s oben Fall 32.

Erörterung des Problems:

a) Erläutern Sie den Beispielscharakter (die Erweiterung des Anwendungsbereiches) der *saltus*-Entscheidung.

b) Ist die Dauer der Abwesenheit des Besitzers vom Grundstück für die Besitzerhaltung relevant?

Literaturhinweis:

Rabel (Fall 48) 210 f (= Ges. Aufs. 585 f).

---

*) Zu Autor und Werk oben Fall 11 (D 18, 6, 1, 2); zu Proculus oben Fall 9 (D 41, 1, 55).

[1]) <dici> ist hier wohl auf Grund eines Schreibversehens ausgefallen.

Fall 51

D 41, 2, 44, 2 (Papinianus libro vicensimo tertio quaestionum)

Quibus explicitis, cum de amittenda possessione quaeratur, multum interesse dicam, per nosmet ipsos an per alios possideremus: nam eius quidem, quod corpore nostro teneremus, possessionem amitti vel animo vel etiam corpore, si modo eo animo inde digressi fuissemus, ne possideremus: eius vero, quod servi vel etiam coloni corpore possidetur, non aliter amitti possessionem, quam eam alius ingressus fuisset, eamque amitti nobis quoque ignorantibus. illa quoque possessionis amittendae separatio est. nam saltus hibernos et aestivos, quorum possessio retinetur animo,

D 41, 2, 45 (Idem libro secundo definitionum)

licet neque servum neque colonum ibi habeamus,

D 41, 2, 46 (Idem libro vicensimo tertio quaestionum)

quamvis saltus proposito possidendi fuerit alius ingressus, tamdiu priorem possidere dictum est, quamdiu possessionem ab alio occupatam ignoraret. ut enim eodem modo vinculum obligationum solvitur, quo quaeri adsolet, ita non debet ignoranti tolli possessio quae solo animo tenetur.

Übersetzungen: (Papinian im 23. Buch seiner Rechtsfragen)*)

Nach dieser Erörterung würde ich zum Problem des Besitzverlustes sagen, dass viel davon abhängt, ob wir durch uns selbst oder durch andere besitzen. Denn an einer Sache, die wir *corpore nostro* besitzen, können wir Besitz *animo* oder auch *corpore* verlieren, wenn wir bloß in der Absicht von ihr geschieden sind, sie nicht mehr zu besitzen. An einer Sache jedoch, die körperlich durch Sklaven oder auch Pächter besessen wird, kann Besitz nur verloren werden, wenn jemand anderer eingedrungen ist, und dieser Besitz geht auch ohne unser Wissen verloren. Es ist bezüglich des Besitzverlustes auch folgende Unterscheidung zu treffen: Winter- und Sommerweiden, an denen der Besitz *animo* aufrechterhalten wird,

(Derselbe im zweiten Buch seiner Definitionen)

wenngleich wir dort weder einen Sklaven noch einen Pächter haben,

(Derselbe im 23. Buch seiner Rechtsfragen)

gelten trotz Eindringens eines anderen in Besitzabsicht weiterhin als vom alten Besitzer besessen, solange dieser nicht weiß, dass die Besitzung von einem anderen besetzt worden ist. So wie nämlich eine Obligation auf dieselbe Weise aufgehoben wird, in der sie begründet worden ist, so darf auch dem Unwissenden nicht der Besitz entzogen werden, den er *solo animo* aufrechterhält.

Zum Text:

D 41, 2, 45 ist ein im Grunde selbstverständlicher (dh überflüssiger) Einschub eines Exzerptes aus einem anderen Werk des Papinian durch die Kompilatoren. Die gesamte

---

*) Zu Autor und Werk oben Fall 5 (D 18, 1, 74).

Fall 51

Textkette ist offenbar ein stark kürzender Auszug der Kompilatoren aus einer breiter angelegten Abhandlung Papinians.

Erörterung des Problems:

a) Papinian erörtert Besitzverlust an Sachen, die 1. *corpore nostro,* 2. *animo nostro, corpore alieno,* 3. *solo animo* besessen werden. Unterscheidet er dabei freiwilligen und unfreiwilligen Besitzverlust?

b) Berücksichtigt Papinian auch den Fall des Marktbesuchers, der bei der Rückkehr sein Grundstück besetzt findet? (Vgl unten Fall 52, D 41, 2, 6, 1 und Fall 53, D 41, 2, 25, 2.)

c) Sind die *saltus*-Entscheidungen mit der Entscheidungspraxis zum *servus fugitivus* vergleichbar? Vgl die Fälle 31, 46 und 47.

d) Welche Überzeugungskraft hat Papinians Argumentation mit dem Symmetrieprinzip *(contrarius actus)*?

e) Wie könnte man anders begründen, dass der Besitzer von *saltus* erst ab Kenntnis der Besetzung Besitz verliert, während bei Vertreibung eines Pächters der Besitz sofort (auch ohne Wissen des Besitzers) verlorengeht?

Literaturhinweis:
MacCormack (Fall 13) 128 f.

Fall 52

bb) Besitzerhaltung und -verlust an anderen Grundstücken durch den Eigenbesitzer

D 41, 2, 6, 1 (Ulpianus libro septuagensimo ad edictum)

Qui ad nundinas profectus neminem reliquerit et, dum ille a nundinis redit, aliquis occupaverit possessionem, videri eum clam possidere Labeo scribit: retinet ergo possessionem is, qui ad nundinas abit: verum si revertentem dominum non admiserit, vi magis intellegi possidere, non clam.

Übersetzung: (Ulpian im 70. Buch seines Ediktskommentars)*)

Wenn jemand auf den Markt gezogen ist und niemanden zuhause zurückgelassen hat, und während seiner Rückkehr vom Markt ein anderer sich der Besitzung bemächtigt hat, schreibt Labeo, es sei anzunehmen, dass dieser *clam* besitze. Es behält also jener Besitz, der auf den Markt geht. Wenn der Eindringling den zurückkehrenden Eigentümer nicht einlässt, sei hingegen eher anzunehmen, dass er *vi* als dass er *clam* besitze.

Bemerkung zum Text:

Zu *videri, intellegi* (es sei anzunehmen) s unten zu Fall 72.

Erörterung des Problems:

a) In D 41, 2, 3, 5 verneint Labeo (gegen Trebatius und Sabinus), dass dieselbe Sache zwei Besitzer (nämlich einen *iustus* und einen *iniustus possessor*) haben könne. Welche Konsequenzen ziehen Sie daraus für die Interpretation der vorliegenden Stelle?

b) In welchem Zeitpunkt verliert nach Labeo der Marktbesucher Besitz?

c) Welche Bedeutung hat das Sachverhaltselement „neminem reliquerit"?

d) Darf der zurückkehrende Eigentümer den Eindringling gewaltsam vertreiben? Vgl. dazu unten den Abschnitt Besitzschutz.

e) Hat die Unterscheidung Labeos, dass der Eindringling zunächst *clam*, dann jedoch *vi* besitze, nur akademische Bedeutung oder auch praktische Konsequenzen?

f) Die Qualifikation des Besitzes als *vi, clam, precario, bonae fidei* usw erfolgt nach dem Erwerbszeitpunkt. Verstößt die Entscheidung Labeos gegen die Regel „*nemo sibi ipse causam possessionis mutare potest*" (s oben Fälle 15 und 16)?

Literaturhinweis:

Rabel (Fall 48) 217 (= Ges. Aufs. 593 f.).

---

*) Zu Autor und Werk oben Fall 11 (D 18, 6, 1, 2); zu Labeo oben Fall 10 (D 41, 2, 51).

Fall 53

D 41, 2, 25, 2 (Pomponius libro vicensimo tertio ad Quintum Mucium)

Quod autem solo animo possidemus, quaeritur, utrumne usque eo possideamus, donec alius corpore ingressus sit, ut potior sit illius corporalis possessio, an vero (quod a Q. Mucio probatur) usque eo possideamus, donec revertentes nos aliquis repellat aut nos ita animo desinamus possidere, quod suspicemur repelli nos posse ab eo, qui ingressus sit in possessionem: et videtur utilius esse.

Übersetzung: (Pomponius im 23. Buch seines Kommentars zum *ius civile* des Q. Mucius)*)

Bezüglich jener Sachen, an denen wir den Besitz *solo animo* aufrechterhalten, taucht die Frage auf, ob wir sie so lange besitzen, bis ein anderer *corpore* eingedrungen ist, sodass dessen körperlicher Besitz als stärker anzusehen ist, oder aber (was von Q. Mucius gebilligt wird) ob wir so lange besitzen, bis uns jemand bei der Rückkehr vertreibt oder wir selbst den Besitz dadurch *animo* aufgeben, dass wir fürchten, von demjenigen, der in den Besitz eingedrungen ist, zurückgeschlagen zu werden. Diese Lösung erscheint zweckmäßiger.

Bemerkung zum Text:

Zu *utilius* (zweckmäßiger) s oben zu Fall 26.

Erörterung des Problems:

a) Glauben Sie, dass Pomponius hier von Besitzerhaltung an *saltus* spricht?
b) Wieso kann man den Besitzerwerb des Eindringlings leugnen, wo dieser sich doch mit Besitzwillen der physischen Herrschaft über das Grundstück bemächtigt hat?
c) Unterscheiden Sie rechtsdogmatische und rechtspolitische Argumente zugunsten der Besitzerhaltung durch den abwesenden Besitzer.
d) Ist es richtig, den Verzicht auf einen Wiederbemächtigungsversuch als *animo desinere possidere* zu deuten?
e) Die Pomponiusentscheidung wird ua auch von Neraz/Paulus D 41, 2, 7 vertreten. In welchem Verhältnis steht sie zu Labeo/Ulpian D 41, 2, 6, 1 (oben Fall 52), Papinian D 41, 2, 44, 2 (oben Fall 51) und Celsus D 41, 2, 18, 3 (unten Fall 54)?

Literaturhinweis:

MacCormack (Fall 13) 121 ff.

---

*) Zu Autor und Werk oben Fall 29 (D 41, 1, 21 pr.).

Fall 54

D 41, 2, 18, 3 und 4 (Celsus libro vicensimo tertio digestorum)

(3) Si, dum in alia parte fundi sum, alius quis clam animo possessoris intraverit, non desisse ilico possidere existimandus sum, facile expulsurus finibus, simul sciero.

(4) Rursus si cum magna vi ingressus est exercitus, eam tantummodo partem quam intraverit optinet.

Übersetzung: (Celsus im 23. Buch seiner Digesten)*)

3. Wenn jemand heimlich mit Besitzwillen mein Grundstück betritt, während ich mich in einem anderen Teil desselben aufhalte, ist nicht anzunehmen, dass ich sofort Besitz verloren habe, wenn ich ihn leicht vertreiben kann, sobald ich Kenntnis erlangt habe.

4. Wenn hinwiederum ein Heer mit großer Gewalt einmarschiert ist, erlangt es nur jenen Teil, den es betreten hat.

Erörterung des Problems:

a) Kann man Celsus D 41, 2, 18, 3 als Übergangslösung von Labeo in D 41, 2, 6, 1 (Fall 52) zu Pomponius D 41, 2, 25, 2 (Fall 53) sehen?

b) Glauben Sie, dass Celsus den Besitz erlöschen lässt, wenn der Besitzer den heimlichen Eindringling nicht sofort nach Kenntnisnahme vertreibt?

c) Gilt die Entscheidung in D 41, 2, 18, 4 auch für den Fall, dass der Besitzwille des Heeres auf das ganze Grundstück gerichtet ist?

d) Erörtern Sie das Verhältnis von Celsus D 41, 2, 18, 4 zu Paulus D 41, 2, 3, 1 (oben Fall 1) *sufficit quamlibet partem eius fundi introire.*

Literaturhinweis:

Rabel (Fall 48) 217f (= Ges. Aufs. 594f).

---

*) Zu Autor und Werk oben Fall 2 (D 41, 2, 18, 2).

Fall 55

D 41, 2, 22 (Iavolenus libro tertio decimo ex Cassio)

Non videtur possessionem adeptus is qui ita nactus est, ut eam retinere non possit.

Übersetzung: (Javolenus im 13. Buch seines Auszuges aus Cassius)*)

Derjenige gilt nicht als Besitzer, der den Besitz so erlangt hat, dass er ihn nicht aufrechterhalten kann.

Bemerkung zum Text:

Zu *videtur* (gilt) s unten zu Fall 72.

Erörterung des Problems:

a) Prüfen Sie, ob der Satz des Javolen in folgenden Fällen die Entscheidung trägt:

1. Ein wilder Eber hängt so in der Schlinge, dass er sich in absehbarer Zeit selbst befreien kann (Fall 9).

2. Während der Grundstücksbesitzer den Markt besucht, setzt sich ein Eindringling auf dem Grundstück fest (Fall 52).

b) Findet der Satz des Javolen in den Fällen 53 und 54 Anwendung?

---

*) Zu Javolenus oben Fall 3 (D 46, 3, 79); zu Cassius Fall 19 (D 41, 2, 21, 3).

Exkurs: Besitzschutz

Ausgehend von der Notwendigkeit, den *possessor* von verpachteten Staatsländereien gegen unbefugte Eingriffe Dritter zu sichern, sind in Rom schon früh besondere Besitzschutzverfahren entwickelt worden. Diese Verfahren haben jedoch das Selbsthilferecht des Besitzers nicht beseitigt, sondern in einen rechtlichen Rahmen eingefügt, mit staatlichen Machtmitteln unterstützt und ergänzt.

Der Besitzer darf im klassischen Recht nach wie vor nicht nur Angriffe auf seinen Besitz mit Gewalt abweisen (Besitzwehr), sondern auch die verlorengegangene Sachherrschaft durch offensive Selbsthilfe gewaltsam wiederherstellen (Besitzkehr). Wenn die Wiederbemächtigung durch den Abwesenden innerhalb angemessener Frist erfolgt, hat nach herrschender klassischer Lehre der Eindringling gar nicht Besitz erworben, da seiner Sachgewalt das Element der Dauerhaftigkeit gefehlt hat (vgl Javolen D 41, 2, 22 oben Fall 55).

Wer im Besitz seines Grundstücks gestört wird oder wem der Besitz heimlich oder gewaltsam entzogen worden ist, kann auch beim Prätor das *interdictum uti possidetis* beantragen. Dieses verbietet Gewaltanwendung gegen den letzten fehlerfreien Besitzer:

„*Uti nunc eas aedes* (oder *eum fundum* usw), *quibus de agitur, nec vi nec clam nec precario alter ab altero possidetis, quo minus ita possideatis, vim fieri veto.*"

(„Wie ihr jetzt das Haus besitzt, über das gestritten wird, und zwar ohne es vom Gegner gewaltsam, heimlich oder durch Bittleihe erlangt zu haben, gegen diesen Besitz verbiete ich Gewaltanwendung.")

Der Prätor gestattet damit demjenigen, der seinen Besitz *vi, clam* oder *precario* verloren hat, diesen Besitz notfalls gewaltsam zu ergreifen. Falls der Gegner dies hindert, wird er ursprünglich mit Geldstrafen belegt, später in einem Folgeverfahren zu Naturalrestitution oder Geldersatz verurteilt.

Die *exceptio vitiosae possessionis (nec vi nec clam nec precario alter ab altero)* schützt den Besitzer, der zu Recht die verlorene Sachgewalt eigenmächtig wiederhergestellt hat, gegen das Interdikt des Gegners: Wer selbst fehlerhaft vom Interdiktsgegner erworben hat, genießt gegen diesen keinen Besitzschutz. Wohl aber kann ein solcher Eindringling seinen Besitz gegen jeden Dritten durch Selbsthilfe oder prätorische Interdikte erfolgreich verteidigen und wiedergewinnen (Relativität des Besitzschutzes, Schutz des im konkreten Prätendentenstreit Besserberechtigten).

Dem *interdictum uti possidetis* wird später ein *interdictum utrubi* zum Schutz beweglicher Sachen nachgebildet, das allerdings nicht auf den letzten Besitzstand, sondern auf den längeren fehlerfreien Besitz im vergangenen Jahr abstellt.

Wer von seinem Grundstück gewaltsam vertrieben worden ist, hat neben dem *uti possidetis* ein *interdictum unde vi* zur Wahl. Das historische Verhältnis der beiden Interdikte ist nicht ganz geklärt. Man nimmt an, das *unde vi* sei eingeführt worden, als das *uti possidetis* noch nicht Restitution verschafft, sondern nur Duldung der eigenmächtigen Wegnahme und Geldstrafen bei Behinderung vorgesehen hatte.

Die wichtigsten Aspekte des Verhältnisses von Eigenmacht und Besitzschutz sollen in den folgenden Fällen aus dem Bereich des *interdictum unde vi* deutlich werden.

Vgl dazu das besondere Besitzstörungsverfahren der österr. ZPO (§§ 454–460):

§ 454 (1) ZPO
Im Verfahren über Klagen wegen Störung des Besitzstandes bei Sachen und bei Rechten, in welchen das Klagebegehren nur auf den Schutz und die Wiederherstellung des letzten Besitzstandes gerichtet ist und welche innerhalb 30 Tagen anhängig zu machen sind, nachdem der Kläger von der Störung Kenntnis erlangte . . .

§ 457 (1) ZPO
Die Verhandlung ist auf die Erörterung und den Beweis der Tatsache des letzten Besitzstandes und der erfolgten Störung zu beschränken, und es sind alle Erörterungen über das Recht zum Besitze, über Titel, Redlichkeit und Unredlichkeit des Besitzes oder über etwaige Entschädigungsansprüche auszuschließen.

Literatur:

Wesener, Offensive Selbsthilfe im klassischen römischen Recht, in FS Steinwenter (1958) 100 ff, insb 114 ff.

Wesener, SDHI 32 (1966) 357 ff (Besprechung von Nicosia, Studi sulla „deiectio", 1965).

Müller, Besitzschutz in Europa (2010) 9 ff.

Fall 56

D 43, 16, 1, 30 (Ulpianus libro sexagensimo nono ad edictum)

Qui a me vi possidebat, si ab alio deiciatur, habet interdictum.

Übersetzung: (Ulpian im 69. Buch seines Ediktskommentars)*)

Wenn derjenige, der mir gegenüber *vi* besitzt, von einem anderen vertrieben wird, genießt er Interdiktenschutz.

Zum Text:

Der Digestentitel 43, 16 lautet *de vi et de vi armata*.

In Hadrians Edikt lautet die Formel des *interdictum unde vi*: Unde in hoc anno tu illum vi deiecisti aut familia tua aut procurator tuus deicit, cum ille possideret, quod nec vi nec clam nec precario a te possideret, eo illum quaeque tunc ibi habuit restituas.

(Von wo du jenen im vergangenen Jahr mit Gewalt vertrieben hast, oder deine Sklaven oder dein Prokurator ihn vertrieben haben, als jener im Besitz war, und zwar ohne dass er den Besitz von dir selbst gewaltsam, heimlich oder durch Bittleihe erlangt hätte, dorthin sollst du ihn und alles, was er damals dort hatte, restituieren.)

Erörterung des Problems:

A besitzt ein Grundstück, B vertreibt ihn aus dem Besitz. Dann kommt C und vertreibt B.

a) Wer dringt gegen wen mit dem *interdictum unde vi* durch:
   B gegen C? A gegen C? A gegen B?

b) Wer darf wen eigenmächtig vertreiben:
   B den C? A den C?

Vgl dazu:

§ 339 ABGB
Der Besitz mag von was immer für einer Beschaffenheit sein, so ist niemand befugt, denselben eigenmächtig zu stören. Der Gestörte hat das Recht, die Untersagung des Eingriffes, und den Ersatz des erweislichen Schadens gerichtlich zu fordern.

§ 345 ABGB
Wenn sich jemand in den Besitz eindringt, oder durch List oder Bitte heimlich einschleicht, und das, was man ihm aus Gefälligkeit, ohne sich einer fortdauernden Verbindlichkeit zu unterziehen gestattet, in ein fortwährendes Recht zu verwandeln sucht; so wird der an sich unrechtmäßige und unredliche Besitz noch überdies unecht;
...

§ 346 ABGB
Gegen jeden unechten Besitzer kann sowohl die Zurücksetzung in die vorige Lage, als auch die Schadloshaltung eingeklagt werden. Beides muß das Gericht nach rechtlicher Verhandlung, selbst ohne Rücksicht auf ein stärkeres Recht, welches der Geklagte auf die Sache haben könnte, verordnen.

---

*) Zu Autor und Werk s oben Fall 11 (D 18, 6, 1, 2).

Fall 56

§ 861 I BGB
Wird der Besitz durch verbotene Eigenmacht dem Besitzer entzogen, so kann dieser die Wiedereinräumung des Besitzes von demjenigen verlangen, welcher ihm gegenüber fehlerhaft besitzt.

§ 862 I BGB
Wird der Besitzer durch verbotene Eigenmacht im Besitze gestört, so kann er von dem Störer die Beseitigung der Störung verlangen. Sind weitere Störungen zu besorgen, so kann der Besitzer auf Unterlassung klagen.

Fall 57

D 43, 16, 17 (Iulianus libro quadragensimo octavo digestorum)

Qui possessionem vi ereptam vi [in ipso congressu] reciperat, in pristinam causam reverti potius quam vi possidere intellegendus est: ideoque si te deiecero, [ilico] <tunc> tu me, deinde ego te, unde vi interdictum tibi utile erit.

Übersetzung: (Julian im 48. Buch seiner Digesten)*)

Wenn jemand einen gewaltsam entzogenen Besitz mit Gewalt [im selben Kampf] wiedererlangt hat, gilt das eher als Rückkehr in den früheren Stand und nicht als *vi possidere*. Wenn also ich dich vertreibe, [gleich] darauf du mich und dann wieder ich dich, wirst du mit Erfolg das *interdictum unde vi* anstellen können.

Bemerkung zum Text:

Justinian beseitigt die *exceptio vitiosae possessionis* aus der Formel des *interdictum unde vi*, deshalb schränken die Kompilatoren die Aussage Julians durch Interpolation von [in ipso congressu] und [ilico] ein. Zu *intellegendus* (gilt) s unten zu Fall 72.

Erörterung des Problems:

a) Erläutern Sie die Entscheidung Julians.
b) Überlegen Sie folgende Sachverhaltsvariante: B vertreibt A aus dem Besitz eines Grundstücks, A kehrt nach einigen Tagen zurück und vertreibt B. B beantragt daraufhin das *interdictum unde vi* gegen A. Wie entscheidet der Prätor, wie entscheidet Justinian in diesem Fall?
c) Verbieten die Kompilatoren jegliche „Besitzkehr", oder reicht ihre Formulierung über bloße „Besitzwehr" hinaus?

Vgl dazu:

§ 344 ABGB
Zu den Rechten des Besitzes gehört auch das Recht, sich in seinem Besitze zu schützen, und in dem Falle, daß die richterliche Hilfe zu spät kommen würde, Gewalt mit angemessener Gewalt abzutreiben (§ 19) ...

§ 859 BGB
I   Der Besitzer darf sich verbotener Eigenmacht mit Gewalt erwehren.
II Wird eine bewegliche Sache dem Besitzer mittels verbotener Eigenmacht weggenommen, so darf er sie dem auf frischer Tat betroffenen oder verfolgten Täter mit Gewalt wieder abnehmen.
III Wird dem Besitzer eines Grundstücks der Besitz durch verbotene Eigenmacht entzogen, so darf er sofort nach der Entziehung sich des Besitzes durch Entsetzung des Täters wieder bemächtigen.

---

*) Zu Autor und Werk s unten Fall 70 (D 41, 1, 36).

Fall 58

D 43, 16, 18 pr. (Papinianus libro vicensimo sexto quaestionum)

Cum fundum qui locaverat vendidisset, iussit emptorem in vacuam possessionem ire, quem colonus intrare prohibuit: postea emptor vi colonum expulit: de interdictis unde vi quaesitum est. placebat colonum interdicto venditori teneri, quia nihil interesset, ipsum an alium ex voluntate eius missum intrare prohibuerit: neque enim ante omissam possessionem videri, quam si tradita fuisset emptori, quia nemo eo animo esset, ut possessionem omitteret propter emptorem, quam emptor adeptus non fuisset. emptorem quoque, qui postea vim adhibuit, et ipsum interdicto colono teneri: non enim ab ipso, sed a venditore per vim fundum esse possessum, cui possessio esset ablata. quaesitum est, an emptori succurri debeat, si voluntate venditoris colonum postea vi expulisset. dixi non esse iuvandum, qui mandatum illicitum susceperit.

Übersetzung: (Papinian im 26. Buch seiner Rechtsfragen)*)

Jemand hat sein Grundstück verpachtet und später an einen anderen verkauft. Er hat den Käufer angewiesen, in die *vacua possessio* zu gehen, der Pächter hat diesem das Betreten verwehrt. Daraufhin hat der Käufer den Pächter mit Gewalt vertrieben. Es wurde die Anfrage gestellt, wem ein Interdikt *unde vi* zustehe. Es wurde entschieden, dass der Pächter dem Verkäufer aus dem Interdikt haftet, da es keinen Unterschied macht, ob er ihm oder einem anderen von ihm gesandten den Eintritt verwehrt hat. Der Besitz gelte nämlich nicht früher als aufgegeben, als er dem Käufer übergeben worden sei, weil niemand die Absicht habe, dem Käufer zuliebe einen Besitz aufzugeben, den dieser nicht erlangt hätte. Aber der Käufer, der nachher Gewalt angewendet hat, hafte auch noch selbst dem Pächter aus dem Interdikt. Denn nicht in Bezug auf ihn, sondern in Bezug auf den Verkäufer, dem der Besitz entzogen worden sei, werde das Grundstück gewaltsam besessen. Es wurde gefragt, ob man den Käufer schützen solle, wenn er mit Willen des Verkäufers den Pächter gewaltsam vertrieben hat. Ich habe geantwortet, jener sei nicht zu unterstützen, der einen rechtswidrigen Auftrag übernommen habe.

Bemerkung zum Text:

Zu *placebat* (es wurde entschieden) s oben zu Fall 36; zu *videri* (gelte) unten zu Fall 72.

Erörterung des Problems:

Analysieren Sie die Entscheidung Papinians.

---

*) Zu Autor und Werk oben Fall 5 (D 18, 1, 74).

Fall 59

D 43, 16, 1, 27 (Ulpianus libro sexagensimo nono ad edictum)

Vim vi repellere licere Cassius scribit idque ius natura comparatur: apparet autem, inquit, ex eo arma armis repellere licere.

Übersetzung: (Ulpian im 69. Buch seines Ediktskommentars)*)

Gewalt dürfe man mit Gewalt zurückschlagen, schreibt Cassius, und dieses Recht besteht von Natur aus; daraus folgt, wie er sagt, dass Waffengewalt mit Waffengewalt zurückgeschlagen werden darf.

Bemerkungen zum Text:

Die Wirkung der Regel *vim vi repellere licet* (Gewalt darf mit Gewalt zurückgeschlagen werden) ist nicht auf die Verteidigung des Besitzes beschränkt: Sie drückt allgemein das Recht der Notwehr aus (Abwehr eines gegenwärtigen oder unmittelbar bevorstehenden rechtswidrigen Angriffs auf Leben, Gesundheit oder Vermögen mit angemessenen Mitteln), vgl Gaius D 9, 2, 4 pr. *adversus periculum naturalis ratio permittit se defendere* (die natürliche Vernunft gestattet, sich gegen eine Gefahr zu verteidigen); Paulus D 9, 2, 45, 4 *vim enim vi defendere omnes leges omniaque iura permittunt* (Gewalt mit Gewalt abzuwehren gestatten alle Gesetze und alle Rechtsordnungen).

Erörterung des Problems:

a) Beim *interdictum de vi armata* gibt der Prätor keine *exceptio vitiosae possessionis*. Welche Gründe dürften ihn zu dieser Differenzierung gegenüber dem *interdictum unde vi* bewogen haben?

b) A ist von B mit *vis armata* vertrieben worden und setzt sich daraufhin mit Waffengewalt wieder in Besitz. Gewährt der Prätor dem B das *interdictum de vi armata* gegen A?

c) Vereinzelt gewährt der Prätor eine *exceptio „quod tu prior vi hominibus armatis non veneris"* („sofern du nicht selbst zuerst gewaltsam mit bewaffneten Männern eingedrungen bist"). Nimmt Cassius auf diese *exceptio* Bezug?

d) Welche Überlegungen könnten den Prätor veranlasst haben, zwar keine *exceptio vitiosae possessionis*, wohl aber eine *exceptio „quod tu prior..."* zu gewähren?

Literaturhinweis:
  Manthe (Fall 19) 96 ff.

---

*) Zu Ulpian s oben Fall 11 (D 18, 6, 1, 2); zu Cassius oben Fall 19 (D 41, 2, 21, 3).

Fall 60

cc) Besitzerhaltung und -verlust durch Besitzmittler (Sklaven, Pächter)
(an Grundstücken und beweglichen Sachen)

D 19, 2, 60, 1 (Labeo posteriorum libro quinto a Iavoleno epitomatorum)

Heredem coloni, quamvis colonus non est, nihilo minus domino possidere existimo.

Übersetzung: (Labeo im fünften Buch des von Javolenus angefertigten Auszugs aus den nachgelassenen Schriften)*)

Ich glaube, dass der Erbe des Pächters, obwohl er selbst nicht Pächter ist, dennoch für den Eigentümer Besitz ausübt.

Erörterung des Problems:

Begründen Sie die Entscheidung Labeos.

---

*) Zu Autor und Werk s oben Fall 10 (D 41, 2, 51).

Fall 61

D 41, 2, 25, 1 (Pomponius libro vicensimo tertio ad Quintum Mucium)

Et per colonos et inquilinos aut servos nostros possidemus: et si moriantur aut furere incipiant aut alii locent, intellegimur nos retinere possessionem. nec inter colonum et servum nostrum, per quem possessionem retinemus, quicquam interest.

Übersetzung: (Pomponius im 23. Buch seines Kommentars zum *ius civile* des Q. Mucius)*)

Auch durch Pächter, Mieter und durch unsere Sklaven besitzen wir. Selbst wenn diese sterben oder geisteskrank werden oder an andere vermieten, wird angenommen, dass uns der Besitz erhalten bleibt. Und es besteht keinerlei Unterschied zwischen dem Pächter und unserem Sklaven, durch den wir den Besitz aufrechterhalten.

Bemerkung zum Text:

Zu *intellegimur* (es wird angenommen) s unten zu Fall 72.

Erörterung des Problems:

a) Wie kann man für Besitzerhaltung trotz Todes des Sklaven, der das Grundstück bewirtschaftet, argumentieren?

b) Wie begründen die römischen Juristen die Besitzerhaltung seitens des Geisteskranken?

c) Wie lange bleibt der Besitz nach Tod oder Geisteskrankheit des Sklaven usw aufrecht?

d) Wieso kann bezüglich der Besitzerhaltung der Mieter dem Sklaven gleichgestellt werden?

e) Wieso wird durch Untervermietung der Besitz des Eigentümers nicht beeinträchtigt?

Literaturhinweis:

Benöhr (Fall 23) 51.

---

*) Zu Autor und Werk oben Fall 29 (D 41, 1, 21 pr.).

Fall 62

D 41, 2, 30, 6 (Paulus libro quinto decimo ad Sabinum)

Si ego tibi commodavero, tu Titio, qui putet tuum esse, nihilo minus ego id possidebo. et idem erit, si colonus meus fundum locaverit aut is, apud quem deposueram, apud alium rursus deposuerit. et id quamlibet per plurium personam factum observandum ita erit.

Übersetzung: (Paulus im 15. Buch seines Kommentars zum *ius civile* des Sabinus)*)

Wenn ich dir eine Sache geliehen habe und du sie daraufhin dem Titius geliehen hast, der sie für die deine hält, bleibe nichtsdestoweniger ich der Besitzer. Dasselbe ist zu sagen, wenn mein Pächter das Grundstück verpachtet oder jemand, bei dem ich eine Sache hinterlegt habe, diese einem anderen zur Verwahrung gibt. Und das gilt bei einer beliebigen Zahl beteiligter Personen.

Erörterung des Problems:

a) Ist es gleichgültig, dass Titius den Besitz nicht für *ego* sondern für *tu* ausüben will?

b) Begeht nicht *tu* einen Diebstahl, der den Besitz von *ego* beendet?

c) Was spricht für, was gegen eine beliebige Länge der Detentorenkette?

Literaturhinweis:
 Wimmer (Fall 19) 8.

---

*) Zu Autor und Werk oben Fall 1 (D 41, 2, 3, 1).

Fall 63

D 41, 2, 32, 1 (Paulus libro quinto decimo ad Sabinum)

Si conductor rem vendidit et eam ab emptore conduxit et utrique mercedes praestitit, prior locator possessionem per conductorem rectissime retinet.

Übersetzung: (Paulus im 15. Buch seines Kommentars zum *ius civile* des Sabinus)*)

Wenn der Mieter die Sache verkauft und sie vom Käufer zurückmietet und beiden Vermietern Zins zahlt, hat der erste Vermieter völlig zu Recht durch den Mieter seinen Besitz aufrechterhalten.

Erörterung des Problems:

a) Hat hier nicht B an C Besitz übertragen?
b) Macht es einen Unterschied, ob es sich um ein Grundstück oder um eine bewegliche Sache handelt?
c) Überlegen Sie das Verhältnis dieser Entscheidung zu D 41, 2, 30, 6 (oben Fall 62).

Literaturhinweise:
> *Wimmer* (Fall 19) 7.
> *Brandsma* (Fall 16) 337 f.

---

*) Zu Autor und Werk oben Fall 1 (D 41, 2, 3, 1).

Fall 64

D 41, 2, 9 (Gaius libro vicensimo quinto ad edictum provinciale)

Generaliter quisquis omnino nostro nomine sit in possessione, veluti procurator hospes amicus, nos possidere videmur.

Übersetzung: (Gaius im 25. Buch seines Kommentars zum Provinzialedikt)*)

Wann immer irgendjemand in unserem Namen auf der Besitzung ist, etwa ein Verwalter, Gast oder Freund, gelten wir als Besitzer.

Bemerkung zum Text:

Zu *videmur* (gelten) s unten zu Fall 72.

Erörterung des Problems:

Durch Gäste oder Freunde kann Besitz nicht erworben werden. Wieso ist Besitzerhaltung durch diese Personen möglich?

---

*) Zu Gaius oben Fall 6 (D 41, 1, 9, 6). Seine 30 libri ad edictum provinciale sind ein ausführlicher Kommentar zum Musteredikt für die Provinzen, das Hadrian ebenso wie das prätorische Edikt redigieren und letzterem stark annähern ließ. Die Statthalter mussten dieses Provinzialedikt unverändert proponieren. Der Kommentar des Gaius wurde vielleicht als Grundlage für Vorlesungen in einer Provinzstadt geschrieben.

Fall 65

D 41, 2, 3, 8 (Paulus libro quinquagensimo quarto ad edictum)

Si quis nuntiet domum a latronibus occupatam et dominus timore conterritus noluerit accedere, amisisse eum possessionem placet. quod si servus vel colonus, per quos corpore possidebam, decesserint discesserintve, animo retinebo possessionem.

Übersetzung: (Paulus im 54. Buch seines Ediktskommentars)*)

Wenn jemand meldet, das Haus sei von Räubern besetzt worden, und der Eigentümer aus Angst nicht hineingehen will, hat er nach herrschender Lehre den Besitz verloren. Wenn aber ein Sklave oder Pächter, durch den ich *corpore* besessen habe, stirbt oder fortzieht, halte ich *animo* den Besitz aufrecht.

Bemerkung zum Text:

Zu *placet* (nach herrschender Lehre) s oben zu Fall 36.

Erörterung des Problems:

a) Suchen Sie eine weitere Belegstelle für die von Paulus zitierte herrschende Lehre.
b) Ist es für die Entscheidung des Paulus relevant, ob tatsächlich Räuber im Haus sitzen?
c) Aus welcher Sicht kontrastiert Paulus die hier erörterten Fälle?
d) Kann jemand einen Besitz *animo* aufrechterhalten, wenn sein Pächter von einem Eindringling vertrieben wird?
e) Julian lässt in Afr. D 41, 2, 40, 1 den Besitz untergehen, wenn ihn der Pächter freiwillig aufgibt. Was spricht für Julians, was für Pauls Entscheidung?

Vgl dazu:

D 41, 2, 40, 1 (Africanus libro septimo quaestionum)

Si forte colonus, per quem dominus possideret, decessisset, propter utilitatem receptum est, ut per colonum possessio et retineretur et contineretur: quo mortuo non statim dicendum eam interpellari, sed tunc demum, cum dominus possessionem apisci neglexerit. aliud existimandum ait, si colonus sponte possessione discesserit ...

Übersetzung: (Africanus im siebenten Buch seiner Streitfragen)**)

Für den Fall, dass etwa der Pächter, durch den der Eigentümer besitzt, gestorben ist, hat sich aus Nützlichkeitserwägungen die Auffassung durchgesetzt, dass durch einen Pächter der Besitz sowohl aufrechterhalten als auch fortgesetzt werde, und nach dessen Tod nicht sofort festzustellen sei, dass der Besitz unterbrochen werde, sondern erst dann, wenn der Eigentümer die Besitzergreifung verabsäume. Anders sei zu entscheiden (sagt Julian), wenn der Pächter eigenmächtig von der Besitzung fortgezogen sei ...

Literaturhinweis:

Ankum (Fall 26) 13 f.

---

*) Zu Autor und Werk oben Fall 1 (D 41, 2, 3, 1).
**) Zu Autor und Werk s unten Fall 90 (D 41, 4, 11).

Fall 66

D 4, 3, 31 (Proculus libro secundo epistularum)

Cum quis persuaserit familiae meae, ut de possessione decedat, possessio quidem non amittitur, sed de dolo malo iudicium in eum competit, si quid damni mihi accesserit.

Übersetzung: (Proculus im zweiten Buch seiner brieflichen Rechtsgutachten)*)

Wenn jemand mein Gesinde überredet, von der Besitzung wegzuziehen, geht der Besitz nicht verloren. Es steht mir jedoch gegen ihn eine *actio de dolo* zu, wenn mir irgendein Schaden erwachsen ist.

Erörterung des Problems:

a) B überredet die Sklaven des A, von dessen Grundstück wegzuziehen und setzt sich selbst dort fest. Hat A Besitz verloren?

b) B überredet das Gesinde des A, ihm das Reitpferd des A auszufolgen. Hat A Besitz verloren?

c) Die Sklaven des A fangen ein Wildschwein; B überredet sie, das Schwein laufen zu lassen. Hat A Besitz verloren? Kann er von B den Wert des Schweines fordern?

d) Präzisieren Sie die Entscheidung des Proculus und verteidigen Sie diese gegen den Einwand, durch Abzug des gesamten Gesindes ginge die Sachherrschaft und damit der Besitz verloren. Beachten Sie auch die Fälle 65 und 51.

Literaturhinweise:

Krampe (Fall 9) 78.

MacCormack, Dolus in the Law of the Early Classical Period (Labeo – Celsus), SDHI 52 (1986), 243 ff.

MacCormack, Roman Jurisprudence and Interpretation: On *dolus* as Ground of the Classical *actio de dolo*, in Ricerche dedicate al professor F. Gallo I (1997) 547 f.

---

*) Zu Autor und Werk oben Fall 9 (D 41, 1, 55).

III. Kapitel: Eigentumserwerb und Eigentumsverlust

Einleitung
A. Traditio
B. Usucapio
   a) Reversio in potestatem (Interpretation der lex Atinia)
   b) Bona fides
   c) Putativtitel
C. Occupatio durch Jagd und Fischfang
D. Dereliktion und Fund
E. Schatzfund
F. Fruchterwerb
G. Verbindung, Vermengung und Vermischung
   a) Verbindung beweglicher Sachen mit einem Grundstück
   b) Verbindung beweglicher Sachen
   c) Vermengung und Vermischung
   d) Sonderfall: Geld
H. Verarbeitung (Spezifikation)

Einleitung

Erwerb und Verlust von Eigentum, dem umfassendsten und am stärksten geschützten Recht einer Person über eine Sache, werden von der Rechtsordnung besonders ausführlich geregelt. Für die Übertragung von *res mancipi* galten bis in die Klassik Formvorschriften *(mancipatio, in iure cessio),* die in der justinianischen Überarbeitung der Quellen, teils jedoch schon in der klassischen Praxis durch die formlose *traditio* verdrängt wurden.

Die *traditio* eignet sich je nach Parteiwillen zur Übertragung von Detention, Besitz oder Eigentum, sie ist daher zT bereits in Kapitel I erörtert worden. Die *traditio* ist sicher die häufigste und wichtigste Eigentumserwerbsart überhaupt. Als Form derivativen Rechtserwerbs hängt ihre Wirksamkeit von Geschäftsfähigkeit und Veräußerungsbefugnis des Vormannes, etwaigen Veräußerungsverboten und einer gültigen Willenseinigung ab. Die klassischen Juristen fordern zusätzlich eine *iusta causa* der Eigentumsübertragung.

Die *usucapio* verschafft Eigentum unabhängig von, ja gegen bestehende Eigentumsrechte. Die Funktion dieser originären Erwerbsart liegt vor allem in der Sanierung fehlerhaften derivativen Erwerbs und damit in der Gewährleistung von Rechtssicherheit im Interesse eines geregelten Güteraustausches. Das römische Recht kennt keinen sofortigen gutgläubigen Eigentumserwerb vom Nichtberechtigten. Nach relativ kurzen Ersitzungsfristen, innerhalb derer der bisherige Eigentümer sein Recht verfolgen kann, erlangt jedoch der gutgläubige Besitzer Eigentum an einer fremden Sache, die er zwar vom Nichtberechtigten, jedoch auf Grund einer *iusta causa* erhalten hat. Die zu diesem Abschnitt ausgewählten Texte sollen drei Aspekte beleuchten: den Inhalt der *bona fides,* das Putativtitelproblem, und die Auslegung der *lex Atinia*.

Jagd und Fischfang sind typische Beispiele für originären Eigentumserwerb durch *occupatio* an *res nullius*. Dieser Bereich ist in Rom weiter gesteckt als in vielen anderen Rechtsordnungen, die Vorbehalte zugunsten des Staates oder bestimmter Gruppen von Anspruchsberechtigten treffen.

Fund führt hingegen in Rom nur ausnahmsweise zum Eigentumserwerb: wenn die Sache vom Eigentümer derelinquiert worden ist, oder wenn es sich um einen *thesaurus* handelt.

Ebenso wie *occupatio* durch Jagd, Fischfang, durch Schatzfund und Ergreifung von *res derelictae*, zählt auch der Fruchterwerb durch Trennung von der Muttersache oder Besitzergreifung zu den sogenannten „natürlichen Erwerbsarten", bei denen die römischen Juristen den originären Eigentumserwerb auf *naturalis ratio* und *ius gentium* zurückführen.

Dasselbe gilt für Eigentumserwerb und -verlust durch Verbindung und Vermischung. Eine erste Fallgruppe gilt der Verbindung beweglicher Sachen mit Grundstücken (*superficies solo cedit*), eine zweite Gruppe behandelt die Verbindung beweglicher Sachen, eine dritte die Vermengung und Vermischung. Eigentumserwerb an fremdem Geld bildet dabei einen Sonderfall.

Als letzte natürliche Erwerbsart wird die Spezifikation (Verarbeitung) besprochen, das Problem, wer Eigentümer einer neuen *species* ist, die jemand aus einer fremden *materia* erarbeitet hat.

Der Eigentumsverlust wird nicht zusammenfassend dargestellt, sondern bei den einzelnen Erwerbsarten mitberücksichtigt, wo dem Erwerb des einen der Verlust des anderen entspricht. Dabei sind gelegentlich mögliche Ausgleichsansprüche zu erörtern, die jedoch die verlorene Eigentümerposition nicht immer voll ersetzen können: Das Eigentum ist als dingliches Recht auch im Konkurs des Schuldners gesichert sowie gegenüber dritten Erwerbern verfolgbar.

Literatur:

A. Traditio

Kaser, Zur iusta causa traditionis, BIDR 64 (1961) 61 ff.

J. G. Wolf, Error im römischen Vertragsrecht (1961) 100 ff.

Jahr, Zur iusta causa traditionis, ZSS 80 (1963) 141 ff.

Benke, Zur „traditio" als zentralem Modell privatrechtlicher Vermögensübertragung, in GS Hofmeister (1996) 31 ff.

Schrage, Traditionibus et usucapionibus, non nudis pactis dominia rerum transferuntur. Die Wahl zwischen dem Konsens- und dem Traditionsprinzip in der Geschichte, in FS K.W. Nörr (2003) 913 ff.

B. Usucapio

Thomas, The theftuous pledgor and the lex Atinia, in St. Scherillo I (1972) 395 ff.

Hausmaninger, Die bona fides des Ersitzungsbesitzers im klassischen römischen Recht (1964), dazu die Besprechung von *Wubbe*, TR 32 (1964) 597 ff.

Mayer-Maly, Das Putativtitelproblem bei der usucapio (1962).

Winkel, Error iuris nocet: Rechtsirrtum als Problem der Rechtsordnung (1985) 90 ff.

Bauer, Ersitzung und Bereicherung im klassischen römischen Recht (1988).

Jakobs, Error falsae causae, in FS Flume I (1978) 43 ff.

C. Occupatio

Kaser, Die natürlichen Erwerbsarten im altrömischen Recht, ZSS 65 (1947) 219 ff.

Knütel, Von schwimmenden Inseln, wandernden Bäumen, flüchtenden Tieren und verborgenen Schätzen, in *Zimmermann* (Hrsg), Rechtsgeschichte und Rechtsdogmatik (199) 549 ff.

D. Dereliktion und Fund

Düll, Auslobung und Fund im antiken Recht, ZSS 61 (1941) 19 ff.

E. Schatzfund

Hausmaninger, Besitzerwerb solo animo, in FG Herdlitczka (1972) 113 ff.

Hill, Treasure Trove (1936, Ndr. 1980).

F. Fruchterwerb

Kaser, Zum Fruchterwerb des Usufruktuars, in St. Scherillo I (1972) 405 ff.

Kaser, Partus ancillae, ZSS 75 (1958) 156 ff.

Thielmann, Produktion als Grundlage des Fruchterwerbs, ZSS 94 (1977) 76 ff.

G. Verbindung, Vermengung und Vermischung

Meincke, Superficies solo cedit, ZSS 88 (1971) 136 ff.

Kaser, Labeo 12 (1966) 104 ff (Besprechung von Melillo, Tignum iunctum, 1964).

Hinker, Tignum iunctum, ZSS 108 (1991) 94 ff.

Jakobs, Tignum iunctum und Pandektenkritik, ZSS 124 (2007) 198 ff.

Kaser, Tabula picta, in TR 36 (1968) 31 ff.

Watkin, „Tabula picta": Images and Icons, SDHI 50 (1984) 383 ff.

Kaser, Das Geld im römischen Sachenrecht, TR 29 (1961) 169 ff.

Fuchs, Consumptio nummorum, Mélanges Meylan I (1963) 125 ff.

Wacke, Die Zahlung mit fremdem Geld, BIDR 79 (1976) 49 ff.

Bürge, Retentio im römischen Sachen- und Obligationenrecht (1979) 14 ff.

Schermaier, Materia. Beiträge zur Frage der Naturphilosophie im klassischen römischen Recht (1992).

H. Verarbeitung

Wieacker, Spezifikation: Schulprobleme und Sachprobleme, in FS Rabel II (1954) 263 ff.

Mayer-Maly, Spezifikation: Leitfälle, Begriffsbildung, Rechtsinstitut, ZSS 73 (1956) 120 ff.

Thielmann, Zum Eigentumserwerb durch Verarbeitung, in FG von Lübtow (1980) 187 ff.

Schermaier, D 41, 1, 24 und 26 pr.: Ein Versuch zur Verarbeitungslehre des Paulus, ZSS 105 (1988) 436 ff.

Schermaier, Materia. Beiträge zur Frage der Naturphilosophie im klassischen römischen Recht (1992).

Schermaier, Teilvindikation oder Teilungsklage? Auf der Suche nach dem klassischen Vermischungsrecht, ZSS 110 (1993) 124 ff.

Behrends, Die Spezifikationslehre, ihre Gegner und die media sententia in der Geschichte der römischen Jurisprudenz, ZSS 112 (1995) 195 ff.

Schermaier, An eadem res sit, quaeritur. Änderungen der Sachidentität als Problem des römischen Rechts, in St. Talamanca VII (2001) 279 ff.

van der Merve, Nova specis, RLT 2 (2004) 96 ff.

Leesen, Produced and bottled in Rome – Who Owned the Wine? The Controversy about Specificatio, RIDA 53 (2006) 265 ff.

Kraft, Bona fides als Voraussetzung für den Eigentumserwerb durch specificatio, TR 74 (2006) 289 ff.

Leesen, Gaius Meets Cicero: Law and Rhetoric in the School Controversies (2010) 70 ff.

Fall 67

A. Traditio

D 41, 1, 20 pr. (Ulpianus libro vicensimo nono ad Sabinum)

Traditio nihil amplius transferre debet vel potest ad eum qui accipit, quam est apud eum qui tradit. si igitur quis dominium in fundo habuit, id tradendo transfert, si non habuit, ad eum qui accipit nihil transfert.

Übersetzung: (Ulpian im 29. Buch seines Kommentars zum *ius civile* des Sabinus)*)

Die *traditio* soll oder kann nicht mehr an den Empfänger übertragen, als der Veräußerer hat. Wenn also jemand Eigentum an einem Grundstück hat, überträgt er dieses durch die *traditio;* wenn er es nicht hat, überträgt er nichts an den Empfänger.

Erörterung des Problems:

a) Glauben Sie, dass der Text ursprünglich von der *mancipatio* gehandelt hat und von Justinian geändert wurde? Vgl Gaius Inst. 2,22 *Mancipi vero res sunt, quae per mancipationem ad alium transferuntur . . .* (res mancipi sind Sachen, die durch Manzipation an einen anderen übertragen werden . . .).

b) Wird durch den Nichteigentümer wenigstens Besitz übertragen?

c) Kann jeder Eigentümer sein Eigentum rechtsgültig übertragen?

d) A beauftragt B, ein Buch des A um 100 zu verkaufen. B verkauft das Buch an C um 80 und übergibt es ihm. Hat C Eigentum erworben?

Vgl dazu:

D 50, 17, 54 (Ulpianus libro quadragensimo sexto ad edictum)

Nemo plus iuris ad alium transferre potest quam ipse haberet.

Übersetzung: (Ulpian im 46. Buch seines Ediktskommentars)*)

Niemand kann mehr Recht an einen anderen übertragen, als er selbst hat.

§ 442 ABGB
. . . Überhaupt kann niemand einem anderen mehr Recht abtreten, als er selbst hat.

§ 367 ABGB
Die Eigentumsklage gegen den rechtmäßigen und redlichen Besitzer einer beweglichen Sache ist abzuweisen, wenn er beweist, dass er die Sache gegen Entgelt in einer öffentlichen Versteigerung, von einem Unternehmer im gewöhnlichen Betrieb seines Unternehmens oder von jemandem erworben hat, dem sie der vorige Eigentümer anvertraut hatte. In diesen Fällen erwirbt der rechtmäßige und redliche Besitzer das Eigentum. Der Anspruch des vorigen Eigentümers auf Schadenersatz gegen seinen Vertrauensmann oder gegen andere Personen bleibt unberührt.

Literaturhinweis:
Stagl, Zur translativen Struktur des derivativen Eigentumserwerbs, in FS Knütel (2009) 1198f.

---

*) Zu Autor und Werk s oben Fall 11 (D 18, 6, 1, 2).

Fall 68

D 39, 5, 25 (Iavolenus libro sexto epistularum)

Si tibi dederim rem, ut Titio meo nomine donares, et tu tuo nomine eam ei dederis, an factam eius putes? respondit, si rem tibi dederim, ut Titio meo nomine donares, eamque tu tuo nomine ei dederis, quantum ad iuris suptilitatem accipientis facta non est et tu furti obligaris: sed benignius est, si agam contra eum qui rem accepit, exceptione doli mali me summoveri.

Übersetzung: (Javolen im sechsten Buch seiner brieflichen Rechtsgutachten)*)

Wenn ich dir eine Sache gebe, damit du sie in meinem Namen Titius schenkst, und du sie ihm dann in deinem eigenen Namen gibst: glaubst du, dass sie sein Eigentum geworden ist? Er antwortete: Wenn ich dir eine Sache gebe, damit du sie in meinem Namen Titius schenkst, und du sie ihm dann in deinem eigenen Namen gibst, ist sie streng rechtlich betrachtet nicht Eigentum des Empfängers geworden und du haftest aus der Diebstahlsklage. Die großzügigere Lösung ist jedoch, mich mit der *exceptio doli* abzuweisen, wenn ich gegen den Empfänger Klage erhebe.

Bemerkungen zum Text:

Beachten Sie den Responsenstil sowie die interessante Kontrastierung *iuris suptilitas – sed benignius est*. Die Hochklassiker Javolen, Celsus (s unten Fall 146) und Julian berufen sich auf *benignitas* oder *benigna interpretatio* (wohlwollende, gütige, großzügige Auslegung oder Auffassung), wenn sie die Schärfe des geltenden Rechtes (*subtilitas iuris*) korrigieren wollen, insbesondere wenn ein strenggenommen ungültiges Rechtsgeschäft im Verkehrsinteresse als wirksam aufrechterhalten werden soll (später sog *favor negotii*).

Erörterung des Problems:

a) Warum hat nach strenger Rechtsauffassung Titius nicht Eigentum erworben?

b) Inwiefern ist die Entscheidung Javolens *benignior*?

c) Betrachtet Javolen Titius als Eigentümer?

d) Gegen welche Klage hält Javolen die *exceptio doli* für angemessen?

e) Worin erblickt Javolen einen *dolus* des Schenkers? Vgl Fall 71.

Vgl dazu:

§ 185 I BGB
Eine Verfügung, die ein Nichtberechtigter über einen Gegenstand trifft, ist wirksam, wenn sie mit Einwilligung des Berechtigten erfolgt.

Literaturhinweise:

Eckardt (Fall 3) 25 f.

Hausmaninger, Subtilitas iuris, in FG Kaser (1986) 64 f.

Kleiter, Entscheidungskorrekturen mit unbestimmter Wertung durch die klassische römische Jurisprudenz (2010) 156 ff.

---

*) Zu Autor und Werk s oben Fall 3 (D 46, 3, 79).

Fall 69

D 41, 1, 31 pr. (Paulus libro trigensimo primo ad edictum)

Numquam nuda traditio transfert dominium, sed ita, si venditio aut ali[qu]a iusta causa praecesserit, propter quam traditio sequeretur.

Übersetzung: (Paulus im 31. Buch seines Ediktskommentars)*)

Niemals überträgt eine bloße Übergabe das Eigentum; dieses wird nur dann übertragen, wenn ein Verkauf oder ein anderer anerkannter Erwerbsgrund vorangeht, auf Grund dessen die Übergabe erfolgt.

Erörterung des Problems:

a) Welche der folgenden *causae traditionis* eignen sich nicht als Grundlage des Eigentumserwerbs:
Schenkung – Dosbestellung – Darlehenshingabe – Leihe – Hinterlegung – Vermietung – Schulderfüllung?

b) Titius schenkt und übergibt seiner Frau einen Ring. Nach der Scheidung fordert er ihn mit der *rei vindicatio* zurück. Dringt seine Klage durch?

c) A leistet irrtümlich eine nicht geschuldete Sache an B. B weiß, dass keine Schuld des A besteht, sagt aber nichts. Hat A die *rei vindicatio*?

d) A leistet irrtümlich eine nicht geschuldete Sache an den gutgläubigen B. Kann er vindizieren?

Vgl dazu:

§ 380 ABGB
Ohne Titel und ohne rechtliche Erwerbungsart kann kein Eigentum erlangt werden.

§ 929 BGB
Zur Übertragung des Eigentums an einer beweglichen Sache ist erforderlich, daß der Eigentümer die Sache dem Erwerber übergibt und beide darüber einig sind, daß das Eigentum übergehen soll ...

Art. 1138 franz. Code civil
L'obligation de livrer la chose est parfaite par le seul consentement des parties contractantes.
Elle rend le créancier propriétaire ...

Literaturhinweise:

Kaser, Zur iusta causa traditionis, BIDR 64 (1961) 66 f.

Schrage, Traditionibus et usucapionibus, non nudis pactis dominia rerum transferuntur, in FS K. W. Nörr (2003) 924 ff.

---

*) Zu Autor und Werk s oben Fall 1 (D 41, 2, 3, 1).

Fall 70

D 41, 1, 36 (Iulianus libro tertio decimo digestorum)

Cum in corpus quidem quod traditur consentiamus, in causis vero dissentiamus, non animadverto, cur inefficax sit traditio, veluti si ego credam me ex testamento tibi obligatum esse, ut fundum tradam, tu existimes ex stipulatu tibi eum deberi. nam et si pecuniam numeratam tibi tradam donandi gratia, tu eam quasi creditam accipias, constat proprietatem ad te transire nec impedimento esse, quod circa causam dandi atque accipiendi dissenserimus.

Übersetzung: (Julian im 13. Buch seiner Digesten)*)

Wenn wir uns über den Gegenstand einigen, der übergeben wird, bezüglich des Erwerbsgrundes jedoch verschiedener Meinung sind, sehe ich nicht ein, warum die Übergabe unwirksam sein sollte. Etwa wenn ich glaube, ich sei dir auf Grund eines Testaments verpflichtet, ein Grundstück zu übergeben, du jedoch meinst, es werde dir aus einer Stipulation geschuldet.

Denn auch wenn ich dir abgezähltes Geld in Schenkungsabsicht übergebe, du es aber gleichsam als Darlehen annimmst, steht fest, dass das Eigentum übergeht und kein Hindernis darin besteht, dass wir uns über den Grund des Gebens und Empfangens nicht geeinigt haben.

Erörterung des Problems:

a) Kann Julian auf Grund dieses Textes schlechthin als Befürworter einer abstrakten Tradition (Verzicht auf eine *iusta causa traditionis*) gelten? (Vgl dazu unten Fall 71.)

b) Suchen Sie möglichst konkrete Rechtfertigungsgründe für den Eigentumsübergang in den beiden Sachverhalten der Julianstelle unter der Annahme, Julian mache hier Ausnahmen von der Regel in D 41, 1, 31 pr. (oben Fall 69: kausale Tradition).

c) Prüfen Sie die Argumentation Julians unter der Annahme, die Kompilatoren hätten im Grundstücksbeispiel die *mancipatio* durch die *traditio* ersetzt.

Literaturhinweise:

Kaser, Das Geld im römischen Sachenrecht, in TR 29 (1961) 225 ff.

Flume (Fall 36) 53 ff.

Evans-Jones/MacCormack, Iusta causa traditionis, in Essays for B. Nicholas (1989) 102 ff.

Schermaier, Auslegung und Konsensbestimmung, ZSS 115 (1998) 254 ff.

Meissel, Julian und die Entdeckung des dinglichen Vertrages, in *Falk/Luminati/Schmoekel* (Hrsg), Fälle aus der Rechtsgeschichte (2008) 62 ff.

---

*) P. Salvius Julianus war Schüler des Javolen und legte unter den Kaisern Hadrian, Antoninus Pius und Mark Aurel, deren consilium er angehörte, eine glänzende Ämterlaufbahn zurück. Hadrian verdoppelte dem jungen Quästor Julian das Gehalt „propter insignem doctrinam" und übertrug ihm später die Endredaktion des prätorischen Edikts. Julian bekleidete den Konsulat (148 n. Chr.) und diente als Statthalter in Germania inferior, Hispania citerior und Africa. Neben seinem juristischen Hauptwerk digesta (90 Bücher) sind 4 libri ad Urseium Ferocem und 6 libri ex Minicio überliefert. Julian gilt seit der Antike als der bedeutendste römische Jurist. Man rühmt vor allem seine Klarheit, Eleganz und Intuition, die konkrete Anschaulichkeit und sachliche Überzeugungskraft seiner Entscheidungen. Er zitiert selten, begründet häufig durch virtuoses „reasoning from case to case" und zögert nicht, aus Gerechtigkeitserwägungen dogmatische Grenzen zu überschreiten. Die Spätklassiker, vor allem Ulpian, zitieren ihn als überragende Autorität, Justinian nimmt mehr als 450 Direktexzerpte aus Julians Werk in die Digesten auf.

Fall 71

D 12, 1, 18 pr. (Ulpianus libro septimo disputationum)

Si ego pecuniam tibi quasi donaturus dedero, tu quasi mutuam accipias, Iulianus scribit donationem non esse: sed an mutua sit, videndum. et puto nec mutuam esse magisque nummos accipientis non fieri, cum alia opinione acceperit. quare si eos consumpserit, licet condictione teneatur, tamen doli exceptione uti poterit, quia secundum voluntatem dantis nummi sunt consumpti.

Übersetzung: (Ulpian im siebenten Buch seiner „Streitgespräche")*)

Wenn ich dir Geld gebe, gleichsam um es dir zu schenken, du es aber gleichsam als Darlehen annimmst, schreibt Julian, es liege keine Schenkung vor: Doch ob ein Darlehen zustande gekommen sei, müsse man prüfen. Ich glaube, es ist auch kein Darlehen, und die Münzen werden nicht Eigentum des Empfängers, wenn er sie in anderer Meinung angenommen hat. Wenn er sie also verbraucht hat, haftet er zwar auf Grund einer *condictio*, doch kann er eine *exceptio doli* geltend machen, da die Münzen gemäß dem Willen des Gebers verbraucht worden sind.

Bemerkung zum Text:

Die Regel *in maiore minus inest* (im Größeren ist das Kleinere enthalten), vgl Labeo D 32, 29, 1, oder *in eo quod plus sit semper inest et minus,* Paulus D 50, 17, 110 pr., wird in verschiedenen Sachzusammenhängen herangezogen, etwa um einen Parteiwillen aufrechtzuerhalten, der fehlerhaft erklärt worden ist, zB wenn jemand 1/4 seines Vermögens vermachen will, im Testament jedoch irrtümlich 1/2 schreibt (Proc. in Paulus D 30, 15 pr.), so liegt ein gültiges Vermächtnis von 1/4 vor; oder wenn A ein Grundstück um 5 zu verpachten, B es um 10 zu pachten meint: Der Pachtvertrag ist nicht mangels Willenseinigung unwirksam, sondern kommt zum Zins von 5 zustande (Pomp. D 19, 2, 52). Prüfen Sie, ob Julian in Fall 71 diese Regel angewendet haben könnte.

Erörterung des Problems:

a) Glauben Sie, dass nach Julians Ansicht ein Darlehen zustande gekommen ist (vgl dazu auch D 41, 1, 36 oben Fall 70)?

b) Mit welcher Begründung verneint Ulpian die Existenz eines Darlehens?

c) Warum gibt Ulpian keine *rei vindicatio* gegen den Empfänger? (Vgl Fall 119.)

d) Wie ist die *exceptio doli* des Empfängers zu begründen? (Vgl Fall 68.)

e) A will Geld hinterlegen, B glaubt dieses Geld als Darlehen zu erhalten. Erörtern Sie die Rechtslage.

Literaturhinweise:

Backhaus, In maiore minus inest, ZSS 100 (1983) 164 ff.

Flume (Fall 36) 53 ff.

---

*) Zu Ulpian s oben Fall 11 (D 18, 6, 1, 2), zu seinen disputationes oben Fall 44 (D 41, 2, 34 pr.); zu Julian Fall 70 (D 41, 1, 36).

Fall 71

    Evans-Jones/MacCormack (Fall 70) 102 ff.
    Wimmer (Fall 19) 43 f.
    Harke (Fall 43) 104 ff.
    Meissel (Fall 70) 62 ff.

B. Usucapio

a) Reversio in potestatem (Interpretation der lex Atinia)

D 41, 3, 4, 6 (Paulus libro quinquagesimo quarto ad edictum)

Quod autem dicit lex Atinia, ut res furtiva non usucapiatur, nisi in potestatem eius, cui subrepta est, revertatur, sic acceptum est, ut in domini potestatem debeat reverti, non in eius utique, cui subreptum est. igitur creditori subrepta et ei, cui commodata est, in potestatem domini redire debet.

Übersetzung: (Paulus im 54. Buch seines Ediktskommentars)*)

Was aber die *lex Atinia* sagt, dass nämlich eine gestohlene Sache nicht ersessen wird, solange sie nicht in die Gewalt dessen zurückkehrt, dem sie gestohlen worden ist, wird so ausgelegt, dass sie in die Gewalt des Eigentümers, nicht lediglich in die des Bestohlenen zurückkehren muss. Also muss eine Sache, die dem (Pfand-)Gläubiger oder dem Entleiher gestohlen worden ist, in die Gewalt des Eigentümers zurückkehren.

Bemerkungen zum Text:

Der römische Autor Aulus Gellius berichtet in seinem Werk Noctes Atticae 17, 7, 1: *Legis veteris Atiniae verba sunt: „Quod subruptum erit, <nisi in potestate eius, cui subruptum est, revertatur> eius rei aeterna auctoritas esto."* (Die *lex Atinia* hat folgenden Wortlaut: „Bezüglich einer Sache, die heimlich weggenommen worden ist, soll die *auctoritas* ewig dauern <sofern sie nicht in die *potestas* dessen zurückkehrt, dem sie weggenommen worden ist>").

Das heißt, ein Verkäufer, der normalerweise für eine manzipierte Sache so lange Gewähr leisten *(auctoritatem praestare)* musste, bis sie der Käufer ersessen hatte, musste bei – unersitzbaren – *res furtivae* zeitlich unbegrenzt für Eviktion haften.

Mit Wendungen wie *sic acceptum* (oder *accipiendum*) *est* (das wird so verstanden, das ist so auszulegen) teilen die Juristen das Ergebnis einer Wortauslegung mit. Da sie dabei den subsumierten Sachverhalt mit dem Wortlaut des Gesetzes oder einer Rechtsregel gleichsetzen, spricht man hier von „identifizierender" Interpretation. Dieses in den Quellen sehr häufige Verfahren tritt auch in Ausdrücken wie *intellegi, esse, videri/videtur, (appellatione) contineri* in Erscheinung. Die Juristen verwenden diese Formulierungen auch bei der Auslegung von Rechtsbegriffen sowie bei der Deutung von Willensäußerungen und faktischem Verhalten von Personen.

Erörterung des Problems.

a) Welche Art der „Auslegung" der *lex* nehmen die Juristen vor?

b) Versuchen Sie, diese „Auslegung" zu begründen.

c) Könnte auch argumentiert werden, durch Rückkehr der Sache zum Pfandgläubiger oder Entleiher finde eine *reversio ad dominum* statt?

d) Liegt eine *reversio ad dominum* vor, wenn die Sache an dessen Sklaven gelangt?

---
*) Zu Autor und Werk s oben Fall 1 (D 41, 2, 3, 1).

Fall 72

Literaturhinweise:
> *Thomas*, The Theftuous Pledgor and the lex Atinia, in St. Scherillo I (1972) 396f.
> *Bělovský*, Usucapio of Stolen Things and Slave Children, RIDA 49 (2002) 60ff.

Fall 73

D 41, 3, 41 (Neratius libro septimo membranarum)

Si rem subreptam mihi procurator meus adprehendit, quamvis per procuratorem possessionem apisci nos iam fere conveniat, nihilo magis eam in potestatem meam redisse usuque capi posse existimandum est, quia contra statui captiosum erit.

Übersetzung: (Neraz im siebenten Buch seiner „Juristischen Skizzen")*)

Wenn mein Prokurator eine Sache wiedererlangt, die mir gestohlen worden war, ist nicht anzunehmen, sie sei in meine Herrschaft zurückgekehrt und könne ersessen werden, obgleich bereits ziemlich allgemein anerkannt ist, dass wir durch einen Prokurator Besitz erlangen. Denn es wäre schädlich, in diesem Fall anders zu entscheiden.

Erörterung des Problems:

a) Wie könnten Neraz und Paulus D 41, 3, 4, 6 (oben Fall 72) zwischen *possessio* und *potestas* unterschieden haben?

b) Worin könnte Neraz die Schädlichkeit einer gegenteiligen Entscheidung erblickt haben?

c) Welche Entscheidung des Juristen würden Sie erwarten, wenn die gestohlene Sache ohne Kenntnis des *dominus* zu seinem Sklaven (mit oder ohne *peculium*) zurückgekehrt ist?

Literaturhinweise:

Watson (Fall 32) 22 ff (= Studies 64 f).

Honoré, A Study on Neratius and a Reflection on Method, TR 43 (1975) 231 f.

Claus (Fall 35) 125 ff.

Krenz (Fall 33) 346 ff.

Klinck (Fall 4) 200 ff.

---

*) Lucius Neratius Priscus (Konsul 87 n. Chr., später Legat von Pannonien) leitete nach Celsus pater die prokulianische Rechtsschule und gehörte dem Consilium Trajans und Hadrians an. Seine Werke sind Sammlungen von Kasuistik (responsa, epistulae, regulae). Die membranae (wörtlich Pergamente, in übertragener Bedeutung wohl „juristische Skizzen") enthalten responsa und quaestiones in 7 Büchern.

Fall 74

D 41, 3, 4, 21 (Paulus libro quinquagensimo quarto ad edictum)

    Si rem pignori datam debitor subripuerit et vendiderit, usucapi eam posse Cassius scribit, quia in potestatem domini videtur pervenisse, qui pignori dederit, quamvis cum eo furti agi potest: quod puto rectius dici.

Übersetzung: (Paulus im 54. Buch seines Ediktskommentars)*)

    Wenn der Schuldner die von ihm verpfändete Sache (zurück) gestohlen und verkauft hat, schreibt Cassius, sie könne ersessen werden, weil sie als in die Gewalt des Eigentümers zurückgelangt gilt, der das Pfand bestellt hat, wenngleich man gegen ihn die Diebstahlsklage erheben kann. Diese Entscheidung halte ich für richtiger.

Bemerkung zum Text:

    Zu *videtur* (gilt) s oben zu Fall 72.

Erörterung des Problems:

a) Wie könnten Cassius und Paulus ihre Entscheidung begründet haben?

b) „*Quod puto rectius dici*" (diese Entscheidung halte ich für richtiger) deutet auf eine Juristenkontroverse hin (vgl *verius*, oben Fall 8). Wie könnte zugunsten der Gegenansicht argumentiert worden sein?

Literaturhinweise:

    Thomas (Fall 72) 397.

    Kaser (Fall 159) 272.

    Bělovský (Fall 72) 68 ff.

---

*) Zu Autor und Werk s oben Fall 1 (D 41, 2, 3, 1); zu Cassius oben Fall 19 (D 41, 2, 21, 3).

Fall 75

D 41, 3, 49 (Labeo libro quinto pithanon a Paulo epitomatorum)

    Si quid est subreptum, id usucapi non potest, antequam in domini potestatem pervenerit. Paulus: immo forsitan et contra: nam si id, quod mihi pignori dederis, subripueris, erit ea res furtiva facta: sed simul atque in meam potestatem venerit, usucapi poterit.

Übersetzung: (Labeo im fünften Buch des von Paulus herausgegebenen Auszuges aus seinen Pithana)*)

    Wenn etwas gestohlen worden ist, kann es nicht ersessen werden, solange es nicht in die *potestas* des Eigentümers gelangt ist. Paulus: Vielleicht auch umgekehrt. Denn wenn du mir eine Sache verpfändest und sie dann stiehlst, wird sie zur *res furtiva:* Doch sobald sie (wieder) in meine Gewalt gelangt ist, kann sie ersessen werden.

Erörterung des Problems:

    Erörtern Sie das Verhältnis dieser Stelle zu Paul. D 41, 3, 4, 6 (oben Fall 72) und Paul. D 41, 3, 4, 21 (oben Fall 74).

Literaturhinweise:
    Thomas (Fall 72) 396 f.
    Bělovský (Fall 72) 64 ff.

---

*) Zu Autor und Werk s oben Fall 37 (D 41, 1, 65 pr.).

Fall 76

D 41, 3, 4, 10 (Paulus libro quinquagensimo quarto ad edictum)

Si rem, quam apud te deposueram, lucri faciendi causa vendideris, deinde ex paenitentia redemeris et eodem statu habeas: sive ignorante me sive sciente ea gesta sint, videri in potestatem meam redisse secundum Proculi sententiam, quae et vera est.

Übersetzung: (Paulus im 54. Buch seines Ediktskommentars)*)

Wenn du eine Sache, die ich bei dir hinterlegt habe, in Gewinnabsicht verkauft, dann aus Reue zurückgekauft und wie vorher innehast, gilt sie als in meine Gewalt zurückgekehrt, gleichgültig ob ich von diesen Vorgängen Kenntnis gehabt habe oder nicht. Das ist die Ansicht von Proculus, die auch die richtige ist.

Bemerkung zum Text:

Zu *videri* (gilt) s oben zu Fall 72.

Erörterung des Problems:

a) Der Depositar verkauft die hinterlegte Sache und kauft sie später aus Reue zurück. Nach seinem Tod verkauft sie sein Erbe an einen gutgläubigen Erwerber. Kann dieser ersitzen?

b) Vergleichen Sie die Entscheidung von Proculus und Paulus mit Paulus D 41, 3, 4, 6 (oben Fall 72). Kann man den Widerspruch durch Sachverhaltsdifferenzierung oder nur durch Interpolationsannahme auflösen?

Literaturhinweis:

Bělovský (Fall 72) 73 f.

---

*) Zu Autor und Werk s oben Fall 1 (D 41, 2, 3, 1); zu Proculus oben Fall 9 (D 41, 1, 55).

Fall 77

D 41, 3, 4, 12 (Paulus libro quinquagensimo quarto ad edictum)

Tunc in potestatem domini redisse dicendum est, cum possessionem eius nactus sit iuste, ut avelli non possit, sed et tamquam suae rei: nam si ignorans rem mihi subreptam emam, non videri in potestatem meam reversam.

Übersetzung: (Paulus im 54. Buch seines Ediktskommentars)*)

Es ist zu sagen, eine Sache sei dann in die Gewalt des Eigentümers zurückgekehrt, wenn er den Besitz fehlerfrei erlangt hat, sodass er ihm nicht entzogen werden kann. Doch er muss ihn auch im Bewusstsein erlangt haben, dass es sich um seine eigene Sache handelt. Wenn ich nämlich unwissend eine mir gestohlene Sache kaufe, gilt sie nicht als in meine Gewalt zurückgekehrt.

Bemerkung zum Text:

Zu *videri* (gilt) s oben zu Fall 72.

Erörterung des Problems:

a) Welche Art von Auslegung nimmt Paulus hier vor?
b) Vergleichen Sie das hier aufgestellte Erfordernis der Fehlerfreiheit der *reversio* mit Cassius/Paulus D 41, 3, 4, 25 (unten Fall 78) sowie Cassius/Paulus D 41, 3, 4, 21 (oben Fall 74) und Paulus D 41, 3, 49 (oben Fall 75).

Literaturhinweis:

Bělovský (Fall 72) 71 f.

---

*) Zu Autor und Werk s oben Fall 1 (D 41, 2, 3, 1).

Fall 78

D 41, 3, 4, 25 (Paulus libro quinquagensimo quarto ad edictum)

    Si dominus fundi possessorem vi deiecerit, Cassius ait non videri in potestatem eius redisse, quando interdicto unde vi restituturus sit possessionem.

Übersetzung: (Paulus im 54. Buch seines Ediktskommentars)*)

    Wenn der Eigentümer des Grundstücks den Besitzer gewaltsam vertrieben hat, sagt Cassius, das Grundstück gelte nicht in seine Gewalt zurückgekehrt, solange er auf Grund des *interdictum unde vi* den Besitz zurückgeben müsse.

Bemerkung zum Text:
    Zu *videri* (gelte) s oben zu Fall 72.

Erörterung des Problems:

a) Fällt dieser Sachverhalt in den Anwendungsbereich der *lex Atinia*?

b) Überlegen und begründen Sie das Verhältnis dieser Entscheidung zu Cassius/Paulus D 41, 3, 4, 21 (Fall 74).

c) Der Eigentümer A hat den Besitz an seinem Grundstück an den Eindringling B verloren. Der nunmehrige Besitzer B wird nach einiger Zeit von A gewaltsam vertrieben. Dann tritt ein bösgläubiger Dritter (C) auf und verkauft und übergibt das Grundstück an den gutgläubigen Erwerber D. Kann D ersitzen?

d) Der Eigentümer A wird von B aus seinem Grundstück vertrieben. B gibt den Besitz an C weiter. A vertreibt sodann C. Hat eine *reversio ad dominum* stattgefunden?

Literaturhinweise:
    Thomas (Fall 72) 397 f.
    Manthe (Fall 19) 94 ff.

---

*) Zu Autor und Werk s oben Fall 1 (D 41, 2, 3, 1); zu Cassius oben Fall 19 (D 41, 2, 21, 3).

Fall 79

D 41, 3, 4, 13 und 14 (Paulus libro quinquagensimo quarto ad edictum)

(13) Sed et si vindicavero rem mihi subreptam et litis aestimationem accepero, licet corporaliter eius non sim nactus possessionem, usucapietur.

(14) Idem dicendum est etiam, si voluntate mea alii tradita sit.

Übersetzung: (Paulus im 54. Buch seines Ediktskommentars)*)

(13) Aber auch wenn ich die mir gestohlene Sache vindiziere und den Streitwert in Geld empfange, kann die Sache ersessen werden, obwohl ich nicht körperlich ihren Besitz erlangt habe.

(14) Dasselbe ist zu sagen, wenn die Sache mit meinem Einverständnis einem anderen übergeben worden ist.

Erörterung des Problems:

a) Wer soll im ersten Fall die Sache ersitzen?

b) Bilden Sie ein konkretes Beispiel zur Verdeutlichung des zweiten Falles.

c) Wie interpretiert Paulus in den beiden Fällen den Begriff *reversio*?

---

*) Zu Autor und Werk s oben Fall 1 (D 41, 2, 3, 1).

Fall 80

b) Bona fides

D 50, 16, 109 (Modestinus libro quinto pandectarum)

,Bonae fidei emptor' esse videtur, qui ignoravit eam rem alienam esse, aut putavit eum qui vendidit ius vendendi habere, puta procuratorem aut tutorem esse.

Übersetzung: (Modestin im fünften Buch seiner Pandekten)*)

Als „gutgläubiger Käufer" gilt jemand, der nicht wusste, dass es sich um eine fremde Sache handelt, oder der glaubte, der Verkäufer habe ein Verkaufsrecht, zB er sei Prokurator oder Tutor.

Bemerkung zum Text:

Zu *videtur* (gilt) s oben zu Fall 72.

Erörterung des Problems:

a) Gaius Inst. 2, 43 versteht *bona fides* als Glauben an das Eigentum des Veräußerers. Inwiefern geht die Definition Modestins über diesen „Normalfall" hinaus?

b) Ist nach Modestin ein Käufer *bona fide*, wenn er am Eigentum des Verkäufers zweifelt?

Vgl dazu:

§ 1460 ABGB
Zur Ersitzung wird nebst der Fähigkeit der Person und des Gegenstandes erfordert: daß jemand die Sache oder das Recht, die auf diese Art erworben werden sollen, wirklich besitze; daß sein Besitz rechtmäßig, redlich und echt sei, und durch die ganze von dem Gesetze bestimmte Zeit fortgesetzt werde (§§ 309, 316, 326 und 345).

§ 326 ABGB
Wer aus wahrscheinlichen Gründen die Sache, die er besitzt, für die seinige hält, ist ein redlicher Besitzer. Ein unredlicher Besitzer ist derjenige, welcher weiß oder aus den Umständen vermuten muß, daß die in seinem Besitze befindliche Sache einem andern zugehöre. Aus Irrtum in Tatsachen oder aus Unwissenheit der gesetzlichen Vorschriften kann man ein unrechtmäßiger (§ 316) und doch ein redlicher Besitzer sein.

§ 368 ABGB
(1) Der Besitzer ist redlich, wenn er weder weiß noch vermuten muss, dass die Sache nicht dem Veräußerer gehört. Beim Erwerb von einem Unternehmer im gewöhnlichen Betrieb seines Unternehmens genügt der gute Glaube an die Befugnis des Veräußerers, über die Sache zu verfügen.
(2) Beweist der Eigentümer, dass der Besitzer aus der Natur der Sache, aus ihrem auffällig geringen Preis, aus den ihm bekannten persönlichen Eigenschaften seines Vormanns, aus dessen Unternehmen oder aus anderen Umständen einen gegrün-

---

*) Herennius Modestinus war Schüler Ulpians und der letzte bedeutende Klassiker. Gegen 240 n. Chr. hat er das Amt des praefectus vigilum in Rom bekleidet. Neben Fallsammlungen (12 libri pandectarum, 19 libri responsorum) hat Modestin didaktische Literatur (10 Bücher regulae, 9 Bücher differentiae) und eine Reihe von Monographien verfasst.

deten Verdacht hätte schöpfen müssen, so hat der Besitzer die Sache dem Eigentümer zu überlassen.

§ 937 BGB
I   Wer eine bewegliche Sache zehn Jahre im Eigenbesitze hat, erwirbt das Eigentum (Ersitzung).
II Die Ersitzung ist ausgeschlossen, wenn der Erwerber bei dem Erwerbe des Eigenbesitzes nicht in gutem Glauben ist oder wenn er später erfährt, daß ihm das Eigentum nicht zusteht.

§ 932 II BGB
Der Erwerber ist nicht in gutem Glauben, wenn ihm bekannt oder infolge grober Fahrlässigkeit unbekannt ist, daß die Sache nicht dem Veräußerer gehört.

Literaturhinweis:
Söllner, Bona fides – guter Glaube? ZSS 122 (2005) 29.

Fall 81

D 41, 3, 24 pr. (Pomponius libro vicensimo quarto ad Quintum Mucium)

Ubi lex inhibet usucapionem, bona fides possidenti nihil prodest.

Übersetzung: (Pomponius im 24. Buch seines Kommentars zum *ius civile* des Quintus Mucius)*)

Wo ein Gesetz die Ersitzung verbietet, nützt die *bona fides* dem Besitzer nichts.

Erörterung des Problems:

a) Welche Gesetze könnten hier gemeint sein?

b) Der Dieb A verkauft an den gutgläubigen B, dieser an den gutgläubigen C. Kann C ersitzen?

Literaturhinweis:
Mayer-Maly, Das Putativtitelproblem bei der usucapio (1962) 143.

---

*) Zu Autor und Werk s oben Fall 29 (D 41, 1, 21 pr.).

Fall 82

D 41, 3, 12 (Paulus libro vicensimo primo ad edictum)

Si ab eo emas, quem praetor vetuit alienare, idque tu scias, usucapere non potes.

Übersetzung: (Paulus im 21. Buch seines Ediktskommentars)*)

Wenn du von jemandem kaufst, über den der Prätor ein Veräußerungsverbot verhängt hat, und du das weißt, kannst du nicht ersitzen.

Erörterung des Problems:

a) Der Prätor hat gegen einen Verschwender oder Vorbehaltserben zum Schutz der Angehörigen bzw Gläubiger ein Veräußerungsverbot erlassen. Jemand kauft in Unkenntnis des Verbotes von einer dieser Personen eine Sache. Welche Rechtsfolgen treten ein?

b) Titius kauft in Unkenntnis der *lex Atinia* eine gestohlene Sache, die er für das Eigentum des Verkäufers ansieht. Rechtsfolge?

c) Welche Erwägungen könnten Sie zur Begründung der Entscheidungen unter a) und b) anstellen?

Literaturhinweise:

Hausmaninger, Die bona fides des Ersitzungsbesitzers im klassischen römischen Recht (1964) 38 f.

Wimmer (Fall 19) 10.

---

*) Zu Autor und Werk s oben Fall 1 (D 41, 2, 3, 1).

Fall 83

D 22, 6, 9, 4 (Paulus libro singulari de iuris et facti ignorantia)

Qui ignoravit dominum esse rei venditorem, plus in re est, quam in existimatione mentis: et ideo, tametsi existimet se non a domino emere, tamen, si a domino ei tradatur, dominus efficitur.

Übersetzung: (Paulus in seiner Monographie über Rechts- und Tatsachenirrtum)*)

Wenn jemand nicht wusste, dass der Verkäufer der Sache Eigentümer ist, kommt es mehr auf die objektive Sachlage als auf die subjektive Meinung an. Obwohl er also glaubt, nicht vom Eigentümer zu kaufen, wird er dennoch Eigentümer, wenn ihm die Sache tatsächlich vom Eigentümer übergeben wird.

Bemerkung zum Text:

Statt *qui* sollte besser *si emptor* stehen.

Erörterung des Problems:

Bilden Sie einen plausiblen Beispielsfall und erläutern Sie die Entscheidung.

Literaturhinweise:

Hausmaninger (Fall 82) 79 f.

Wacke, Plus est in re quam in existimatione, TR 64 (1996) 315 ff.

Harke, Error in dominio? ZSS 121 (2004) 149 ff.

---

*) Zu Paulus s oben Fall 1 (D 41, 2, 3, 1). Seine zahlreichen kleinen Spezialabhandlungen sind zT spätere Ausgliederungen aus umfassenderen Werken, insb aus dem Ediktskommentar. Aus der hier zitierten Monographie zum Rechts- und Tatsachenirrtum ist nur ein einziges Fragment überliefert.

Fall 84

D 41, 3, 32, 1 (Pomponius libro trigensimo secundo ad Sabinum)

Si quis id, quod possidet, non putat sibi per leges licere usucapere, dicendum est, etiamsi erret, non procedere tamen eius usucapionem, vel quia non bona fide videatur possidere vel quia in iure erranti non procedat usucapio.

Übersetzung: (Pomponius im 32. Buch seines Kommentars zum *ius civile* des Sabinus)*)

Wenn jemand glaubt, er dürfe das, was er besitzt, auf Grund der Gesetze nicht ersitzen, so ist zu sagen, er könne auch nicht ersitzen, wenn er irrtümlich dieser Meinung ist; sei es, weil er nicht als gutgläubiger Besitzer gilt, sei es, weil es bei Rechtsirrtum keine Ersitzung gibt.

Bemerkungen zum Text:

Während ein Tatsachenirrtum *(error facti)* unter Umständen entschuldbar sein und zugunsten des Irrenden wirken kann, ist mangelnde Rechtskenntnis (Rechtsirrtum) grundsätzlich kein Entschuldigungsgrund: *error iuris nocet* (Rechtsirrtum schadet). Vgl Paulus D 22, 6, 9, pr. *regula est iuris quidem ignorantiam cuique nocere, facti vero ignorantiam non nocere* ... (es besteht eine Rechtsregel, wonach Rechtsirrtum schadet, Tatsachenirrtum jedoch nicht schadet ...). Im nachklassischen Recht wird die strenge Regel zugunsten bestimmter Personengruppen gemildert, denen volle Rechtskenntnis nicht zugemutet wird (zB Jugendliche, Frauen, Bauern, Soldaten).

Erörterung des Problems:

a) Könnte Pomponius an einen Fall denken, in dem der Besitzer die Sache irrtümlich für gestohlen hält?

b) Wie steht Pomponius zum Satz *plus est in re quam in existimatione* (D 22, 6, 9, 4 oben Fall 83)? Charakterisieren Sie seine Auffassung von der *bona fides*.

Literaturhinweise:

Hausmaninger (Fall 82) 72 ff.

Bauer, Ersitzung und Bereicherung im klassischen römischen Recht (1988) 58 ff.

Wacke (Fall 83) 334 ff.

Söllner (Fall 80) 19.

---

*) Zu Autor und Werk s oben Fall 29 (D 41, 1, 21 pr.).

Fall 85

D 41, 4, 8 (Iulianus libro secundo ex Minicio)

Si quis, cum sciret venditorem pecuniam statim consumpturum, servos ab eo emisset, plerique responderunt eum nihilo minus bona fide emptorem esse, idque verius est: quomodo enim mala fide emisse videtur, qui a domino emit? nisi forte et is, qui a luxurioso et protinus scorto daturo pecuniam servos emit, non usucapiet.

Übersetzung: (Julian im zweiten Buch zu Minicius)*)

Wenn jemand, obwohl er weiß, dass der Verkäufer das Geld sofort verbrauchen wird, von diesem Sklaven gekauft hat, haben die meisten Juristen entschieden, er sei dennoch ein gutgläubiger Käufer, und das ist auch richtiger: Wie sollte denn jemand als bösgläubiger Käufer angesehen werden, der vom Eigentümer gekauft hat? Es sei denn, es sollte auch derjenige nicht ersitzen, der von einem verschwenderischen jungen Mann Sklaven gekauft hat, der das Geld sogleich einer Prostituierten geben wird.

Erörterung des Problems:

a) Die Sachverhaltsdarstellung Julians ist unvollständig. Glauben Sie, dass der Käufer den Verkäufer irrtümlich für einen *prodigus* hält? Oder dass der Verkäufer tatsächlich ein entmündigter Verschwender ist, der Käufer von diesem Umstand jedoch keine Kenntnis hatte?

b) *Plerique* und *verius est* (s oben Fall 8) deuten eine Kontroverse an. Worüber könnten die Juristen verschiedener Meinung gewesen sein?

c) Interpretieren Sie den Satz „*quomodo enim mala fide emisse videtur, qui a domino emit?*"

d) Wie ist Julians *argumentum ad absurdum* (s oben Fall 34) „*nisi forte et is . . .*" zu verstehen?

e) Vergleichen Sie die Auffassung Julians von der *bona fides* mit der anderer Juristen.

Antworten:

a) Ersteres. Ein interdizierter Verschwender ist verfügungsunfähig, Julian hätte ihn nicht ohne weiteres als *dominus* bezeichnet.

b) Ob die subjektive Meinung des Erwerbers (vgl Pomp. D 41, 3, 32, 1 oben Fall 84) oder die objektiven Umstände (*plus est in re quam in existimatione,* vgl Paul. D 22, 6, 9, 4 oben Fall 83) ausschlaggebend sein sollen.

c) Die Frage nach der *bona fides* ist dann irrelevant, wenn letztere nicht zur Überbrückung bestimmter Erwerbsmängel erforderlich ist.

d) Offenbar hat niemand die *usucapio* verweigert, wenn der Käufer weiß, dass der Verkäufer den Kaufpreis sofort unmoralischen Zwecken zuführen wird. Daher wäre auch im vorliegenden Fall eine ethisierende Betrachtung der *bona fides* inkonsequent.

e) Funktioneller *bona fides*-Begriff wie Paulus (Fall 83), anders als Pomponius (Fall 84).

---

*) Zu Autor und Werk s oben Fall 70 (D 41, 1, 36).

Literaturhinweise:
>Sirks, Der Playboy im römischen Recht, in FS Mayer-Maly (2002) 715f.
>Söllner (Fall 80) 4f.

Fall 86

D 41, 4, 2, 15 (Paulus libro quinquagensimo quarto ad edictum)

Si a pupillo emero sine tutoris auctoritate, quem puberem esse putem, dicimus usucapionem sequi, ut hic plus sit in re quam in existimatione: quod si scias pupillum esse, putes tamen pupillis licere res suas sine tutoris auctoritate administrare, non capies usu, quia iuris error nulli prodest.

Übersetzung: (Paulus im 54. Buch seines Ediktskommentars)*)

Wenn ich von einem Mündel, das ich für mündig halte, ohne *auctoritas tutoris* kaufe, so sagen wir, dass die Ersitzung stattfinden könne, damit es hier mehr auf die (objektiven) Tatsachen als auf die (subjektive) Meinung ankomme: Wenn du aber weißt, dass es ein Mündel ist, jedoch glaubst, Mündel könnten ihr Vermögen ohne *auctoritas tutoris* verwalten, ersitzt du nicht, weil ein Rechtsirrtum niemandem nützt.

Bemerkung zum Text:

Zum *error iuris* s oben zu Fall 84.

Lebensalter und Geschäftsfähigkeit:

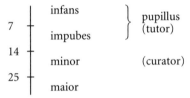

Erörterung des Problems:

a) Die Begründung *plus in re est, quam in existimatione* passt nicht zur Entscheidung des Paulus. Wahrscheinlich ist zwischen *sequi* und *ut* Text ausgefallen. Halten Sie für möglich, dass die Kompilatoren vor der Begründung einen Fall *(item si a minore emero, quem pupillum esse putem)* gestrichen haben?

b) Jemand kauft von einem 13jährigen *pupillus* eine Sache. Er denkt dabei: „Der Verkäufer kommt mir etwas jung vor. Zur Sicherheit werde ich ihn nicht nach seinem Alter fragen". Kann der Käufer ersitzen?

c) Welche Argumente sprechen für und gegen die Zulassung der *usucapio* nach gutgläubigem Erwerb von Geschäftsunfähigen (insb *pupillus* und *furiosus*)?

Literaturhinweise:

Hausmaninger (Fall 82) 29 f.

Mayer-Maly (Fall 81) 103 ff.

Bauer (Fall 84) 136 f.

Wacke (Fall 83) 333 f.

---

*) Zu Autor und Werk s oben Fall 1 (D 41, 2, 3, 1).

Fall 87

c) Putativtitel

D 41, 10, 5 (Neratius libro quinto membranarum)

(pr.) Usucapio rerum, etiam ex aliis causis concessa interim, propter ea, quae nostra existimantes possideremus, constituta est, ut aliquis litium finis esset.

(1) Sed id, quod quis, cum suum esse existimaret, possederit, usucapiet, etiamsi falsa fuerit eius existimatio. quod tamen ita interpretandum est, ut probabilis error possidentis usucapioni non obstet, veluti si ob id aliquid possideam, quod servum meum aut eius, cuius in locum hereditario iure successi, emisse id falso existimem, quia in alieni facti ignorantia tolerabilis error est.

Übersetzung: (Neraz im fünften Buch seiner „Juristischen Skizzen")*)

(pr.) Die Ersitzung, inzwischen auch aus anderen Gründen zugelassen, ist ursprünglich wegen jener Sachen eingeführt worden, die wir in der Meinung besitzen, dass sie uns gehören, damit einmal der Streit ein Ende finde.

(1) Doch das, was jemand in der Meinung besitzt, es sei sein Eigentum, kann er ersitzen, obgleich seine Meinung falsch war. Was allerdings so auszulegen ist, dass ein entschuldbarer Irrtum des Besitzers der Ersitzung nicht im Wege steht, zB wenn ich fälschlich der Meinung bin, dass mein Sklave oder ein Sklave desjenigen, an dessen Stelle ich kraft Erbrechtes gerückt bin, die Sache gekauft habe. Denn in der Unkenntnis fremden Verhaltens liegt ein entschuldbarer Irrtum.

Erörterung des Problems:

a) Neraz versucht eine historische Perspektive zu geben: Welche Ersitzungsfälle sieht er als zeitlich früher entstanden an (wann?), welche als später hinzugekommen?
b) Halten Sie diese Auffassung des Neraz für richtig? Wie stellt man sich heute die Entwicklung der *usucapio* vor?
c) Über welche Eigentumserwerbsvoraussetzung irrt hier der Ersitzungsbesitzer?
d) Sagt Neraz, nur ein entschuldbarer Irrtum könne als *bona fides* gelten?

Literaturhinweise:

Mayer-Maly (Fall 81) 54 ff.
Hausmaninger (Fall 82) 44 ff.
Greiner, Opera Neratii (1973) 41 ff.
Bauer (Fall 84) 80 ff.
Harke (Fall 83) 147 f.

---

*) Zu Autor und Werk s oben Fall 73 (D 41, 3, 41).

Fall 88

D 41, 10, 3 (Pomponius libro vicensimo secundo ad Sabinum)

Hominem, quem ex stipulatione te mihi debere falso existimabas, tradidisti mihi: si scissem mihi nihil debere, usu eum non capiam: quod si nescio, verius est, ut usucapiam, quia ipsa traditio ex causa, quam veram esse existimo, sufficit ad efficiendum, ut id quod mihi traditum est pro meo possideam. et ita Neratius scripsit idque verum puto.

Übersetzung: (Pomponius im 22. Buch seines Kommentars zum *ius civile* des Sabinus)*)

Du hast mir einen Sklaven übergeben, den du mir irrtümlich auf Grund einer Stipulation zu schulden meintest: Wenn ich weiß, dass du mir nichts schuldest, kann ich ihn nicht ersitzen; wenn ich es nicht weiß, ist es richtiger, dass ich ersitze, denn die *traditio* auf Grund einer *causa*, die ich für gültig halte, genügt, um zu bewirken, dass ich das, was mir übergeben worden ist, *pro meo* besitze. So schreibt Neratius, und das halte ich für richtig.

Erörterung des Problems:

a) *Verius est* könnte eine Kontroverse andeuten (vgl oben Fall 8). Wie hätte dann die Gegenmeinung gelautet?
b) Diskutieren Sie das Verhältnis dieses Textes zu Neraz D 41, 10, 5, 1 (oben Fall 87).

Literaturhinweise:

Mayer-Maly (Fall 81) 62 ff.
Hausmaninger (Fall 82) 46 ff.
Bauer (Fall 84) 126 ff.

---

*) Zu Autor und Werk s oben Fall 29 (D 41, 1, 21 pr.); zu Neraz oben Fall 73 (D 41, 3, 41).

Fall 89

D 41, 4, 2, 6 (Paulus libro quinquagensimo quarto ad edictum)

Cum Stichum emissem, Dama per ignorantiam mihi pro eo traditus est. Priscus ait usu me eum non capturum, quia id, quod emptum non sit, pro emptore usucapi non potest: sed si fundus emptus sit et ampliores fines possessi sint, totum longo tempore capi, quoniam universitas eius possideatur, non singulae partes.

Übersetzung: (Paulus im 54. Buch seines Ediktskommentars)*)

Als ich Stichus gekauft hatte, wurde mir irrtümlich an seiner Stelle Dama übergeben. Priscus sagt, ich könne ihn nicht ersitzen, weil das, was nicht gekauft worden ist, auch nicht *pro emptore* ersessen werden kann. Wenn jedoch ein Grundstück gekauft und ein größeres Gebiet in Besitz genommen worden ist, kann man das ganze Gebiet ersitzen, weil es als Ganzes besessen wird, nicht in einzelnen Teilen.

Erörterung des Problems:

a) Kann mit Priscus der Jurist Neratius Priscus (vgl oben Fall 87, D 41, 10, 5, 1 und Fall 88, D 41, 10, 3) gemeint sein?

b) Anerkennt Paulus bezüglich des Grundstückes eine Putativtitelersitzung?

Literaturhinweis:

Mayer-Maly, Der Ersitzungsbesitz am Sachbestandteil, SDHI 26 (1960) 187.

Klingenberg, Die Ersitzung von partes fundi, in Ius Romanum schola sapientiae – FS Blaho (2009) 213 ff.

---

*) Zu Autor und Werk s oben Fall 1 (D 41, 2, 3, 1).

Fall 90

D 41, 4, 11 (Africanus libro septimo quaestionum)

Quod volgo traditum est eum, qui existimat se quid emisse nec emerit, non posse pro emptore usucapere, hactenus verum esse ait, si nullam iustam causam eius erroris emptor habeat: nam si forte servus vel procurator, cui emendam rem mandasset, persuaserit ei se emisse atque ita tradiderit, magis esse, ut usucapio sequatur.

Übersetzung: (Africanus im siebenten Buch seiner Rechtsfragen)*)

Wenn gemeinhin gesagt wird, jemand, der nur glaubt gekauft zu haben, tatsächlich aber nicht gekauft hat, könne nicht *pro emptore* ersitzen, so ist das nach Julian dann richtig, wenn der Käufer keinen gerechtfertigten Grund für seinen Irrtum hat. Wenn ihm allerdings zB ein Sklave oder ein Prokurator, dem er den Kauf der Sache aufgetragen hat, einredet, er habe gekauft, und ihm dann die Sache übergibt, sei eher zu entscheiden, dass die Ersitzung zulässig ist.

Bemerkung zum Text:

Zu *volgo traditum* siehe *vulgo dictum* oben zu Fall 32.

Erörterung des Problems:

a) Formulieren Sie Sachverhalt und Rechtsfrage.

b) Wie begründet Africanus die Zulassung der Ersitzung? War seine Meinung unbestritten?

c) Überlegen Sie, was aus den bisher erörterten Texten über Zulässigkeit und Konstruktion der Putativtitelersitzung ausgesagt werden kann. Welcher neue Aspekt ergibt sich aus D 41, 4, 11?

Literaturhinweise:

Hausmaninger (Fall 82) 66 ff.

Mayer-Maly (Fall 81) 30 ff.

---

*) Sextus Caecilius Africanus war Schüler Julians und dürfte in seinen 9 Büchern quaestiones (131 Exzerpte in den Digesten) weitgehend Entscheidungen Julians wiedergeben.

Fall 91

D 41, 3, 27 (Ulpianus libro trigensimo primo ad Sabinum)

Celsus libro trigensimo quarto errare eos ait, qui existimarent, cuius rei quisque bona fide adeptus sit possessionem, pro suo usucapere eum posse nihil referre, emerit nec ne, donatum sit nec ne, si modo emptum vel donatum sibi existimaverit, quia neque pro legato neque pro donato neque pro dote usucapio valeat, si nulla donatio, nulla dos, nullum legatum sit. idem et in litis aestimatione placet, ut, nisi vere quis litis aestimationem subierit, usucapere non possit.

Übersetzung: (Ulpian im 31. Buch seines Kommentars zum *ius civile* des Sabinus)*)

Celsus sagt im 34. Buch, jene seien im Irrtum, die da glaubten, man könne eine Sache, an der man gutgläubig Besitz erworben habe, einfach *pro suo* ersitzen, und es sei unerheblich, ob man sie gekauft habe oder nicht, ob sie geschenkt worden sei oder nicht, wenn man bloß der Meinung gewesen sei, die Sache sei gekauft oder geschenkt worden. Denn man könne weder *pro legato* noch *pro donato* noch *pro dote* gültig ersitzen, wenn keine Schenkung, keine Dos, kein Legat vorliegen. Dasselbe gilt auch für die *litis aestimatio*, sodass jemand nicht ersitzen kann, wenn er sich nicht tatsächlich der *litis aestimatio* unterzogen hat.

Erörterung des Problems:

a) Glauben Sie, dass Celsus gegen Neraz D 41, 10, 5 (Fall 87) und D 41, 10, 3 (Fall 88) polemisiert?

b) Hat sich die generelle Ablehnung jedes Putativtitels durch Celsus durchgesetzt?

Literaturhinweise:

Hausmaninger (Fall 82) 48 ff.

Mayer-Maly (Fall 81) 30 ff.

---

*) Zu Autor und Werken s oben Fall 11 (D 18,6, 1, 2): zu Celsus oben Fall 2 (D 41, 2, 18, 2).

Fall 92

D 41, 5, 1 (Pomponius libro trigensimo secundo ad Sabinum)

Pro herede ex vivi bonis nihil usucapi potest, etiamsi possessor mortui rem fuisse existimaverit.

D 41, 5, 3 (Pomponius libro vicensimo tertio ad Quintum Mucium)

Plerique putaverunt, si heres sim et putem rem aliquam ex hereditate esse quae non sit, posse me usucapere.

Übersetzung: (Pomponius im 32. Buch seines Kommentars zum *ius civile* des Sabinus)*)

Pro herede kann aus dem Vermögen eines Lebenden nichts ersessen werden, wenngleich der Besitzer geglaubt hat, die Sache sei Eigentum eines Verstorbenen gewesen.

(Pomponius im 23. Buch seines Kommentars zum *ius civile* des Q. Mucius)*)

Die meisten Juristen sind der Ansicht, ich könne ersitzen, wenn ich Erbe bin und glaube, eine Sache gehöre zur Erbschaft, die tatsächlich nicht dazugehört.

Bemerkung zum Text:

Zu *plerique* (die meisten) s oben zu Fall 8.

Erörterung des Problems:

a) Erklären Sie, warum Pomponius die Ersitzung einmal ablehnt und einmal zulässt. Beziehen Sie Pomp. D 41, 10, 3 (oben Fall 88) und D 41, 10, 4, 2 (unten Fall 93) in Ihre Erwägungen ein.

b) Kann jemand, der weiß, dass er nicht Erbe ist, einen Nachlassgegenstand *pro herede* ersitzen?

Literaturhinweise:

Mayer-Maly (Fall 81) 71 f.
Bauer (Fall 84) 65 ff, 100 ff.

---

*) Zu Autor und Werken s oben Fall 29 (D 41, 1, 21 pr.); zu Q. Mucius Scaevola unten Fall 133 (D 43, 24, 1, 5).

Fall 93

D 41, 8, 2 (Paulus libro quinquagensimo quarto ad edictum)

Si possideam aliquam rem, quam putabam mihi legatam, cum non esset, pro legato non usucapiam:

D 41, 8, 3 (Papinianus libro vicensimo tertio quaestionum)

non magis quam si quis emptum existimet, quod non emerit.

D 41, 10, 4, 2 (Pomponius libro trigensimo secundo ad Sabinum)

Quod legatum non sit, ab herede tamen perperam traditum sit, placet a legatario usucapi, quia pro suo possidet.

Übersetzung: (Paulus im 54. Buch seines Ediktskommentars)*)

Wenn ich eine Sache besitze, von der ich annehme, sie sei mir vermacht worden, obwohl sie es nicht ist, werde ich nicht *pro legato* ersitzen:

(Papinian im 23. Buch seiner Rechtsfragen)**)

nicht anders, als wenn jemand etwas für gekauft hält, das er nicht gekauft hat.

(Pomponius im 32. Buch seines Kommentars zu Sabinus)***)

Was nicht vermacht ist, jedoch vom Erben irrtümlich übergeben wird, wird nach herrschender Lehre vom Legatar ersessen, da dieser *pro suo* besitzt.

Bemerkung zum Text:

Zu *placet* (nach herrschender Lehre) s oben zu Fall 36.

Erörterung des Problems:

Interpretieren Sie die Entscheidungen der drei Juristen im Lichte der Fälle 87 bis 92.

Literaturhinweise:

Mayer-Maly (Fall 81) 66 ff, 85.
Bauer (Fall 84) 94 ff, 131 ff.

---

*) Zu Autor und Werk oben Fall 1 (D 41, 2, 3, 1).
**) Zu Autor und Werk oben Fall 5 (D 18, 1, 74).
***) Zu Autor und Werk oben Fall 29 (D 41, 1, 21 pr.).

Fall 94

C. Occupatio durch Jagd und Fischfang

D 41, 1, 1 (Gaius libro secundo rerum cottidianarum sive aureorum)

(pr.) Quarundam rerum dominium nanciscimur iure gentium, quod ratione naturali inter omnes homines peraeque servatur, quarundam iure civili, id est iure proprio civitatis nostrae. et quia antiquius ius gentium cum ipso genere humano proditum est, opus est, ut de hoc prius referendum sit.

(1) Omnia igitur animalia, quae terra mari caelo capiuntur, id est ferae bestiae et volucres pisces, capientium fiunt:

D 41, 1, 2 (Florentinus libro sexto institutionum)

vel quae ex his apud nos sunt edita.

D 41, 1, 3 (Gaius libro secundo rerum cottidianarum sive aureorum)

(pr.) Quod enim nullius est, id ratione naturali occupanti conceditur.

(1) Nec interest quod ad feras bestias et volucres, utrum in suo fundo quisque capiat an in alieno. plane qui in alienum fundum ingreditur venandi aucupandive gratia, potest a domino, si is providerit, iure prohiberi, ne ingrederetur.

(2) Quidquid autem eorum ceperimus, eo usque nostrum esse intellegitur, donec nostra custodia coercetur: cum vero evaserit custodiam nostram et in naturalem libertatem se receperit, nostrum esse desinit et rursus occupantis fit:

D 41, 1, 4 (Florentinus libro sexto institutionum)

nisi si mansuefacta emitti ac reverti solita sunt.

D 41, 1, 5 pr.–2 (Gaius libro secundo rerum cottidianarum sive aureorum)

(pr.) Naturalem autem libertatem recipere intellegitur, cum vel oculos nostros effugerit vel ita sit in conspectu nostro, ut difficilis sit eius persecutio.

(1) Illud quaesitum est, an fera bestia, quae ita vulnerata sit, ut capi possit, statim nostra esse intellegatur. Trebatio placuit statim nostram esse et eo usque nostram videri, donec eam persequamur, quod si desierimus eam persequi, desinere nostram esse et rursus fieri occupantis: itaque si per hoc tempus, quo eam persequimur, alius eam ceperit eo animo, ut ipse lucrifaceret, furtum videri nobis eum commisisse. plerique non aliter putaverunt eam nostram esse, quam si eam ceperimus, quia multa accidere possunt, ut eam non capiamus: quod verius est.

(2) Apium quoque natura fera est: itaque quae in arbore nostra consederint, antequam a nobis alveo concludantur, non magis nostrae esse intelleguntur quam volucres, quae in nostra arbore nidum fecerint. ideo si alius eas incluserit, earum dominus erit.

Fall 94

Übersetzung: (Gaius im zweiten Buch seiner „Jurisprudenz des täglichen Lebens" bzw „Goldenen Rechtsregeln")*)

(pr.) An bestimmten Sachen erwerben wir Eigentum kraft *ius gentium*, das auf Grund der natürlichen Vernunft bei allen Menschen gleichermaßen beachtet wird, an anderen Sachen kraft *ius civile*, das ist das besondere Recht unseres Volkes. Und da einst das *ius gentium* mit dem Menschengeschlecht selbst geschaffen worden ist, ist es angebracht, darüber an erster Stelle zu berichten.

(1) Alle Tiere, die auf der Erde, im Meer oder in der Luft gefangen werden, dh Wild, Vögel und Fische, werden Eigentum derjenigen, die sie fangen,

(Florentinus im sechsten Buch seiner Institutionen)*)

ebenso deren Junge, die bei uns geboren werden.

(Gaius im zweiten Buch seiner „Jurisprudenz des täglichen Lebens" bzw „Goldenen Rechtsregeln")

(pr.) Was nämlich niemandes Eigentum ist, wird kraft natürlicher Vernunft dem Okkupanten zugestanden.

(1) Und es macht bezüglich der wilden Tiere und Vögel keinen Unterschied, ob sie jemand auf eigenem oder fremdem Grundstück fängt. Allerdings kann jemand, der ein fremdes Grundstück in Ausübung der Jagd oder des Vogelfanges betritt, vom Eigentümer, wenn dieser das vorgesehen hat, mit Recht am Betreten gehindert werden.

(2) Was wir von diesen Tieren gefangen haben, gilt als unser Eigentum, solange unser Gewahrsam ausgeübt wird. Wenn das Tier jedoch unserem Gewahrsam entflieht und sich in die natürliche Freiheit zurückbegibt, hört es auf, unser Eigentum zu sein, und kann vom Okkupanten angeeignet werden,

(Florentinus im sechsten Buch seiner Institutionen)

es sei denn, es handelt sich um gezähmte Tiere, die ausgeschickt zu werden und zurückzukehren pflegen.

(Gaius im zweiten Buch seiner „Jurisprudenz des täglichen Lebens" bzw „Goldenen Rechtsregeln")

(pr.) Dass ein wildes Tier seine natürliche Freiheit wiedererlangt hat, ist dann anzunehmen, wenn es entweder unseren Augen entflohen ist oder sich so in unserem Gesichtskreis befindet, dass die Verfolgung schwierig ist.

(1) Es ist fraglich, ob ein wildes Tier, das so verwundet worden ist, dass es gefangen werden kann, sofort Eigentum dessen wird, der es verwundet hat. Trebatius hat die Meinung vertreten, es werde sofort sein Eigentum und bleibe es, solange er es verfolge. Wenn er aber die Verfolgung aufgebe, höre das Tier auf, sein Eigentum zu sein und könne sodann von einem anderen durch *occupatio* erworben werden. Wenn also während der Ver-

---
*) Zu Gaius s oben Fall 6 (D 41, 1, 9, 6). Florentinus hat wie Gaius und Marcian ohne Amt und ohne *ius respondendi* in der Lehre gewirkt. Außer seinem umfangreichen Lehrbuch (12 libri) sind keine Werke bekannt.

135

Fall 94

folgung eines verwundeten Tieres ein anderer dieses in Gewinnabsicht einfange, begehe er einen Diebstahl. Die meisten Juristen sind jedoch der Ansicht, man erwerbe Eigentum erst durch Fangen des Tieres, da vieles geschehen könne, wodurch das Fangen verhindert würde. Und das ist die richtigere Auffassung.

(2) Auch die Natur der Bienen ist wild: Wenn sich daher welche in unserem Baum niedergelassen haben, werden sie, bevor sie von uns in einem Bienenkorb eingeschlossen werden, genauso wenig als unser Eigentum betrachtet wie Vögel, die in unserem Baum ihr Nest gebaut haben. Wenn sie also jemand anderer einschließt, wird er ihr Eigentümer.

Bemerkungen zu den Texten:

Die Kompilatoren haben den Gaiustext, den sie als Einleitung für den Digestentitel 41, 1 verwenden, mehrfach durch ergänzende (durchaus nicht immer wesentliche) Einschübe aus dem Lehrbuch des Florentinus unterbrochen. Zu Gaius D 41, 1, 5, 1s bereits oben Fall 8 im Rahmen der Erörterung des Besitzerwerbs.

Problemerörterung zu D 41, 1, 1–5:

a) Der Grundstückseigentümer verbietet das Betreten seines Waldes, ein Jäger betritt den Wald trotzdem und erlegt ein Tier. Hat er daran Eigentum erworben?

b) Welche Maßnahmen kann der Grundstückseigentümer gegen den Jäger treffen, der gegen das Verbot das Grundstück betritt?

c) Wie kann sich der Jäger (oder Fischer) gegen Störungen der Jagdausübung (oder Fischerei) seitens des Grundstückseigentümers oder Dritter wehren?

d) Unterscheiden Sie wilde – gezähmte – zahme Tiere:
   Wann und wie enden Besitz und Eigentum
   – an entlaufenen Hühnern?
   – an einem Bienenschwarm?
   – an einem Hirsch, der jeden Abend in sein Gehege zurückzukehren pflegt und nun schon drei Tage ausgeblieben ist?

e) Die Schildkröte des Gaius verkriecht sich in einer Dornenhecke oder läuft um die Hausecke: Hat Gaius das Eigentum an ihr verloren? Wie könnte der Satz „*vel oculos nostros effugerit vel ita sit in conspectu nostro, ut difficilis sit eius persecutio*" besser formuliert werden?

f) Die Bienen des A sind geschwärmt und haben sich auf dem Baum des B niedergelassen, A und B haben dies beobachtet. B schließt die Bienen des A in einen Korb ein, bevor A beim Baum eintrifft. Hat B Eigentum an den Bienen erworben?

g) Halten Sie die Gleichbehandlung von Bienenschwarm und Vögeln im Nest bezüglich des Eigentumserwerbs für gerechtfertigt?

h) Ein für den Tierkampf im Amphitheater bestimmter Tiger entkommt, Titius fängt ihn. Hat er Eigentum erworben?

i) Formulieren Sie den Ihrer Meinung nach vernünftigsten Rechtssatz für Besitz- und Eigentumserwerb an wilden Tieren.

Fall 94

Vgl dazu:

§ 381 ABGB
Bei freistehenden Sachen besteht der Titel in der angebornen Freiheit, sie in Besitz zu nehmen. Die Erwerbungsart ist die Zueignung, wodurch man sich einer freistehenden Sache bemächtigt, in der Absicht, sie als die seinige zu behandeln.

§ 384 ABGB
Häusliche Bienenschwärme und andere zahme oder zahm gemachte Tiere sind kein Gegenstand des freien Tierfanges, vielmehr hat der Eigentümer das Recht, sie auf fremdem Grunde zu verfolgen; doch soll er dem Grundbesitzer den ihm etwa verursachten Schaden ersetzen. Im Falle, daß der Eigentümer des Mutterstockes den Schwarm durch zwei Tage nicht verfolgt hat; oder, daß ein zahm gemachtes Tier durch zweiundvierzig Tage von selbst ausgeblieben ist, kann sie auf gemeinem Grunde jedermann; auf dem seinigen der Grundeigentümer für sich nehmen, und behalten.

§ 958 I BGB
Wer eine herrenlose bewegliche Sache in Eigenbesitz nimmt, erwirbt das Eigentum an der Sache.

§ 960 BGB
I Wilde Tiere sind herrenlos, solange sie sich in der Freiheit befinden. Wilde Tiere in Tiergärten und Fische in Teichen oder anderen geschlossenen Privatgewässern sind nicht herrenlos.
II Erlangt ein gefangenes wildes Tier die Freiheit wieder, so wird es herrenlos, wenn nicht der Eigentümer das Tier unverzüglich verfolgt oder wenn er die Verfolgung aufgibt.
III Ein gezähmtes Tier wird herrenlos, wenn es die Gewohnheit ablegt, an den ihm bestimmten Ort zurückzukehren.

§ 961 BGB
Zieht ein Bienenschwarm aus, so wird er herrenlos, wenn nicht der Eigentümer ihn unverzüglich verfolgt oder wenn der Eigentümer die Verfolgung aufgibt.

§ 962 BGB
Der Eigentümer des Bienenschwarmes darf bei der Verfolgung fremde Grundstücke betreten. Ist der Schwarm in eine fremde nicht besetzte Bienenwohnung eingezogen, so darf der Eigentümer des Schwarmes zum Zwecke des Einfangens die Wohnung öffnen und die Waben herausnehmen oder herausbrechen. Er hat den entstehenden Schaden zu ersetzen.

Art 718 ZGB
Eine herrenlose Sache wird dadurch zu Eigentum erworben, dass jemand sie mit dem Willen, ihr Eigentümer zu werden, in Besitz nimmt.

Art 719 ZGB
Gefangene Tiere werden herrenlos [718], wenn sie die Freiheit wieder erlangen und ihr Eigentümer ihnen nicht unverzüglich und ununterbrochen nachforscht und sie wieder einzufangen bemüht ist.
Gezähmte Tiere werden herrenlos, sobald sie wieder in den Zustand der Wildheit geraten und nicht mehr zu ihrem Herrn zurückkehren.

Fall 94

Bienenschwärme werden dadurch, dass sie auf fremden Boden gelangen, nicht herrenlos [700, 725].

Vgl dazu auch:

Ghen v. Rich, US District Court, Massachusetts (1881)

Der Walfänger Ghen erlegte am 9. April in der Nähe von Cape Cod einen Wal. Dieser wurde am 12. April an einem 17 Meilen entfernten Strand angeschwemmt. Der Finder Ellis verkaufte den Wal an den Beklagten Rich, der den Körper des Wals verwertete.

Der Kläger berief sich auf den langjährigen Brauch, Wale mittels Lanzen zu jagen, an denen Explosivkörper befestigt waren. (Eine Jagd mit Harpune käme wegen der Wendigkeit der betreffenden Walart nicht in Frage.) Der getötete Wal sank jeweils auf den Meeresgrund, stieg innerhalb von drei Tagen wieder auf und wurde dann von Schiffen abgeschleppt oder an den Strand geschwemmt. Der Finder verständigte jeweils den – an der Lanze erkennbaren – Eigentümer, der den Wal abholte und dem Finder eine kleine Belohnung zahlte.

Der Richter sprach dem Kläger auf Grund des Brauches Schadenersatz zu, da dieser am Wal Besitz und Eigentum erworben hatte. Er meinte im Übrigen, dass auch ohne Existenz eines Brauches das Common Law zum selben Ergebnis käme: „If the fisherman does all that is possible to do to make the animal his own, that would seem to be sufficient. Such a rule might well be applied in the interest of trade, there being no usage or custom to the contrary."

Literaturhinweise:

Weiss, Das Willensmoment bei der occupatio (Diss. 1955) 13 ff, 22 ff.

Daube, Doves and Bees, in Collected Studies in Roman Law 2 (1991) 899 ff.

McLeod, Wild and Tame Animals and Birds in Roman Law, in Essays for B. Nicholas (1989) 169 ff.

Frier, Bees and Lawyers, Classical Journal 78 (1983) 108.

Knütel, Von schwimmenden Inseln (Fall 8) 565 ff.

Filip-Fröschl, Cervi, qui in silvas ire et redire solent, in FS Mayer-Maly (2002) 198 ff.

Knütel, Wettlauf (Fall 8) 84 ff.

Fall 95

D 41, 2, 3, 14–16 (Paulus libro quinquagensimo quarto ad edictum)

(14) Item feras bestias, quas vivariis incluserimus, et pisces, quos in piscinas coiecerimus, a nobis possideri. sed eos pisces, qui in stagno sint, aut feras, quae in silvis circumseptis vagantur, a nobis non possideri, quoniam relictae sint in libertate naturali: alioquin etiam si quis silvam emerit, videri eum omnes feras possidere, quod falsum est.

(15) Aves autem possidemus, quas inclusas habemus, aut si quae mansuetae factae custodiae nostrae subiectae sunt.

(16) Quidam recte putant columbas quoque, quae ab aedificiis nostris volant, item apes, quae ex alveis nostris evolant et secundum consuetudinem redeunt, a nobis possideri.

Übersetzung: (Paulus im 54. Buch seines Ediktskommentars)*)

(14) Ebenso werden wilde Tiere, die wir in Gehege gesperrt, und Fische, die wir in Bassins geworfen haben, von uns besessen. Doch jene Fische, die sich im Teich befinden, oder wilde Tiere, die in umzäunten Wäldern umherstreifen, werden von uns nicht besessen, da sie in ihrer natürlichen Freiheit verblieben sind. Sonst wäre auch der Käufer eines Waldes als Besitzer aller wilden Tiere anzusehen, was falsch ist.

(15) Vögel besitzen wir, wenn wir sie eingesperrt halten oder sie gezähmt in unserem Gewahrsam bleiben.

(16) Einige (Juristen) nehmen zu Recht an, dass auch Tauben, die von unseren Gebäuden ausfliegen und ebenso Bienen, die aus unseren Bienenstöcken fliegen und gewohnheitsmäßig zurückkehren, von uns besessen werden.

Bemerkung zum Text:

Zum *argumentum ad absurdum* „alioquin..." (sonst wäre...) s oben zu Fall 34.

Erörterung des Problems:

a) Halten Sie die Entscheidung für richtig, den Besitz an Hirschen in einem umzäunten Wald zu verneinen, jedoch an Tauben im Schlag zu bejahen?
b) Leuchtet die Gleichstellung von Tauben und Bienen ein?
c) Vergleichen Sie dazu Bienenschwarm und Vögel im Nest D 41, 1, 5, 2 (oben Fall 94).

---

*) Zu Autor und Werk s oben Fall 1 (D 41, 2, 3, 1).

Fall 96

D 41, 1, 44 (Ulpianus libro nono decimo ad edictum)

Pomponius tractat: cum pastori meo lupi porcos eriperent, hos vicinae villae colonus cum robustis canibus et fortibus, quos pecoris sui gratia pascebat, consecutus lupis eripuit aut canes extorserunt: et cum pastor meus peteret porcos, quaerebatur, utrum eius facti sint porci, qui eripuit, an nostri maneant: nam genere quodam venandi id erant nancti. cogitabat tamen, quemadmodum terra marique capta, cum in suam naturalem laxitatem pervenerant, desinerent eorum esse qui ceperunt, ita ex bonis quoque nostris capta a bestiis marinis et terrestribus desinant nostra esse, cum effugerunt bestiae nostram persecutionem. quis denique manere nostrum dicit, quod avis transvolans ex area aut ex agro nostro transtulit aut quod nobis eripuit? si igitur desinit, si fuerit ore bestiae liberatum, occupantis erit, quemadmodum piscis vel aper vel avis, qui potestatem nostram evasit, si ab alio capiatur, ipsius fit. sed putat potius nostrum manere tamdiu, quamdiu reciperari possit: licet in avibus et piscibus et feris verum sit quod scribit. idem ait, etsi naufragio quid amissum sit, non statim nostrum esse desinere: denique quadruplo teneri eum qui rapuit. et sane melius est dicere et quod a lupo eripitur, nostrum manere, quamdiu recipi possit id quod ereptum est ...

Übersetzung: (Ulpian im 19. Buch seines Ediktskommentars)*)

Pomponius erörtert folgenden Fall: Als die Wölfe meinem Hirten Schweine raubten, verfolgte sie der Pächter des Nachbarhofes mit kräftigen und tapferen Hunden, die er zur Bewachung seines Viehs hielt, und er oder die Hunde entrissen die Schweine den Wölfen. Als nun mein Hirte die Schweine herausverlangte, wurde gefragt, ob die Schweine Eigentum dessen geworden sind, der sie den Wölfen entrissen hat, oder ob sie unser Eigentum geblieben sind (denn sie haben das durch eine Art von Jagd erlangt).

Pomponius überlegte jedoch, ob ebenso wie wilde Tiere, die auf der Erde oder im Meer gefangen werden, aufhören, Eigentum derjenigen zu sein, die sie gefangen haben, sobald sie wieder in ihre natürliche Freiheit gelangt sind, so auch jene Güter, die von wilden Tieren im Meer oder auf der Erde aus unserem Vermögen entzogen werden, aufhörten, unser Eigentum zu sein, sobald die Tiere unserer Verfolgung entgangen sind. Wer würde schließlich behaupten, was ein Vogel von unserem Bauplatz oder Feld fortträgt oder uns entreißt, bleibe unser Eigentum? Wenn es also aufhört, unser Eigentum zu sein, wird es Eigentum des Ergreifenden, sobald es aus dem Maul des Tieres befreit ist: So wie der Fisch oder Eber oder Vogel, der unserer Gewalt entronnen ist und von jemand anderem gefangen wird, dessen Eigentum wird.

Doch Pomponius meint, unser Eigentum bleibe eher solange aufrecht, wie es zurückerlangt werden könne (obwohl für Vögel, Fische und wilde Tiere das richtig sein mag, was er schreibt). Er sagt auch, obwohl bei einem Schiffbruch etwas verlorengegangen sei, erlösche das Eigentum daran nicht sofort, und wer eine solche Sache geraubt habe, hafte auf den vierfachen Wert. Und es ist allerdings besser zu sagen, auch was von einem Wolf geraubt worden sei, bleibe unser Eigentum, solange es zurückerlangt werden könne ...

---

*) Zu Autor und Werk s oben Fall 11 (D 18, 6, 1, 2); zu Pomponius oben Fall 29 (D 41, 1, 21 pr.).

Fall 96

Bemerkungen zum Text:

Das ausführliche Referat Ulpians lässt mehrere Textstörungen erkennen, die allerdings den sachlichen Gehalt des Traktats nicht beeinträchtigen. Zur Bedeutung von *melius est* (es ist besser) s unten zu Fall 107.

Erörterung des Problems:

a) Können Schweine als Jagdbeute betrachtet werden?
b) Welche Argumente sprechen für und gegen den Eigentumsverlust an Sachen, die von wilden Tieren fortgetragen werden?
c) Ein Ring fällt ins Meer und wird von einem Fisch verschluckt. Hätte Pomponius für Eigentumsverlust entschieden?
d) Glauben Sie, dass Pomponius für alle Sachen, die bei einem Schiffbruch verloren gegangen sind, das Eigentum aufrecht erhalten hat? Wie lange hat er wohl das Eigentum andauern lassen? Vgl dazu Fall 97.

Vgl dazu:

§ 403 ABGB
Wer eine fremde bewegliche Sache von dem unvermeidlichen Verluste oder Untergange rettet, ist berechtigt, von dem rückfordernden Eigentümer den Ersatz seines Aufwandes, und eine verhältnismäßige Belohnung von höchstens zehn von Hundert zu fordern.

Literaturhinweis:

Finkenauer, D 41, 1, 44: Das Schwein im Wolfsmaul, in *Falk/Luminati/Schmoeckel* (Hrsg), Fälle aus der Rechtsgeschichte (2008) 45 ff.

Fall 97

D. Dereliktion und Fund

D 41, 1, 58 (Iavolenus libro undecimo ex Cassio)

Quaecumque res ex mari extracta est, non ante eius incipit esse qui extraxit, quam dominus eam pro derelicto habere coepit.

Übersetzung: (Javolen im elften Buch zu Cassius)*)

Eine Sache, die aus dem Meer gezogen wird, geht erst dann ins Eigentum dessen über, der sie geborgen hat, wenn sie der Eigentümer als derelinquiert betrachtet.

Erörterung des Problems:

a) Jemand hält die Sache für derelinquiert. Kann er sie ersitzen?

b) Jemand wirft eine fremde Sache weg. Kann sie ersessen werden?

c) Schiffspassagiere werfen in Seenot ihr Gepäck über Bord, um das Schiff zu erleichtern. Kann der Finder daran Eigentum erwerben?

Vgl dazu:

§ 386 ABGB
Bewegliche Sachen, welche der Eigentümer nicht mehr als die seinigen behalten will, und daher verläßt, kann sich jedes Mitglied des Staates eigen machen. Im Zweifel ist nicht zu vermuten, dass jemand sein Eigentum aufgeben wolle; daher darf kein Finder eine gefundene Sache für verlassen ansehen und sich diese zueignen.

§ 959 BGB
Eine bewegliche Sache wird herrenlos, wenn der Eigentümer in der Absicht, auf das Eigentum zu verzichten, den Besitz der Sache aufgibt.

Literaturhinweis:
   Manthe (Fall 19) 144 f.

---

*) Zu Javolenus s oben Fall 3 (D 46, 3, 79); zu Cassius oben Fall 19 (D 41, 2, 21, 3).

Fall 98

D 47, 2, 43, 8 und 9 (Ulpianus libro quadragensimo primo ad Sabinum)

(8) Proinde videamus, si nescit cuius esset, sic tamen tulit quasi redditurus ei qui desiderasset vel qui ostendisset rem suam, an furti obligetur. et non puto obligari eum. solent plerique etiam hoc facere, ut libellum proponant continentem invenisse se et redditurum ei qui desideraverit: hi ergo ostendunt non furandi animo se fecisse.

(9) Quid ergo, si εὕρετρα quae dicunt petat? nec hic videtur furtum facere, etsi non probe petat aliquid.

Übersetzung: (Ulpian im 41. Buch seines Kommentars zum *ius civile* des Sabinus)*)

(8) Prüfen wir also, ob der Finder, der nicht weiß, wem die Sache gehört, sie jedoch mitgenommen hat, gleichsam um sie auf Verlangen oder gegen Nachweis des Eigentums herauszugeben, wegen Diebstahls hafte. Und ich glaube nicht, dass er haftet. Die meisten pflegen eine Verlautbarung anzuschlagen, dass sie eine Sache gefunden haben und diese auf Verlangen herausgeben würden. Diese zeigen also, dass sie nicht in Diebstahlsabsicht gehandelt haben.

(9) Was aber, wenn jemand einen sogenannten Finderlohn fordert? Auch er gilt nicht als Dieb, obwohl er etwas verlangt, das gegen den Anstand verstößt.

Bemerkung zum Text:

Zu *videtur* (gilt) s oben zu Fall 72.

Erörterung des Problems:

a) Ist der redliche Finder Besitzer?
b) Ist der unredliche Finder Besitzer?
c) Trifft den Finder in Rom eine Meldepflicht?
d) Ist Diebstahl anzunehmen, wenn der Fund nicht angezeigt wird?
e) In welchen Fällen kann der Finder Eigentum erwerben?

Vgl dazu:

§ 390 ABGB
Der Finder hat den Fund unverzüglich der zuständigen Fundbehörde (§ 14 Abs. 5 SPG) unter Angabe der gefundenen Sache anzuzeigen und über alle für die Ausforschung eines Verlustträgers maßgeblichen Umstände Auskunft zu geben.

§ 391 ABGB
Die Pflichten nach § 390 bestehen nicht, wenn
1. der Finder die gefundene Sache einem Verlustträger vor der Anzeigeerstattung ausfolgt oder
2. der gemeine Wert der gefundenen Sache 10 Euro nicht übersteigt, es sei denn erkennbar, dass die Wiedererlangung der Sache für einen Verlustträger von erheblicher Bedeutung ist.

---

*) Zu Autor und Werk s oben Fall 11 (D 18, 6, 1, 2).

Fall 98

§ 395 ABGB
Wird die Sache innerhalb eines Jahres von keinem Verlustträger angesprochen, so erwirbt der Finder das Eigentum an der in seiner Gewahrsame befindlichen Sache mit Ablauf der Frist, an der abgegebenen Sache mit ihrer Ausfolgung an ihn. Die Frist beginnt im Fall des § 391 Z 2 mit dem Zeitpunkt des Findens, sonst mit der Erstattung der Anzeige (§ 390).

§ 965 I BGB
Wer eine verlorene Sache findet und an sich nimmt, hat dem Verlierer oder dem Eigentümer oder einem sonstigen Empfangsberechtigten unverzüglich Anzeige zu machen.

§ 973 I BGB
Mit dem Ablauf von sechs Monaten nach der Anzeige des Fundes bei der zuständigen Behörde erwirbt der Finder das Eigentum an der Sache, es sei denn, dass vorher ein Empfangsberechtigter dem Finder bekannt geworden ist oder sein Recht bei der zuständigen Behörde angemeldet hat. Mit dem Erwerb des Eigentums erlöschen die sonstigen Rechte an der Sache.
Das BGB widmet dem Fund (ohne Schatzfund) nicht weniger als 19 Paragraphen (§§ 965–983)!

Art 720 ZGB
Wer eine verlorene Sache findet, hat den Eigentümer davon zu benachrichtigen und, wenn er ihn nicht kennt, entweder der Polizei den Fund anzuzeigen oder selbst für eine den Umständen angemessene Bekanntmachung und Nachfrage zu sorgen ...

Art 722 ZGB
Wer seinen Pflichten als Finder nachkommt [720/1], erwirbt, wenn während fünf Jahren von der Bekanntmachung oder Anzeige [720] an der Eigentümer nicht festgestellt werden kann, die Sache zu Eigentum.
Wird die Sache zurückgegeben, so hat der Finder Anspruch auf Ersatz aller Auslagen, sowie auf einen angemessenen Finderlohn ...

Literaturhinweis:
Düll, Auslobung und Fund im antiken Recht, ZSS 61 (1941) 41 ff.

Gamauf, Indicium: Die Denunziation von flüchtigen Sklaven im Spiegel der römischen Jurisprudenz, in FS Hausmaninger (2006) 100.

Fall 99

E. Schatzfund

D 41, 1, 31, 1 (Paulus libro trigensimo primo ad edictum)

Thensaurus est vetus quaedam depositio pecuniae, cuius non exstat memoria, ut iam dominum non habeat: sic enim fit eius qui invenerit, quod non alterius sit. alioquin si quis aliquid vel lucri causa vel metus vel custodiae condiderit sub terra, non est thensaurus: cuius etiam furtum fit.

Übersetzung: (Paulus im 31. Buch seines Ediktskommentars)*)

Ein Schatz ist eine alte Ablage von Geld (Wertsachen), an die keine Erinnerung besteht, sodass sie keinen Eigentümer mehr hat. So wird etwas, das keinem anderen gehört, Eigentum dessen, der es findet. Wenn jedoch jemand aus Gewinnsucht oder Angst oder zur Aufbewahrung etwas im Boden vergraben hat, ist es kein Schatz. Daran kann auch Diebstahl begangen werden.

Erörterung des Problems:

a) Wird ein Gelddepot zum Schatz, sobald der Eigentümer vergisst, wo er es vergraben hat? (Vgl oben Fall 47 a.)
b) Wird vergrabenes Geld mit dem Tod des Eigentümers zum Schatz?
c) Wann erlischt der Besitz, wann erlischt das Eigentum an verborgenen Wertsachen?

Vgl dazu:

§ 397 Abs 1 ABGB
Werden vergrabene, eingemauerte oder sonst verborgene Sachen eines unbekannten Eigentümers entdeckt, so gilt sinngemäß das, was für die verlorenen Sachen bestimmt ist.

§ 398 ABGB
Bestehen die entdeckten Sachen in Geld, Schmuck oder andern Kostbarkeiten, die so lange im Verborgenen gelegen haben, daß man ihren vorigen Eigentümer nicht mehr erfahren kann, dann heißen sie ein Schatz...

§ 399 ABGB, § 984 BGB und Art. 723 f ZGB (unten Fall 100)

Literaturhinweise:
Mayer-Maly (Fall 47 a) 283 f.
Hill, Treasure Trove (1936, Ndr. 1980) 5 ff.
Knütel (Fall 8) 573 ff.

---

*) Zu Autor und Werk s oben Fall 1 (D 41, 2, 3, 1).

Fall 100

D 41, 2, 3, 3 (Paulus libro quinquagensimo quarto ad edictum)

Neratius et Proculus et solo animo [non] posse nos adquirere possessionem, si non antecedat naturalis possessio. ideoque si thensaurum in fundo meo positum sciam, continuo me possidere, simul atque possidendi affectum habuero, quia quod desit naturali possessioni, id animus implet. ceterum quod Brutus et Manilius putant eum, qui fundum longa possessione cepit, etiam thensaurum cepisse, quamvis nesciat in fundo esse, non est verum: is enim qui nescit non possidet thensaurum, quamvis fundum possideat. sed et si sciat, non capiet longa possessione, quia scit alienum esse. quidam putant Sabini sententiam veriorem esse nec alias eum qui scit possidere, nisi si loco motus sit, quia non sit sub custodia nostra: quibus consentio.

Übersetzung: (Paulus im 54. Buch seines Ediktskommentars)*)

Neraz und Proculus sagen, man könne Besitz auch dann *solo animo* erwerben, wenn keine *naturalis possessio* vorangeht. Wenn ich also weiß, dass auf meinem Grundstück ein Schatz vergraben liegt, fange ich sofort zu besitzen an, sobald ich nur den Besitzwillen habe, da der Wille das ausfüllt, was der *naturalis possessio* fehlt.

Was im Übrigen Brutus und Manilius meinen, dass jemand, der das Grundstück ersessen hat, auch den Schatz ersessen habe, obgleich er nicht wusste, dass dieser auf dem Grundstück vergraben lag, ist nicht richtig. Wer vom Schatz nichts weiß, besitzt ihn nicht, mag er auch das Grundstück besitzen. Doch auch wenn er von der Existenz des Schatzes weiß, kann er ihn nicht ersitzen, da er weiß, dass es sich um eine fremde Sache handelt.

Manche halten die Meinung des Sabinus für richtiger, wonach jemand, der vom Schatz Kenntnis erlangt hat, erst dadurch Besitz erwirbt, dass er ihn von der Stelle wegschafft, da wir ihn vorher nicht im Gewahrsam haben. Diesen stimme ich zu.

Bemerkungen zum Text:

Der überlieferte Wortlaut des Einleitungssatzes, man könne nur dann *solo animo* Besitz erwerben, wenn man bereits *naturalis possessor* sei, passt nicht auf den anschließend geschilderten Fall und dessen abstrakte Rechtfertigung *quia quod desit naturali possessioni, id animus implet*. Neraz und Proculus haben wohl beim Schatzfund ausnahmsweise auf *naturalis possessio* verzichtet, ein späterer Bearbeiter jedoch unter dem Eindruck des Satzes „*apiscimur possessionem corpore et animo, neque per se animo*"... (Paulus D 41, 2, 3, 1 oben Fall 1) ein *non* eingefügt. Zu *veriorem* (richtiger) s oben zu Fall 8.

Erörterung des Problems:

a) Betrachten Brutus und Manilius den *thesaurus* als eine Art Bestandteil des Grundstücks?

b) Unter *thesaurus* wird eine Wertsache verstanden, die so lange verborgen gewesen ist, dass ihr Eigentümer nicht mehr feststellbar ist (vgl Paulus D 41, 1, 31, 1 oben Fall 99). Daneben wird der Ausdruck für jeden fremden Wertgegenstand gebraucht, zB auch für Schmuck oder Münzen, die der Eigentümer etwa aus Angst vor Räubern vorüber-

---

*) Zu Autor und Werk s oben Fall 1 (D 41, 2, 3, 1); zu Neraz Fall 73 (D 41, 3, 41); zu Proculus Fall 9 (D 41, 1, 55). M. Iunius Brutus (Prätor 142 v. Chr.) und Manilius Manilius (Konsul 149 v. Chr.) werden gemeinsam mit P. Mucius Scaevola von Pomponius als Begründer des ius civile bezeichnet (D 1, 2, 2, 39 qui fundaverunt ius civile). Zu Sabinus oben Fall 11 (D 18, 6, 1, 2).

gehend im eigenen oder fremden Grundstück vergräbt. Von welchem *thesaurus* sprechen Brutus und Manilius?

c) Halten Sie *sed et si sciat... quia scit alienum esse* für die Rechtsansicht des Paulus oder für die Glosse eines späteren Bearbeiters?

d) Formulieren Sie die Kontroverse zwischen Sabinus und Proculus bezüglich des Schatzfundes.

Vgl dazu:

Inst. Just. 2, 1, 39: Hadrian spricht die Hälfte des Schatzes dem Finder, die Hälfte dem Grundstückseigentümer zu.

§ 399 ABGB
Von einem Schatz erhalten der Finder und der Eigentümer des Grundes je die Hälfte.

§ 984 BGB
Wird eine Sache, die so lange verborgen gelegen hat, daß der Eigentümer nicht mehr zu ermitteln ist (Schatz), entdeckt und infolge der Entdeckung in Besitz genommen, so wird das Eigentum zur Hälfte von dem Entdecker, zur Hälfte von dem Eigentümer der Sache erworben, in welcher der Schatz verborgen war.

Art 723 ZGB
Wird ein Wertgegenstand aufgefunden, von dem nach den Umständen mit Sicherheit anzunehmen ist, dass er seit langer Zeit vergraben oder verborgen war und keinen Eigentümer mehr hat, so wird er als Schatz angesehen.
Der Schatz fällt unter Vorbehalt der Bestimmung über Gegenstände von wissenschaftlichem Wert [724] an den Eigentümer des Grundstückes oder der beweglichen Sache, in der er aufgefunden worden ist.
Der Finder hat Anspruch auf eine angemessene Vergütung, die jedoch die Hälfte des Wertes des Schatzes nicht übersteigen darf.

Art 724 ZGB
Herrenlose Naturkörper oder Altertümer von erheblichem wissenschaftlichem Wert sind Eigentum des Kantons, in dessen Gebiet sie gefunden worden sind.
(1 bis) Ohne Genehmigung der zuständigen kantonalen Behörden können solche Sachen nicht veräußert werden. Sie können weder ersessen noch gutgläubig erworben werden. Der Herausgabeanspruch verjährt nicht.
Der Eigentümer, in dessen Grundstück solche Gegenstände aufgefunden werden, ist verpflichtet, ihre Ausgrabung zu gestatten gegen Ersatz des dadurch verursachten Schadens.
Der Finder und im Falle des Schatzes [723] auch der Eigentümer haben Anspruch auf eine angemessene Vergütung, die jedoch den Wert der Gegenstände nicht übersteigen soll.

Literaturhinweise:

Backhaus, Casus perplexus (1981) 146 ff.

Hausmaninger (Fall 10) 113 ff.

Hill (Fall 99) 36 ff.

Knütel (Fall 8) 571 ff.

Klinck (Fall 4) 33 f.

Fall 101

D 6, 1, 67 (Scaevola libro primo responsorum)

A tutore pupilli domum mercatus ad eius refectionem fabrum induxit: is pecuniam invenit: quaeritur ad quem pertineat. respondi, si non thensauri fuerunt, sed pecunia forte perdita vel per errorem ab eo ad quem pertinebat non ablata, nihilo minus eius eam esse, cuius fuerat.

Übersetzung: (Scaevola im ersten Buch seiner Rechtsgutachten)*)

Jemand hat vom Tutor eines Unmündigen ein Haus gekauft und zwecks Renovierung einen Handwerker hingebracht. Dieser hat dort Geld gefunden. Es wird gefragt, wem es gehören soll. Ich habe geantwortet, wenn es kein Schatz gewesen ist, sondern etwa verlorenes oder vom Eigentümer irrtümlich nicht mitgenommenes Geld, gehört es nach wie vor dem bisherigen Eigentümer.

Erörterung des Problems:

a) Was hat man sich hier unter *pecunia perdita* vorzustellen? Kann man eine Sache im eigenen Haus „verlieren"? (Vgl dazu oben Fall 46.)

b) Wer erwirbt Eigentum, wenn das Geld ein echter *thesaurus* ist?

c) Welche Bedeutung könnte das Sachverhaltselement *a tutore pupilli* haben?

d) Jemand vergräbt vor Antritt einer Reise seine Wertsachen auf einem fremden Grundstück. Nach der Rückkehr zeigt sich, dass er den Ort vergessen hat. Hat er Besitz und Eigentum verloren? (Siehe dazu oben Fall 47 a.) Was kann er unternehmen, wenn ihm der Grundstückseigentümer den Zutritt verwehrt und selbst den „Schatz" zu suchen beginnt? *Rei vindicatio*? *A° ad exhibendum*? Selbsthilfe?

Vgl dazu:

§ 401 ABGB

Finden Arbeitsleute zufälliger Weise einen Schatz, so gebührt ihnen als Findern ein [Dritt]teil davon. Sind sie aber von dem Eigentümer ausdrücklich zur Aufsuchung eines Schatzes gedungen worden, so müssen sie sich mit ihrem ordentlichen Lohne begnügen.

Literaturhinweise:

Mayer-Maly (Fall 47 a) 285.

Hill (Fall 99) 14.

---

*) Q. Cervidius Scaevola war Lehrer des Paulus und Berater Mark Aurels. Seine Werke (6 libri responsa, 20 libri quaestiones, 40 libri digesta) enthalten knappe, präzise Fallentscheidungen, oft ohne Begründung. Sie sind mit 306 Exzerpten in den Digesten stark vertreten.

F. Fruchterwerb

D 22, 1, 25, 2 (Iulianus libro septimo digestorum)

Bonae fidei emptor sevit et antequam fructus perciperet, cognovit fundum alienum esse: an perceptione fructus suos faciat, quaeritur. respondi: bonae fidei emptor quod ad percipiendos fructus intellegi debet, quamdiu evictus fundus non fuerit: nam et servus alienus quem bona fide emero tamdiu mihi ex re mea vel ex operis suis adquiret, quamdiu a me evictus non fuerit.

Übersetzung: (Julian im siebenten Buch seiner Digesten)*)

Ein gutgläubiger Käufer hat gesät. Bevor er die Früchte erntet, erfährt er, dass das Grundstück fremdes Eigentum ist. Es wird die Frage gestellt, ob er durch das Abernten Eigentum an den Früchten erwerbe. Ich habe geantwortet: Der Käufer muss, was das Abernten der Früchte betrifft, solange als gutgläubig angesehen werden, wie das Grundstück nicht evinziert worden ist: Denn auch ein fremder Sklave, den ich in gutem Glauben gekauft habe, wird solange mit meinem Vermögen oder durch seine Dienste für mich Eigentum erwerben, wie er mir nicht evinziert worden ist.

Bemerkung zum Text:

Zu *intellegi* (angesehen werden) s oben zu Fall 72.

Erörterung des Problems:

a) Kann der Käufer das Grundstück ersitzen, obwohl er erfahren hat, dass es in fremdem Eigentum steht?
b) In welchem Zeitpunkt ist für den Fruchterwerb *bona fides* erforderlich? (Vgl auch unten Fall 103.)
c) Wer erwirbt im oben geschilderten Fall Eigentum, wenn die Früchte vom Feld oder Baum gestohlen werden?
d) Welche Rechtsbehelfe stehen einem Pächter zur Verfügung, dessen Früchte vom Feld oder Baum gestohlen werden?
e) Versuchen Sie, die Differenzierung zwischen Separations- und Perzeptionserwerb zu erklären.

Vgl dazu:

§ 330 ABGB
Dem redlichen Besitzer gehören alle aus der Sache entspringende Früchte, sobald sie von der Sache abgesondert worden sind ...

§ 955 I BGB
Wer eine Sache im Eigenbesitze hat, erwirbt das Eigentum an den Erzeugnissen und sonstigen zu den Früchten der Sache gehörenden Bestandteilen ... mit der Trennung.

---

*) Zu Autor und Werk s oben Fall 70 (D 41, 1, 36).

Fall 102

Literaturhinweis:
Harke (Fall 28) 164 f.

Fall 103

D 41, 1, 48, 1 (Paulus libro septimo ad Plautium)

In contrarium quaeritur, si eo tempore, quo mihi res traditur, putem vendentis esse, deinde cognovero alienam esse, quia perseverat per longum tempus capio, an fructus meos faciam. Pomponius verendum, ne non sit bonae fidei possessor, quamvis capiat: hoc enim ad ius, id est capionem, illud ad factum pertinere, ut quis bona aut mala fide possideat: nec contrarium est, quod longum tempus currit, nam e contrario is, qui non potest capere propter rei vitium, fructus suos facit.

Übersetzung: (Paulus im siebenten Buch seines Kommentars zu Plautius)*)

Umgekehrt wird gefragt, ob ich Eigentum an den Früchten erwerbe, wenn ich im Augenblick der Übergabe glaube, die Sache sei Eigentum des Verkäufers, dann aber erkenne, dass sie fremdes Eigentum sei, da in diesem Fall die Ersitzung andauert. Pomponius meint, es sei zu befürchten, dass er kein *bonae fidei possessor* sei, obgleich er ersitze. Es sei nämlich zwischen dem Recht, dh der Ersitzung, und der Tatsache, nämlich ob jemand gutgläubig oder schlechtgläubig besitzt, zu unterscheiden. Dem widerspricht nicht, dass die Ersitzung läuft, denn umgekehrt erwirbt jemand Eigentum an den Früchten, der die Sache wegen eines Mangels nicht ersitzen kann.

Bemerkungen zum Text:

Bezüglich der Ersitzung gilt im römischen Recht das Prinzip *mala fides superveniens non nocet* (späterer böser Glaube schadet nicht). Es kommt nur auf die Gutgläubigkeit im Augenblick des Besitzerwerbs an.

Erörterung des Problems:

Analysieren Sie die Stelle unter Einbeziehung von Julian D 22, 1, 25, 2 (oben Fall 102).

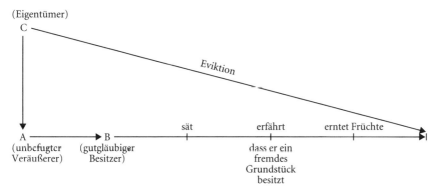

Literaturhinweise:

Mayer-Maly, Juristische Reflexionen über ius I, ZSS 117 (2000) 19 f.

Apathy, ‚Condictio indebiti' und ‚bona fides', in St. Talamanca I (2001) 139 ff.

Söllner (Fall 80) 42.

---

*) Zu Paulus s oben Fall 1 (D 41, 2, 3, 1), zu seinen libri ad Plautium unten Fall 130 (D 21, 3, 2); zu Pomponius oben Fall 29 (D 41, 1, 21 pr.).

Fall 104

D 41, 3, 4, 19 (Paulus libro quinquagensimo quarto ad edictum)

Lana ovium furtivarum si quidem apud furem detonsa est, usucapi non potest, si vero apud bonae fidei emptorem, contra: quoniam in fructu est, nec usucapi debet, sed statim emptoris fit ...

Übersetzung: (Paulus im 54. Buch seines Ediktskommentars)*)

Wenn die Wolle gestohlener Schafe beim Dieb abgeschoren wird, kann sie nicht ersessen werden, wenn sie jedoch beim gutgläubigen Käufer abgeschoren wird, trifft das Gegenteil zu: Weil sie als Frucht gilt, muss sie nicht ersessen werden, sondern wird sofort Eigentum des Käufers ...

Erörterung des Problems:

a) Wer ist Eigentümer der Wolle, die beim Dieb geschoren wird?

b) Kann diese Wolle von einem gutgläubigen Käufer ersessen werden?

c) Wann muss der Käufer des gestohlenen Schafes gutgläubig sein, um Eigentum an der von ihm geschorenen Wolle zu erlangen? (Vgl die Fälle 102 und 103.)

Literaturhinweise:

Thielmann, Produktion als Grundlage des Fruchterwerbs, ZSS 94 (1977) 87 ff.

Filip-Fröschl, Partus et fetus et fructus, in FS Waldstein (1993) 115 f.

Apathy (Fall 103) 139 ff.

Feldner, Prüfungsbeispiele aus römischem Privatrecht, JAP 2001/2002, 207 ff.

---

*) Zu Autor und Werk s oben Fall 1 (D 41, 2, 3, 1).

Fall 105

G. Verbindung, Vermengung und Vermischung

a) Verbindung beweglicher Sachen mit einem Grundstück

D 41, 1, 7, 13 (Gaius libro secundo rerum cottidianarum sive aureorum)

Si alienam plantam in meo solo posuero, mea erit: ex diverso si meam plantam in alieno solo posuero, illius erit: si modo utroque casu radices egerit: antequam enim radices ageret, illius permanet, cuius et fuit. his conveniens est, quod, si vicini arborem ita terra presserim, ut in meum fundum radices egerit, meam effici arborem: rationem enim non permittere, ut alterius arbor intellegatur, quam cuius fundo radices egisset. et ideo prope confinium arbor posita, si etiam in vicinum fundum radices egerit, communis est.

Übersetzung: (Gaius im zweiten Buch seiner „Jurisprudenz des täglichen Lebens" bzw „Goldenen Rechtsregeln")*)

Wenn ich eine fremde Pflanze in meinem Boden einpflanze, wird sie mein Eigentum. Umgekehrt, wenn ich meine Pflanze auf fremdem Boden einpflanze, wird sie Eigentum des fremden Grundeigentümers. Vorausgesetzt ist in beiden Fällen, dass sie Wurzeln schlägt. Solange sie nämlich nicht Wurzeln geschlagen hat, gehört sie dem bisherigen Eigentümer. Dementsprechend erwerbe ich Eigentum am Baum des Nachbarn, wenn ich ihn so mit Erde bedecke, dass er die Wurzeln in mein Grundstück treibt: Die Logik dulde nämlich nicht, jemand anderen als Eigentümer des Baumes zu betrachten als denjenigen, in dessen Grundstück er Wurzeln getrieben hat. Wenn daher ein nahe an der Grenze gepflanzter Baum auch in das Nachbargrundstück Wurzeln getrieben hat, steht er im Miteigentum.

Erörterung des Problems:

a) Jemand stiehlt einen Baum und pflanzt ihn auf seinem Grundstück ein. Erwirbt er Eigentum?

b) Ein Baum wird auf ein fremdes Grundstück versetzt und schlägt dort Wurzeln. Fällt er wieder dem ursprünglichen Eigentümer zu, wenn er später auf dem neuen Grundstück ausgegraben wird?

Vgl dazu:

Gaius Inst. 2, 73

Praeterea id quod in solo nostro ab aliquo aedificatum est, quamvis ille suo nomine aedificaverit, iure naturali nostrum fit, quia superficies solo cedit.

Übersetzung: (Gaius im zweiten Buch seiner Institutionen)*)

Außerdem wird das, was auf unserem Boden von jemand anderem gebaut wird, kraft *ius naturale* unser Eigentum, obwohl jener im eigenen Namen gebaut hat, denn der Überbau weicht dem Boden.

---

*) Zu Autor und Werk s oben Fall 6 (D 41, 1, 9, 6).

Fall 105

Bemerkungen zum Text:

Die Regel *superficies solo cedit* (der Überbau teilt das rechtliche Schicksal des Bodens) gilt für jene Gebäude, die fest mit dem Boden verbunden sind: Das auf einem fremden Grundstück errichtete Haus fällt als Nebensache in das Eigentum des Grundeigentümers. Vgl auch die weitere Formulierung *accessio cedit principali* unten Fall 110.

Vgl dazu:

§ 420 ABGB
Was bisher wegen der mit fremden Materialien aufgeführten Gebäude bestimmt worden ist, gilt auch für die Fälle, wenn ein Feld mit fremden Samen besät, oder mit fremden Pflanzen besetzt worden ist. Ein solcher Zuwachs gehört dem Eigentümer des Grundes, wenn anders die Pflanzen schon Wurzel geschlagen haben.

Literaturhinweise:

Daube, Implantatio and Satio, in Collected Studies in Roman Law 2 (1991) 739 ff.
Knütel (Fall 8) 556 ff.

Fall 106

D 41, 1, 60 (Scaevola libro primo responsorum)

Titius horreum frumentarium novum ex tabulis ligneis factum mobile in Seii praedio posuit: quaeritur, uter horrei dominus sit. respondit secundum quae proponerentur non esse factum Seii.

Übersetzung: (Scaevola im ersten Buch seiner Rechtsgutachten)*)

Titius hat einen neuen, beweglichen, aus Holzbrettern angefertigten Getreidespeicher auf dem Feld des Seius aufgestellt. Es wird gefragt, wer von beiden Eigentümer des Speichers ist. Scaevola hat geantwortet, nach der dargestellten Sachlage sei Seius nicht Eigentümer geworden.

Erörterung des Problems:

Begründen Sie die Entscheidung Scaevolas.

Vgl dazu:

§ 297 ABGB
Ebenso gehören zu den unbeweglichen Sachen diejenigen, welche auf Grund und Boden in der Absicht aufgeführt werden, dass sie stets darauf bleiben sollen . . .

§ 946 BGB
Wird eine bewegliche Sache mit einem Grundstücke dergestalt verbunden, dass sie wesentlicher Bestandteil des Grundstücks wird, so erstreckt sich das Eigentum an dem Grundstück auf diese Sache.

§ 93 BGB
Bestandteile einer Sache, die voneinander nicht getrennt werden können, ohne dass der eine oder der andere zerstört oder in seinem Wesen verändert wird (wesentliche Bestandteile), können nicht Gegenstand besonderer Rechte sein.

§ 94 BGB
I Zu den wesentlichen Bestandteilen eines Grundstücks gehören die mit dem Grund und Boden fest verbundenen Sachen, insbesondere Gebäude, sowie die Erzeugnisse des Grundstücks, solange sie mit dem Boden zusammenhangen. Samen wird mit dem Aussäen, eine Pflanze wird mit dem Einpflanzen wesentlicher Bestandteil des Grundstücks.
II Zu den wesentlichen Bestandteilen eines Gebäudes gehören die zur Herstellung des Gebäudes eingefügten Sachen.

§ 95 I BGB
Zu den Bestandteilen eines Grundstücks gehören solche Sachen nicht, die nur zu einem vorübergehenden Zwecke mit dem Grund und Boden verbunden sind . . .

Literaturhinweis:
Meincke, Superficies solo cedit, ZSS 88 (1971) 144 f.

---

*) Zu Autor und Werk s oben Fall 101 (D 6, 1, 67).

Fall 107

D 6, 1, 38 (Celsus libro tertio digestorum)

In fundo alieno, quem imprudens emeras, aedificasti aut conseruisti, deinde evincitur: bonus iudex varie ex personis causisque constituet. finge et dominum eadem facturum fuisse: reddat impensam, ut fundum recipiat, usque eo dumtaxat, quo pretiosior factus est, et si plus pretio fundi accessit, solum quod impensum est. finge pauperem, qui, si reddere id cogatur, laribus sepulchris avitis carendum habeat: sufficit tibi permitti tollere ex his rebus quae possis, dum ita ne deterior sit fundus, quam si initio non foret aedificatum. constituimus vero, ut, si paratus est dominus tantum dare, quantum habiturus est possessor his rebus ablatis, fiat ei potestas: neque malitiis indulgendum est, si tectorium puta, quod induxeris, picturasque corradere velis, nihil laturus nisi ut officias. finge eam personam esse domini, quae receptum fundum mox venditura sit: nisi reddit, quantum prima parte reddi oportere diximus, eo deducto tu condemnandus es.

Übersetzung: (Celsus im dritten Buch seiner Digesten)*)

Auf einem fremden Grundstück, das du unvorsichtigerweise gekauft hattest, hast du gebaut oder gesät, dann wird es evinziert. Ein guter Richter wird je nach den persönlichen und sachlichen Umständen verschieden urteilen.

Angenommen, der Eigentümer hatte beabsichtigt, dasselbe zu tun, so soll er, um das Grundstück zurückzuerhalten, die Kosten ersetzen, und zwar insoweit das Grundstück an Wert gewonnen hat, und wenn die Wertsteigerung höher ist, dann nur die Kosten.

Angenommen der Eigentümer ist ein armer Mann, der Hausgötter und Ahnengräber aufgeben müsste, wenn er die Kosten ersetzen sollte, so genügt es, dir zu gestatten, aus diesen Sachen wegzunehmen, was du kannst, sofern dadurch das Grundstück nicht schlechter wird, als wenn dort von Anfang an nicht gebaut worden wäre. Wir setzen aber fest, dass der Eigentümer das Recht haben soll, dem Besitzer so viel zu geben, wie dieser durch Wegschaffen seiner Sachen hätte. Und dabei ist Bosheit nicht zu dulden: Wenn du zB den Wandverputz, den du angebracht hast, oder Gemälde nur um der Zerstörung willen abkratzen wolltest.

Angenommen, der Eigentümer hätte die Absicht, das zurückerhaltene Grundstück bald zu verkaufen, so bist du, wenn er nicht die Kosten in der im ersten Teil ausgeführten Höhe ersetzt, nach Abzug dieser Summe zu verurteilen.

Bemerkungen zum Text:

Im Ausdruck *bonus iudex* (ein guter Richter) bezeichnet das Adjektiv *bonus* einen Verhaltensstandard der Redlichkeit und Sorgfalt, der vorbildlich und verpflichtend ist; vgl auch den *bonus pater familias*, den *vir bonus* (Fall 151) und die von Celsus stammende Definition in Ulp. D 1, 1, 1 pr. „*ius est ars boni et aequi*" (das Recht ist die Kunst, Anständigkeit und Fairness zu verwirklichen). Auch der Komparativ *melius* (Fall 96) wird in dieser Bedeutung verwendet.

Das Prinzip *malitiis non est indulgendum* (Bosheit ist nicht zu dulden) ist auf die Verhinderung missbräuchlicher Rechtsausübung gerichtet. Vgl das moderne Schikaneverbot § 1295 (2) ABGB und § 226 BGB.

---

*) Zu Autor und Werk s oben Fall 2 (D 41, 2, 18, 2).

Fall 107

Erörterung des Problems:

a) Der Wert des unbebauten Grundstücks ist 100, die Kosten des Hausbaus betragen 50. Welchen Betrag hat der Grundstückseigentümer dem Bauführer zu ersetzen, wenn dieser ungünstig bzw günstig gebaut hat und dadurch der Wert des Grundstücks mit Gebäude auf 130 bzw 170 gestiegen ist?

b) Inwiefern ist der Bauführer durch ein *ius tollendi* schlechter gestellt als durch Impensenersatz?

c) Hat der verarmte Eigentümer ein Wahlrecht zwischen Einräumung des *ius tollendi* und Materialkostenersatz?

d) Wie passt das Schikaneverbot in den Gedankengang der Stelle?

e) Fasst die letzte Annahme (Verkaufsabsicht des Eigentümers) einen begüterten oder einen verarmten Grundstückseigentümer ins Auge?

f) Glauben Sie, dass Celsus zwischen wissentlichem und irrtümlichem Bau auf fremdem Grund unterschieden hat? (Vgl dazu Julian/Ulpian D 6, 1, 37, Fall 129.)

g) Titius baut gutgläubig mit eigenem Material ein Haus auf dem Grundstück des Seius. Nachdem er erfahren hat, dass Seius Grundeigentümer ist, reißt er das Haus ab und schafft das Material fort. Kann Seius klagen?

Vgl dazu:

§ 331 ABGB
Hat der redliche Besitzer an die Sache entweder zur fortwährenden Erhaltung der Substanz einen notwendigen, oder, zur Vermehrung noch fortdauernder Nutzungen einen nützlichen Aufwand gemacht; so gebührt ihm der Ersatz nach dem gegenwärtigen Werte, insofern er den wirklich gemachten Aufwand nicht übersteigt.

§ 332 ABGB
Von dem Aufwande, welcher nur zum Vergnügen und zur Verschönerung gemacht worden ist, wird nur so viel ersetzt, als die Sache dem gemeinen Werte nach wirklich dadurch gewonnen hat; doch hat der vorige Besitzer die Wahl, alles für sich wegzunehmen, was davon ohne Schaden der Substanz weggenommen werden kann.

§ 1295 (2) ABGB
Auch wer in einer gegen die guten Sitten verstoßenden Weise absichtlich Schaden zufügt, ist dafür verantwortlich, jedoch falls dies in Ausübung eines Rechtes geschah, nur dann, wenn die Ausübung des Rechtes offenbar den Zweck hatte, den anderen zu schädigen.

§ 226 BGB
Die Ausübung eines Rechtes ist unzulässig, wenn sie nur den Zweck haben kann, einem anderen Schaden zuzufügen.

Literaturhinweise:

MacCormack, Ius tollendi, BIDR 85 (1982) 78 ff.

Bürge, Retentio im römischen Sachen- und Obligationenrecht (1979) 59 ff.

Frier, Landlords and Tenants in Imperial Rome (1980) 159 ff.

Liebs, Römisches Recht[6] (2004) 182 ff.

Verse, Verwendungen im Eigentümer-Besitzer-Verhältnis (1999) 17 ff.

Fall 108

D 41, 1, 7, 10 (Gaius libro secundo rerum cottidianarum sive aureorum)

Cum in suo loco aliquis aliena materia aedificaverit, ipse dominus intellegitur aedificii, quia omne quod inaedificatur solo cedit. nec tamen ideo is qui materiae dominus fuit desiit eius dominus esse: sed tantisper neque vindicare eam potest neque ad exhibendum de ea agere propter legem duodecim tabularum, qua cavetur, ne quis tignum alienum aedibus suis iunctum eximere cogatur, sed duplum pro eo praestet. appellatione autem tigni omnes materiae significantur, ex quibus aedificia fiunt. ergo si aliqua ex causa dirutum sit aedificium, poterit materiae dominus nunc eam vindicare et ad exhibendum agere.

Übersetzung: (Gaius im zweiten Buch seiner „Jurisprudenz des täglichen Lebens" bzw „Goldenen Rechtsregeln")*)

Wenn jemand auf eigenem Grund mit fremdem Material gebaut hat, wird er als Eigentümer des Gebäudes betrachtet, da alles, was eingebaut wird, dem (Eigentum am) Grundstück folgt. Allerdings verliert dadurch der bisherige Materialeigentümer nicht sein Eigentum: Er kann nur einstweilen weder vindizieren noch die *actio ad exhibendum* anstellen, und zwar wegen des Zwölftafelgesetzes, das vorsieht, dass jemand, der fremdes Bauholz mit seinem Haus verbunden hat, nicht gezwungen werde, dieses herauszureißen, sondern den doppelten Wert zu ersetzen. Mit dem Ausdruck *tignum* werden alle Materialien bezeichnet, aus denen Gebäude errichtet werden. Wenn also aus irgendeinem Grund das Gebäude abgerissen wird, kann der Eigentümer des Materials dieses vindizieren und die *actio ad exhibendum* anstellen.

Bemerkung zum Text:

Zu *intellegitur* (wird betrachtet) s oben zu Fall 72.

Erörterung des Problems:

a) Kann der Eigentümer des Hauses die fremden Ziegel, die er gutgläubig eingebaut hat, ersitzen?

b) Muss auch der gutgläubige Bauführer den doppelten Wert der verwendeten fremden Materialien ersetzen?

c) Kann jemand, der die *actio de tigno iuncto* erfolgreich angestellt hat, nach Abbruch des Hauses sein Material vindizieren?

Literaturhinweise:

Bürge (Fall 107) 18 ff.

Hinker, Tignum iunctum, ZSS 108 (1991) 115, 121 f.

---

*) Zu Autor und Werk s oben Fall 6 (D 41, 1, 9, 6).

Fall 109

D 6, 1, 59 (Iulianus libro sexto ex Minicio)

Habitator in aliena aedificia fenestras et ostia imposuit, eadem post annum dominus aedificiorum dempsit: quaero, is qui imposuerat possetne ea vindicare. respondit posse: nam quae alienis aedificiis conexa essent, ea quamdiu iuncta manerent, eorundem aedificiorum esse; simul atque inde dempta essent, continuo in pristinam causam reverti.

Übersetzung: (Julian im sechsten Buch zu Minicius)*)

Der Bewohner eines fremden Gebäudes hat in dieses Fenster und Türen eingesetzt. Nach einem Jahr hat sie der Gebäudeeigentümer weggenommen. Ich frage, ob sie derjenige, der sie eingesetzt hat, vindizieren kann. Er antwortete, dass er dies könne. Denn was mit fremden Gebäuden verbunden worden sei, bleibe Bestandteil der Gebäude, solange es mit ihnen verbunden sei. Sobald es jedoch weggenommen werde, kehre es sofort in die vorherige Rechtslage zurück.

Erörterung des Problems:

a) Liegt hier ein Fall von *tignum iunctum* vor?

b) Ist die Regel *superficies solo cedit* anzuwenden?

c) Darf der Bewohner, der die Türen eingesetzt hat, diese beim Auszug aus dem Haus herausnehmen?

Vgl dazu:

D 19, 2, 19, 4 (Ulpianus libro trigensimo secundo ad edictum)

Si inquilinus ostium vel quaedam alia aedificio adiecerit, quae actio locum habeat? Et est verius quod Labeo scripsit competere ex conducto actionem, ut ei tollere liceat, sic tamen, ut damni infecti caveat, ne in aliquo dum aufert deteriorem causam aedium faceret, sed ut pristinam faciem aedibus reddat.

Übersetzung: (Ulpian im 32. Buch seines Ediktskommentars)**)

Wenn der Mieter dem Gebäude eine Tür oder andere Sachen angefügt hat, welche Klage solle da Anwendung finden? Und es ist richtiger, was Labeo schreibt, dass die Klage aus dem Mietvertrag zur Verfügung stehe, sodass er die Sache wegnehmen dürfe, und zwar so, dass der die *cautio damni infecti* leiste, durch die Wegnahme keine Verschlechterung des Gebäudes zu bewirken, sondern dessen ursprünglichen Zustand wiederherzustellen.

Literaturhinweise:

Frier (Fall 107) 158 ff.

Hinker (Fall 108) 109 ff.

---

*) Zu Julian oben Fall 70 (D 41, 1, 36). Der Sabinusschüler Minicius ist uns nur durch das Werk Julians bekannt. Julian hat in 6 Büchern Rechtsfälle des Minicius mit eigenen Anmerkungen versehen.

**) Zu Autor und Werk s oben Fall 11 (D 18, 6, 1, 2).

Fall 110

b) Verbindung beweglicher Sachen

D 41, 1, 9, 1 (Gaius libro secundo rerum cottidianarum sive aureorum)

Litterae quoque licet aureae sint, perinde chartis membranisque cedunt, ac solo cedere solent ea quae aedificantur aut seruntur. ideoque si in chartis membranisve tuis carmen vel historiam vel orationem scripsero, huius corporis non ego, sed tu dominus esse intellegeris. sed si a me petas tuos libros tuasve membranas nec impensas scripturae solvere velis, potero me defendere per exceptionem doli mali, utique si bona fide eorum possessionem nanctus sim.

Übersetzung: (Gaius im zweiten Buch seiner „Jurisprudenz des täglichen Lebens" bzw „Goldenen Rechtsregeln")*)

Das Eigentum an geschriebenen Buchstaben – und seien sie aus Gold – folgt ebenso dem Eigentum am Papyrus oder Pergament, wie das Eigentum an Bauwerken oder an der Aussaat dem Grundstück zu folgen pflegt. Wenn ich also auf deinem Papyrus oder Pergament ein Gedicht, eine Erzählung oder eine Rede geschrieben habe, gelte nicht ich sondern giltst du als Eigentümer dieses Werkes. Wenn du jedoch deine Papyrusrollen oder Pergamente von mir verlangst und die Kosten der Schrift nicht zahlen willst, kann ich mich mit der *exceptio doli* verteidigen – jedenfalls, wenn ich gutgläubig an ihnen Besitz erlangt habe.

Bemerkungen zum Text:

Accessio cedit principali (eine Anfügung fällt der Hauptsache zu, dh teilt ihr rechtliches Schicksal): Bei der Verbindung zweier Sachen verliert der Eigentümer der Nebensache sein Eigentum an den Eigentümer der Hauptsache. Vgl auch die enger formulierte Regel *superficies solo cedit* (oben Fall 105).

Erörterung des Problems:

a) Gaius wendet das Prinzip *superficies solo cedit* (vgl oben Fall 105) auch auf die Verbindung zweier beweglicher Sachen zu einer einheitlichen Sache an. Spielt dabei die Erwägung des relativen Wertes der verbundenen Sachen eine Rolle?

b) Formulieren Sie die prinzipielle Erwägung, die bei Beschreiben von Papyrus, Bemalen von Holz und Färben von Wolle das Eigentum der neuen Sache dem bisherigen Papier-, Holz- oder Wolleigentümer zuspricht.

c) Welche Maßnahmen können gegen den schlechtgläubigen Papyrusbesitzer ergriffen werden?

d) Halten Sie die Lösung des Gaius für praktisch brauchbar? Könnten Sie sich andere Lösungen vorstellen?

Vgl dazu:

§§ 414 bis 416 ABGB (unten Fall 120)

---

*) Zu Autor und Werk s oben Fall 6 (D 41, 1, 9, 6).

Fall 110

§ 947 BGB
I Werden bewegliche Sachen miteinander dergestalt verbunden, dass sie wesentliche Bestandteile einer einheitlichen Sache werden, so werden die bisherigen Eigentümer Miteigentümer dieser Sache; die Anteile bestimmen sich nach dem Verhältnisse des Wertes, den die Sachen zur Zeit der Verbindung haben.
II Ist eine der Sachen als die Hauptsache anzusehen, so erwirbt ihr Eigentümer das Alleineigentum.

Art 727 ZGB
Werden bewegliche Sachen verschiedener Eigentümer so miteinander vermischt oder verbunden, dass sie ohne wesentliche Beschädigung oder unverhältnismäßige Arbeit und Auslagen nicht mehr getrennt werden können, so entsteht für die Beteiligten Miteigentum [646/51] an der neuen Sache, und zwar nach dem Werte, den die einzelnen Teile zur Zeit der Verbindung haben.
Wird eine bewegliche Sache mit einer andern derart vermischt oder verbunden, dass sie als deren nebensächlicher Bestandteil erscheint, so gehört die ganze Sache dem Eigentümer des Hauptbestandteiles.
Vorbehalten bleiben die Ansprüche auf Schadenersatz und aus Bereicherung.

Fall 111

Gai. Inst. 2, 78

Sed si in tabula mea aliquis pinxerit veluti imaginem, contra probatur: magis enim dicitur tabulam picturae cedere. cuius diversitatis vix idonea ratio redditur. certe secundum hanc regulam si me possidente petas imaginem tuam esse nec solvas pretium tabulae, poteris per exceptionem doli mali summoveri; at si tu possideas, consequens est, ut utilis mihi actio adversum te dari debeat; quo casu nisi solvam inpensam picturae, poteris me per exceptionem doli mali repellere, utique si bonae fidei possessor fueris. illud palam est, quod sive tu subripueris tabulam sive alius, conpetit mihi furti actio.

Übersetzung: (Gaius im zweiten Buch seiner Institutionen)*)

Aber wenn jemand auf meiner Tafel zum Beispiel ein Porträt gemalt hat, wird das Gegenteil behauptet: Hier soll vielmehr das Eigentum an der Tafel der Malerei weichen. Für diese Verschiedenheit kann kaum eine ausreichende Begründung gegeben werden. Wenn du nach dieser Regel von mir als Besitzer das Porträt verlangst, da es dein Eigentum sei, aber den Preis der Tafel nicht zahlen willst, wirst du gewiss mit der *exceptio doli* abgewehrt werden können. Wenn hingegen du es besitzt, ist es folgerichtig, dass mir eine *actio utilis* gegen dich gegeben werden muss. Wenn ich in diesem Fall die Kosten der Malerei nicht zahle, wirst du mich mit der *exceptio doli* abwehren können, jedenfalls wenn du gutgläubiger Besitzer gewesen bist. Eines ist klar: dass mir die *actio furti* zusteht, wenn du oder ein anderer die Tafel entwendet hat.

Bemerkung zum Text:

Beachten Sie die Rechtskritik, die in der Formulierung *vix idonea ratio redditur* („dafür kann kaum eine ausreichende Begründung gegeben werden") zum Ausdruck kommt. Als akademischer Lehrer ohne *ius respondendi* konnte Gaius nur das geltende Recht darstellen, dieses jedoch nicht durch eigene Entscheidungen weiterbilden.

Erörterung des Problems:

a) Unter welchem Gesichtspunkt tritt Gaius für Gleichbehandlung von Bild und Schriftstück ein?

b) Welche Begründung(en) könnte(n) zugunsten der Differenzierung gefunden werden?

c) Gewährt Gaius dem ehemaligen Tafeleigentümer ein Rückbehaltungsrecht am Bild gegen die *rei vindicatio* des Malers?

d) In welchem Umfang wird der ehemalige Tafeleigentümer mittels *exceptio doli* oder *actio utilis* Ersatz begehren können?

e) Glauben Sie, dass die hier genannte *actio utilis* eine dingliche Klage ist?

Literaturhinweise:

Kaser, Tabula picta, TR 36 (1968) 31 ff.

Behrends, Die Spezifikationslehre, ihre Gegner und die media sententia in der Geschichte der römischen Jurisprudenz, ZSS 112 (1995) 207 f.

Gröschler, Actiones in factum (2002) 199 ff.

---

*) Zu Autor und Werk s oben Fall 6 (D 41, 1, 9, 6).

Fall 112

D 6, 1, 23, 3 (Paulus libro vicensimo primo ad edictum)

Sed et id, quod in charta mea scribitur aut in tabula pingitur, statim meum fit: licet de pictura quidam contra senserint propter pretium picturae: sed necesse est ei rei cedi, quod sine illa esse non potest.

Übersetzung: (Paulus im 21. Buch seines Ediktskommentars)*)

Aber auch das, was auf meinem Papyrus geschrieben oder auf meiner Tafel gemalt wird, wird sofort mein Eigentum. Zwar haben manche bezüglich der Malerei wegen ihres Wertes das Gegenteil behauptet, doch muss sie notwendigerweise dieser Sache (dh der Tafel) folgen, da sie ohne diese nicht existieren kann.

Erörterung des Problems:

Erörtern Sie diesen Text im Zusammenhang mit Gaius Inst. 2, 78 (oben Fall 111) und Inst. Iust. 2, 1, 34 (unten).

Vgl dazu:

Inst. Iust. 2, 1, 34

Si quis in aliena tabula pinxerit, quidam putant tabulam picturae cedere: aliis videtur picturam, qualiscumque sit, tabulae cedere. Sed nobis videtur melius esse tabulam picturae cedere: ridiculum est enim picturam Apellis vel Parrhasii in accessionem vilissimae tabulae cedere ...

Übersetzung:

Wenn jemand auf einer fremden Tafel gemalt hat, meinen manche (Juristen), das Eigentum an der Tafel weiche der Malerei. Andere meinen, dass die Malerei, wie immer sie beschaffen sein möge, der Tafel weiche. Doch uns erscheint es besser, dass die Tafel der Malerei weiche: Es ist nämlich lächerlich, dass die Malerei eines Apelles oder Parrhasius als Bestandteil an eine ganz schäbige Tafel fallen soll ...

Bemerkung zum Text.

Zu *videtur melius esse* (es erscheint uns besser) s oben zu Fall 107.

Literaturhinweise:

Kaser (Fall 111) 37.

Behrends (Fall 111) 207 f.

---

*) Zu Autor und Werk s oben Fall 1 (D 41, 2, 3, 1).

163

Fall 113

D 6, 1, 23, 5 (Paulus libro vicensimo primo ad edictum)

Item quaecumque aliis iuncta sive adiecta accessionis loco cedunt, ea quamdiu cohaerent dominus vindicare non potest, sed ad exhibendum agere potest, ut separentur et tunc vindicentur: scilicet excepto eo, quod Cassius de ferruminatione scribit. dicit enim, si statuae suae ferruminatione iunctum bracchium sit, unitate maioris partis consumi et quod semel alienum factum sit, etiamsi inde abruptum sit, redire ad priorem dominum non posse. non idem in eo quod adplumbatum sit, quia ferruminatio per eandem materiam facit confusionem, plumbatura non idem efficit. ideoque in omnibus his casibus, in quibus neque ad exhibendum neque in rem locum habet, in factum actio necessaria est. at in his corporibus, quae ex distantibus corporibus essent, constat singulas partes retinere suam propriam speciem, ut singuli homines, singulae oves: ideoque posse me gregem vindicare, quamvis aries tuus sit immixtus, sed et te arietem vindicare posse. quod non idem in cohaerentibus corporibus eveniret: nam si statuae meae bracchium alienae statuae addideris, non posse dici bracchium tuum esse, quia tota statua uno spiritu continetur.

Übersetzung: (Paulus im 21. Buch seines Ediktskommentars)*)

Ebenso kann der Eigentümer alle Sachen, die, mit anderen als Zubehör verbunden, diesen weichen, nicht vindizieren, solange sie zusammenhängen, sondern er kann die *actio ad exhibendum* anstellen, damit sie abgetrennt werden und dann vindiziert werden können: allerdings mit Ausnahme dessen, was Cassius über das Anschweißen schreibt. Er sagt nämlich, wenn seiner Statue durch Anschweißen ein Arm angefügt werde, werde das Eigentum daran durch die Einheit mit dem größeren Teil aufgehoben, und was einmal zu einer fremden Sache geworden sei, könne nicht zum früheren Eigentümer zurückkehren, auch wenn es dann wieder abgebrochen werde. Dies gilt jedoch nicht bei den Dingen, die angelötet sind, weil das Anschweißen die Verbindung durch dasselbe Material herstellt, das Anlöten aber nicht dasselbe bewirkt. Und daher ist in allen diesen Fällen, in denen weder die *actio ad exhibendum* noch die *actio in rem* anwendbar ist, eine *actio in factum* erforderlich. Aber bei den Sachgesamtheiten, die aus getrennten Stücken bestehen, ist es klar, dass die einzelnen Teile ihre Identität behalten, wie einzelne Sklaven oder einzelne Schafe: Und darum kann ich meine Herde vindizieren, obwohl ein Widder von dir dabei ist, aber auch du kannst deinen Widder vindizieren. Das gelänge aber nicht bei zusammenhängenden Sachgesamtheiten: Denn wenn du meiner Statue den Arm einer fremden Statue angefügt hast, kann nicht gesagt werden, dass der Arm dein Eigentum sei, weil die ganze Statue ein einheitliches Ganzes darstellt.

Erörterung des Problems:

a) Wie begründet Paulus den Eigentumsverlust beim Anschweißen, die Eigentumserhaltung beim Anlöten?

b) Paulus unterscheidet zwischen einheitlichen und zusammengesetzten Sachen, bei letzteren wieder zwischen *universitas rerum cohaerentium* und *distantium*. Was ist ein Haus? Eine Statue mit angelötetem bzw. mit angeschweißtem Arm?

---

*) Zu Autor und Werk s oben Fall 1 (D 41, 2, 3, 1); zu Cassius Fall 19 (D 41, 2, 21, 3).

Fall 113

c) Wie macht der ehemalige Eigentümer des angeschweißten Armes seine Ansprüche geltend?

d) Kann bezüglich eines Baumes, der auf einem fremden Grundstück eingepflanzt worden ist, die *actio ad exhibendum* erhoben werden? (Siehe dazu oben Fall 108.)

Literaturhinweise:

Gröschler (Fall 111) 197 ff.

Plisecka, Accessio and specificatio reconsidered, TR 74 (2006) 52 f.

Fall 114

D 41, 1, 27, 2 (Pomponius libro trigensimo ad Sabinum)

Cum partes duorum dominorum ferrumine cohaereant, hae cum quaereretur utri cedant, Cassius ait pro portione rei aestimandum vel pro pretio cuiusque partis. sed si neutra alteri accessioni est, videamus, ne aut utriusque esse dicenda sit, sicuti massa confusa, aut eius, cuius nomine ferruminata est. sed Proculus et Pegasus existimant suam cuiusque rem manere.

Übersetzung: (Pomponius im 30. Buch seines Kommentars zum *ius civile* des Sabinus)*)

Wenn Teile, die zwei Eigentümern gehören, durch Schweißen verbunden werden und gefragt wird, wem das Eigentum zufalle, so sagt Cassius, man müsse nach dem Anteil an der Sache oder nach dem Wert jedes Teiles entscheiden. Wenn aber kein Teil Zuwachs des anderen ist, müssen wir prüfen, ob man nicht sagen soll, das Eigentum stehe entweder beiden zu, wie bei einem zusammengeschmolzenen Metallklumpen, oder demjenigen, in dessen Namen geschweißt worden ist. Doch Proculus und Pegasus meinen, dass jedem das Eigentum an seiner Sache bleibe.

Erörterung des Problems:

Welche neuen Gesichtspunkte ergeben sich aus dieser Stelle gegenüber Paulus D 6, 1, 23, 5 (oben Fall 113)?

Literaturhinweise:

Schermaier, Teilvindikation oder Teilungsklage? Auf der Suche nach dem klassischen Vermischungsrecht, ZSS 110 (1993) 146 ff.

Plisecka (Fall 113) 52 f.

---

*) Zu Autor und Werk s oben Fall 29 (D 41, 1, 21 pr.); zu Cassius Fall 19 (D 41, 2, 21, 3); zu Proculus Fall 9 (D 41, 1, 55). Pegasus war Nachfolger des Proculus in der Leitung der Rechtsschule, Konsul unter Vespasian, praefectus urbi unter Vespasian und Domitian.

Fall 115

c) Vermengung und Vermischung

D 6, 1, 5 pr. (Ulpianus libro sexto decimo ad edictum)

Idem Pomponius scribit: si frumentum duorum non voluntate eorum confusum sit, competit singulis in rem actio in id, in quantum paret in illo acervo suum cuiusque esse: quod si voluntate eorum commixta sunt, tunc communicata videbuntur et erit communi dividundo actio.

Übersetzung: (Ulpian im 16. Buch seines Ediktskommentars)*)

Derselbe Pomponius schreibt: Wenn Getreide zweier Eigentümer ohne deren Willen zusammengeschüttet worden ist, steht jedem eine dingliche Klage auf soviel zu, wie ihm an dem Haufen zu gehören scheint. Wenn das Getreide jedoch mit ihrem Willen vermengt worden ist, wird es als Miteigentum betrachtet und unterliegt der *actio communi dividundo*.

Erörterung des Problems:

Begründen Sie die Entscheidung des Pomponius.

Vgl dazu:

§§ 414 bis 416 ABGB (unten Fall 120); § 947 BGB (oben Fall 110)

§ 948 BGB
I Werden bewegliche Sachen miteinander untrennbar vermischt oder vermengt, so finden die Vorschriften des § 947 entsprechende Anwendung.
II Der Untrennbarkeit steht es gleich, wenn die Trennung der vermischten oder vermengten Sachen mit unverhältnismäßigen Kosten verbunden sein würde.

Literaturhinweise:

Kaser (Fall 70) 186 ff.

Cromme, Vindicatio incertae partis (Diss. 1971) 56 ff.

Schermaier, Materia. Beiträge zur Frage der Naturphilosophie im klassischen römischen Recht (1992) 164 ff.

Schermaier (Fall 114) 170 f.

Behrends (Fall 111) 229 ff.

Plisecka (Fall 113) 50 ff.

---

*) Zu Autor und Werk s oben Fall 11 (D 18, 6, 1, 2); zu Pomponius Fall 29 (D 41, 1, 21 pr.).

Fall 116

D 6, 1, 3, 2 (Ulpianus libro sexto decimo ad editum)

Pomponius scribit, si quid quod eiusdem naturae est ita confusum est atque commixtum, ut deduci et separari non possint, non totum, sed pro parte esse vindicandum. ut puta meum et tuum argentum in massam redactum est: erit nobis commune, et unusquisque pro rata ponderis quod in massa habemus vindicabimus, etsi incertum sit, quantum quisque ponderis in massa habet.

Übersetzung: (Ulpian im 16. Buch seines Ediktskommentars)*)

Pomponius schreibt, wenn gleichartige Stoffe so vermischt und vermengt worden sind, dass sie nicht getrennt und geschieden werden können, sei nicht das Ganze, sondern *pro parte* zu vindizieren. Wenn zB mein Silber und deines zu einem Klumpen verschmolzen worden ist, so gehört es uns gemeinsam, und jeder wird im Verhältnis der Gewichtsanteile das vindizieren, was ihm am Klumpen zusteht, mag auch ungewiss sein, welches Gewicht sein Silber im Klumpen hat.

Erörterung des Problems:

a) Denkt Pomponius hier an Vermischung mit oder ohne Willen der beiden Eigentümer (vgl. D 6, 1, 5 pr. oben Fall 115)?

b) Glauben Sie, dass Pomponius bei Verschmelzung von Kupfer und Gold, Blei und Silber, sowie bei Vermischung von Wein und Honig ebenso entschieden hat (vgl D 6, 1, 5, 1 unten Fall 118)?

Literaturhinweise:

Kaser (Fall 70) 186 ff.

Cromme (Fall 115) 54 ff.

Schermaier (Fall 115) 164 ff.

Schermaier (Fall 114) 135 ff.

---

*) Zu Autor und Werk s oben Fall 11 (D 18, 6, 1, 2); zu Pomponius Fall 29 (D 41, 1, 21 pr.).

Fall 117

D 41, 1, 7, 8 (Gaius libro secundo rerum cottidianarum sive aureorum)

Voluntas duorum dominorum miscentium materias commune totum corpus efficit, sive eiusdem generis sint materiae, veluti vina miscuerunt vel argentum conflaverunt, sive diversae, veluti si alius vinum contulerit alius mel, vel alius aurum alius argentum: quamvis et mulsi et electri novi corporis sit species.

Übersetzung: (Gaius im zweiten Buch seiner „Jurisprudenz des täglichen Lebens" bzw „Goldenen Rechtsregeln")*)

Der Wille zweier Eigentümer, die ihre Stoffe vermischen, macht den ganzen Gegenstand zu ihrem Miteigentum, sei es, dass die Stoffe von der gleichen Gattung sind – wie wenn sie Weine gemischt oder Silber zusammengeschmolzen haben –, sei es, dass sie verschiedenen Gattungen angehören – wie etwa wenn der eine den Wein beigetragen hat, der andere den Honig; oder der eine Gold, der andere Silber: wenn auch der Met und das *electrum* die Beschaffenheit eines neuen Gegenstandes haben.

Bemerkung zum Text:

Electrum ist der Name für eine Legierung aus Gold und Silber im Verhältnis von 3:1 mit einer geringen Kupferbeimengung.

Erörterung des Problems:

Erörtern Sie diesen Text im Zusammenhang mit Pomp./Ulp. D 6, 1, 3, 2 (oben Fall 116).

Literaturhinweise:

Kaser (Fall 70) 187 f.

Cromme (Fall 115) 61 ff.

Schermaier (Fall 115) 166 ff.

Schermaier (Fall 114) 137 f.

Plisecka (Fall 113) 58 f.

---

*) Zu Autor und Werk s oben Fall 6 (D 41, 1, 9, 6).

Fall 118

D 6, 1, 5, 1 (Ulpianus libro sexto decimo ad edictum)

Idem scribit, si ex melle meo, vino tuo factum sit mulsum, quosdam existimasse id quoque communicari: sed puto verius, ut et ipse significat, eius potius esse qui fecit, quoniam suam speciem pristinam non continet. sed si plumbum cum argento mixtum sit, quia deduci possit, nec communicabitur nec communi dividundo agetur, quia separari potest: agetur autem in rem actio. sed si deduci, inquit, non possit, ut puta si aes et aurum mixtum fuerit, pro parte esse vindicandum: nec quaquam erit dicendum, quod in mulso dictum est, quia utraque materia etsi confusa manet tamen.

Übersetzung: (Ulpian im 16. Buch seines Ediktskommentars)*)

Derselbe (Pomponius) schreibt, wenn aus meinem Honig und deinem Wein Met gemacht worden ist, so seien einige Juristen der Meinung, es entstehe auch daran Miteigentum. Ich halte jedoch für richtiger, was auch Pomponius selbst ausspricht, dass die Sache eher Eigentum des Erzeugers wird, da sie ihre frühere Art nicht aufrechterhält. Wenn jedoch Blei mit Silber gemischt worden ist, entsteht nicht Miteigentum, da die Sache trennbar ist, und daher wird auch nicht mit der *actio communi dividundo*, sondern mit der *actio in rem* geklagt. Doch wenn man nicht trennen kann, zB bei Mischung von Kupfer und Gold, so sagt er, man müsse *pro parte* vindizieren, und es sei keineswegs dieselbe Entscheidung wie bezüglich des Mets zu fällen, da beide Substanzen trotz Vermischung erhalten bleiben.

Bemerkungen zum Text:

Beachten Sie die Schmelzpunkte der genannten Metalle (Kupfer 1083°, Gold 1063°, Silber 960,5°, Blei 327,4°). Zu *verius* (richtiger) s oben zu Fall 8.

Erörterung des Problems:

a) Handelt die Stelle von einvernehmlicher Vermischung (dh mit Zustimmung beider Eigentümer) oder erfolgt die Vermischung ohne Vereinbarung?

b) Begründen Sie die Entscheidung bezüglich des Eigentums an Metallegierungen.

c) Mit welcher Begründung ließe sich bei Vermischung von Wein und Met die Entstehung von Miteigentum rechtfertigen?

Literaturhinweise:

Thielmann, Zum Eigentumserwerb durch Verarbeitung, in FG von Lübtow (1980) 205 ff.

Cromme (Fall 115) 57 ff.

Schermaier, D 41, 1, 24 und 26 pr.: Ein Versuch zur Verarbeitungslehre des Paulus, ZSS 105 (1988) 436 ff.

Schermaier (Fall 115) 164 ff.

Schermaier (Fall 114) 140 f.

Behrends (Fall 111) 229 ff.

Plisecka (Fall 113) 50 ff.

---

*) Zu Autor und Werk s oben Fall 11 (D 18, 6, 1, 2); zu Pomponius Fall 29 (D 41, 1, 21 pr.).

Fall 119

d) Sonderfall: Geld

D 46, 3, 78 (Iavolenus libro undecimo ex Cassio)

Si alieni nummi inscio vel invito domino soluti sunt, manent eius cuius fuerunt: si mixti essent, ita ut discerni non possent, eius fieri qui accepit in libris Gaii scriptum est, ita ut actio domino cum eo, qui dedisset, furti competeret.

Übersetzung: (Javolen im elften Buch seines Auszuges aus Cassius)*)
Wenn fremde Münzen ohne Wissen oder gegen den Willen des Eigentümers ausgezahlt worden sind, bleiben sie das Eigentum dessen, dem sie gehört haben: Wenn sie so vermengt wurden, dass man sie nicht mehr unterscheiden kann, steht in den Büchern des Gaius (Cassius) geschrieben, dass sie Eigentum dessen werden, der sie empfangen hat, sodass dem Eigentümer eine *actio furti* gegen den zusteht, der die Münzen ausgegeben hat.

Erörterung des Problems:

a) Setzt der Text Gutgläubigkeit des Zahlungsempfängers voraus, der fremdes Geld mit eigenem vermengt? Treten je nach seiner Gut- oder Bösgläubigkeit verschiedene Rechtsfolgen ein?
b) Setzt der Text Bösgläubigkeit des Zahlers voraus?
c) Bei ununterscheidbarer Vermengung anderer fester Stoffe (zB von Getreidekörnern) ohne übereinstimmenden Willen beider Eigentümer bleibt nach Pomponius/Ulpian D 6, 1, 3, 5 pr. das bisherige Eigentum aufrecht und kann durch Quantitätsvindikation geltend gemacht werden. Was spricht für die Anwendung dieser Entscheidung auch auf Geld?
d) Welche Argumente sprechen zugunsten einer Sonderbehandlung von Geld im Sachenrecht?
e) B, der Geld für A aufbewahrt, verwendet dieses Geld irrtümlich zur Bezahlung einer Schuld an C. Ist C damit Eigentümer des Geldes geworden? Ist die Schuld des B erloschen? Wie kommt A zu seinem Geld?
f) Nehmen Sie im Fall e) Bösgläubigkeit des B an.

Vgl dazu:

§ 370 ABGB
Wer eine bewegliche Sache gerichtlich zurückfordert, muß sie durch Merkmale beschreiben, wodurch sie von allen ähnlichen Sachen gleicher Gattung ausgezeichnet wird.

§ 371 ABGB
Sachen, die sich auf diese Art nicht unterscheiden lassen, wie bares Geld mit anderm baren Geld vermengt, ... sind also in der Regel kein Gegenstand der Eigentumsklage ...

---

*) Zu Javolen s oben Fall 3 (D 46, 3, 79); zu Cassius oben Fall 19 (D 41, 2, 21, 3).

Fall 119

Literaturhinweise:

Manthe (Fall 19) 45 ff.

Wacke, Die Zahlung mit fremdem Geld, BIDR 79 (1976) 114 ff.

Kaser (Fall 70) 183 ff.

Bauer (Fall 84) 153 ff.

Schermaier (Fall 114) 149 ff.

Gamauf, Eigentumserwerb an Geld durch Vermengung im römischen Recht (D 46, 3, 78) und in § 371 ABGB, JAP 1997/98, 154 ff.

Fall 120

H. Verarbeitung (Spezifikation)

D 41, 1, 7, 7 (Gaius libro secundo rerum cottidianarum sive aureorum)

Cum quis ex aliena materia speciem aliquam suo nomine fecerit, Nerva et Proculus putant hunc dominum esse qui fecerit, quia quod factum est, antea nullius fuerat. Sabinus et Cassius magis naturalem rationem efficere putant, ut qui materiae dominus fuerit, idem eius quoque, quod ex eadem materia factum sit, dominus esset, quia sine materia nulla species effici possit: veluti si ex auro vel argento vel aere vas aliquod fecero, vel ex tabulis tuis navem aut armarium aut subsellia fecero, vel ex lana tua vestimentum, vel ex vino et melle tuo mulsum, vel ex medicamentis tuis emplastrum aut collyrium, vel ex uvis aut olivis aut spicis tuis vinum vel oleum vel frumentum. est tamen etiam media sententia recte existimantium, si species ad materiam reverti possit, verius esse, quod et Sabinus et Cassius senserunt, si non possit reverti, verius esse, quod Nervae et Proculo placuit. ut ecce vas conflatum ad rudem massam auri vel argenti vel aeris reverti potest, vinum vero vel oleum vel frumentum ad uvas et olivas et spicas reverti non potest: ac ne mulsum quidem ad mel et vinum vel emplastrum aut collyria ad medicamenta reverti possunt. videntur tamen mihi recte quidam dixisse non debere dubitari, quin alienis spicis excussum frumentum eius sit, cuius et spicae fuerunt: cum enim grana, quae spicis continentur, perfectam habeant suam speciem, qui excussit spicas, non novam speciem facit, sed eam quae est detegit.

Übersetzung: (Gaius im zweiten Buch seiner „Jurisprudenz des täglichen Lebens" bzw „Goldenen Rechtsregeln")*)

Wenn jemand aus fremdem Material einen Gegenstand für sich hergestellt hat, meinen Nerva und Proculus, dass derjenige Eigentümer sei, der ihn hergestellt hat, weil das, was hergestellt worden ist, vorher niemandem gehört hatte. Sabinus und Cassius meinen, dass die natürliche Vernunft eher dazu führe, dass der Eigentümer des Materials auch Eigentümer dessen werde, das aus diesem Material erzeugt wird, weil ohne Material kein Gegenstand hergestellt werden könne: so zB wenn ich aus deinem Gold, Silber oder Kupfer irgendein Gefäß mache, oder aus deinen Brettern ein Schiff oder einen Kasten oder Sessel, oder aus deiner Wolle ein Gewand, oder aus deinem Wein und deinem Honig Met, oder aus deinen Medikamenten ein Wundpflaster oder eine Salbe, oder aus deinen Trauben oder Oliven oder Ähren Wein oder Öl oder Getreide. Es gibt jedoch auch eine mittlere Meinung derer, die zu Recht die Ansicht vertreten, wenn die bearbeitete Sache wieder in den ursprünglichen Rohzustand zurückgeführt werden könne, sei die Auffassung von Sabinus und Cassius richtiger, wenn das jedoch nicht möglich sei, dann die Auffassung von Nerva und Proculus. So kann zB das Gefäß eingeschmolzen und dadurch wieder zum Rohmaterial Gold, Silber oder Kupfer gemacht werden; der Wein aber oder das Öl oder das Getreide kann nicht wieder zu Trauben oder Oliven oder Ähren gemacht werden: Auch Met kann nicht wieder zu Honig und Wein, oder ein Wundpflaster oder eine Salbe zu den ursprünglichen Medikamenten rückgebildet werden. Dennoch scheinen mir manche richtig gesagt zu haben, man dürfe nicht zweifeln, dass das aus fremden Ähren ausgedroschene Getreide dem gehört, dem auch die Ähren gehört haben: Weil

---

*) Zu Autor und Werk s oben Fall 6 (D 41, 1, 9, 6); zu Nerva Fall 13 (D 12, 1, 9, 9); zu Proculus Fall 9 (D 41, 1, 55); zu Sabinus Fall 11 (D 18, 6, 1, 2); zu Cassius Fall 19 (D 41, 2, 21, 3).

173

Fall 120

nämlich die Körner, die in den Ähren enthalten sind, ihre vollendete Form haben, schafft der, der die Ähren ausdrischt, keine neue Sache, sondern bringt die schon vorhandene zutage.

Erörterung des Problems:

a) Wie begründen Prokulianer und Sabinianer ihre abweichenden Standpunkte?
b) Gaius nennt sechs Haupttypen von Verarbeitung (Metall, Holz, Textilien, Brauerei, Apotheke, Landwirtschaft). Auf welche davon ist die *media sententia* anwendbar?
c) Wer erwirbt Eigentum, wenn die Verarbeitung im Auftrag des Materialeigentümers oder eines Dritten erfolgt?
d) Welche Rechtsfolge tritt nach prokulianischer Lehre ein, wenn der Dieb das gestohlene Gold zu Ringen verarbeitet?
e) Welche Ansprüche hat der Stoffeigentümer, der nach prokulianischer Auffassung sein Eigentum verloren hat?
f) Welche Ansprüche hat der Produzent, der nach sabinianischer Lehre das Produkt an den Materialeigentümer ausfolgen muß?

Vgl dazu:

§ 414 ABGB
Wer fremde Sachen verarbeitet; wer sie mit den seinigen vereinigt, vermengt, oder vermischt, erhält dadurch noch keinen Anspruch auf das fremde Eigentum.

§ 415 ABGB
Können dergleichen verarbeitete Sachen in ihren vorigen Stand zurückgebracht; vereinigte, vermengte oder vermischte Sachen wieder abgesondert werden; so wird einem jeden Eigentümer das Seinige zurückgestellt, und demjenigen Schadloshaltung geleistet, dem sie gebührt. Ist die Zurücksetzung in den vorigen Stand, oder die Absonderung nicht möglich, so wird die Sache den Teilnehmern gemein; doch steht demjenigen, mit dessen Sache der andere durch Verschulden die Vereinigung vorgenommen hat, die Wahl frei, ob er den ganzen Gegenstand gegen Ersatz der Verbesserung behalten, oder ihn dem andern ebenfalls gegen Vergütung überlassen wolle. Der Schuld tragende Teilnehmer wird nach Beschaffenheit seiner redlichen oder unredlichen Absicht behandelt. Kann aber keinem Teile ein Verschulden beigemessen werden, so bleibt dem, dessen Anteil mehr wert ist, die Auswahl vorbehalten.

§ 416 ABGB
Werden fremde Materialien nur zur Ausbesserung einer Sache verwendet, so fällt die fremde Materie dem Eigentümer der Hauptsache zu, und dieser ist verbunden, nach Beschaffenheit seines redlichen oder unredlichen Verfahrens, dem vorigen Eigentümer der verbrauchten Materialien den Wert derselben zu bezahlen.

§ 950 I BGB
Wer durch Verarbeitung oder Umbildung eines oder mehrerer Stoffe eine neue bewegliche Sache herstellt, erwirbt das Eigentum an der neuen Sache, sofern nicht der Wert der Verarbeitung oder der Umbildung erheblich geringer ist als der Wert des Stoffes. Als Verarbeitung gilt auch das Schreiben, Zeichnen, Malen, Drucken, Gravieren oder eine ähnliche Bearbeitung der Oberfläche.

§ 951 I BGB
Wer infolge der Vorschriften der §§ 946 bis 950 einen Rechtsverlust erleidet, kann ... Vergütung in Geld ... fordern. Die Wiederherstellung des früheren Zustandes kann nicht verlangt werden.

Art 726 ZGB
Hat jemand eine fremde Sache verarbeitet oder umgebildet, so gehört die neue Sache, wenn die Arbeit kostbarer ist als der Stoff, dem Verarbeiter, andernfalls dem Eigentümer.
Hat der Verarbeiter nicht in gutem Glauben gehandelt, so kann der Richter, auch wenn die Arbeit kostbarer ist, die neue Sache dem Eigentümer des Stoffes zusprechen.
Vorbehalten bleiben die Ansprüche auf Schadenersatz und aus Bereicherung.

Literaturhinweise:

Mayer-Maly, Spezifikation: Leitfälle, Begriffsbildung, Rechtsinstitut, ZSS 73 (1956) 120 ff.

Schermaier (Fall 115) 98 ff.

Stoop, Non solet locatio dominium mutare. Some remarks on specificatio in classical Roman law, TR 66 (1998) 5 ff.

Schermaier, An eadem res sit, quaeritur. Änderungen der Sachidentität als Problem des römischen Rechts, in St. Talamanca VII (2001) 284 ff.

Gröschler, Die Eigentumszuordnung beim Werkvertrag – ein Vergleich, in *Ernst/Jakab* (Hrsg), Usus Antiquus Juris Romani (2005) 59 ff.

Kraft, Bona fides als Voraussetzung für den Eigentumserwerb durch specificatio, TR 74 (2006) 293 ff.

Leesen, Produced and bottled in Rome – Who Owned the Wine? The Controversy about Specificatio, RIDA 53 (2006) 269 ff.

Jansen, Staatliche Gesellschaftspolitik und juristische Argumentation im römischen Privatrecht, in FS Knütel (2009) 501 ff.

IV. Kapitel: Eigentumsschutz und Eigentumsbeschränkungen

A. Die rei vindicatio
   a) Passivlegitimation
   b) Umfang der Restitutionspflicht des Beklagten
B. Die actio Publiciana und Einreden
C. Die actio negatoria
D. Das interdictum quod vi aut clam (Ediktsinterpretation)

Einleitung

In diesem Kapitel soll an einigen Beispielen gezeigt werden, auf welche Weise und in welchem Umfang der Eigentümer sein Recht gerichtlich durchsetzen kann.

Von der *rei vindicatio,* der Klage des zivilen Eigentümers auf Feststellung seines Rechtes und Herausgabe der Sache, werden hier zwei Aspekte zur Diskussion gestellt: die Passivlegitimation sowie das Ausmaß der Restitutionspflicht des Beklagten (Früchte, Schadenersatz, Aufwendungen).

Die *actio Publiciana* ist der *rei vindicatio* nachgebildet worden, um auch dem Ersitzungsbesitzer gegen schlechterberechtigte Dritte dinglichen Rechtsschutz zu gewähren. Der bonitarische Eigentümer (dem eine *res mancipi* durch den zivilen Eigentümer lediglich tradiert worden ist) dringt mit der *a°* Publiciana sogar gegen den zivilen Eigentümer durch, dessen *rei vindicatio* oder *exceptio dominii* umgekehrt durch den bonitarischen Eigentümer mittels *exceptiones* bzw *replicationes rei venditae et traditae* oder *doli* entkräftet werden kann.

Die Eigentumsfreiheitsklage *(a° negatoria)* dient der Abwehr von angemaßten Servituten, von Immissionen und anderen Beeinträchtigungen des Eigentums.

Darüber hinaus stehen dem Eigentümer unter bestimmten Voraussetzungen auch Besitzinterdikte und eine Reihe spezieller Rechtsbehelfe des Nachbarrechtes zur Verfügung. Als besonders kräftiges und illustratives Rechtsmittel wird hier das *interdictum quod vi aut clam* besprochen, das zugleich Einblick in die Ediktsinterpretation römischer Juristen vermitteln soll.

Literatur:

   Kaser, Restituere als Prozeßgegenstand[2] (1968).

   Kaser, Nochmals über Besitz und Verschulden bei den „actiones in rem", ZSS 98 (1981) 77ff.

   Wimmer, Besitz und Haftung des Vindikationsbeklagten (1995).

   Kaser, In bonis esse, ZSS 78 (1961) 185ff.

   Apathy, Die actio Publiciana beim Doppelkauf vom Nichteigentümer, ZSS 99 (1982) 158ff.

Maifeld, Die aequitas bei L. Neratius Priscus (1991).

Watson, The Law of Property in the Later Roman Republic (1968) 176 ff (a° negatoria), 222 ff (quod vi aut clam).

Thielmann, Nochmals: Doppelveräußerung durch Nichtberechtigte – D 19, 1, 31, 2 und D 6, 2, 9, 4, ZSS 111 (1994) 197 ff.

Rainer, Die Immissionen: Zur Entstehungsgeschichte des § 906 BGB, in FS Wesener (1992) 351 ff.

Wubbe, Ergo et Publicianam habebit. Fragen zur Aktivlegitimation, in *Wubbe,* Ius vigilantibus scriptum (2003) 125 ff (= Études dédiées à Hans Ankum II, 1995, 647 ff).

Ankum, Der römischrechtliche Ursprung der Revindikationsartikel in modernen Zivilgesetzbüchern, in FS Nehlsen (2008) 569 ff.

Seyed-Mahdavi Ruiz, Die rechtlichen Regelungen der Immissionen im römischen Recht und in ausgewählten europäischen Rechtsordnungen (2000).

A. Die rei vindicatio

Si paret rem, qua de agitur,
ex iure Quiritium Auli Agerii esse, ⎤ *intentio*

neque ea res restituetur, ⎤ *clausula arbitraria*

quanti ea res erit, tantam pecuniam
iudex Numerium Negidium Aulo Agerio condemnato, ⎤ *condemnatio*
si non paret, absolvito.

(Wenn es sich erweist, daß die Sache, um die prozessiert wird,
quiritisches Eigentum des Klägers ist,

und diese Sache nicht restituiert wird,

so soll der Richter den Beklagten zur Zahlung
des Geldbetrages verurteilen, den die Sache wert sein wird.
Wenn es sich nicht erweist, so soll er ihn freisprechen.)

Die Klageformel der *rei vindicatio* ist aus drei Klauseln zusammengesetzt:

Die *intentio* (1) nennt den Klagegrund, das Recht, auf das der Kläger sein Klagebegehren stützt. Sie ist als Bedingung der *condemnatio* formuliert (*si paret . . . condemnato* usw).

Die *condemnatio* (3) weist den Richter an, zu verurteilen oder freizusprechen (in moderner Zivilprozessterminologie: dem Klagebegehren stattzugeben oder es abzuweisen); *quanti ea res erit* legt für die Wertberechnung den Urteilszeitpunkt zugrunde.

Die *clausula arbitraria* (2) ermöglicht (erzwingt) Naturalrestitution statt Geldkondemnation. Der *iudex* prüft den Anspruch des Klägers; findet er ihn berechtigt, so erlässt er darüber einen feststellenden Zwischenbescheid *(pronuntiatio)* und fordert den Beklagten zur Restitution auf *(iussum de restituendo)*. Je nach Reaktion des Beklagten auf diesen Bescheid erfolgt schließlich Freispruch oder (erhöhte) Geldverurteilung.

a) Passivlegitimation

D 6, 1, 9 (Ulpianus libro sexto decimo ad edictum)

Officium autem iudicis in hac actione in hoc erit, ut iudex inspiciat, an reus possideat: nec ad rem pertinebit, ex qua causa possideat: ubi enim probavi rem meam esse, necesse habebit possessor restituere, qui non obiecit aliquam exceptionem. quidam tamen, ut Pegasus, eam solam possessionem putaverunt hanc actionem complecti, quae locum habet in interdicto uti possidetis vel utrubi. denique ait ab eo, apud quem deposita est vel commodata vel qui conduxerit aut qui legatorum servandorum causa vel dotis ventrisve nomine in possessione esset vel cui damni infecti nomine non cavebatur, quia hi omnes non possident, vindicari non posse. puto autem ab omnibus, qui tenent et habent restituendi facultatem, peti posse.

Übersetzung: (Ulpian im 16. Buch seines Ediktskommentars)*)

Die Aufgabe des Richters wird bei dieser Klage darin bestehen zu prüfen, ob der Beklagte besitzt. Und es wird unerheblich sein, aus welchem Grunde er besitzt. Sobald ich nämlich bewiesen habe, dass die Sache in meinem Eigentum steht, muss der Besitzer restituieren, sofern er keine Einrede geltend macht.

Allerdings meinen einige Juristen, wie etwa Pegasus, dass diese *actio* nur jenen Besitz erfasse, der Gegenstand eines *interdictum uti possidetis* oder *utrubi* sei. Folglich sagt er, vom Depositar, Kommodatar, Mieter oder von jemandem, der zur Erhaltung der Vermächtnisse oder zugunsten der Dos oder eines Ungeborenen in Besitz ist, oder dem die *cautio damni infecti* nicht geleistet worden ist, könne man nicht vindizieren, da diese alle nicht Besitzer sind.

Ich glaube jedoch, dass alle geklagt werden können, welche die Sache innehaben und die Möglichkeit zur Restitution haben.

Erörterung des Problems:

a) Welche Einreden könnte der Beklagte gegen die *rei vindicatio* des Klägers geltendmachen?
b) Was spricht zugunsten der Lehre des Pegasus (mangelnde Passivlegitimation des Detentors)?
c) Wie lässt sich die Entscheidung Ulpians begründen?

Vgl dazu:

§ 985 BGB
Der Eigentümer kann von dem Besitzer die Herausgabe der Sache verlangen.

§ 366 ABGB (unten Fall 131)

§ 369 ABGB
Wer die Eigentumsklage übernimmt, muß den Beweis führen, daß der Geklagte die eingeklagte Sache in seiner Macht habe, und daß diese Sache sein Eigentum sei.

---

*) Zu Autor und Werk s oben Fall 11 (D 18, 6, 1, 2); zu Pegasus oben Fall 114 (D 41, 1, 27, 2).

Fall 121

§ 375 ABGB
Wer eine Sache in fremdem Namen besitzt, kann sich gegen die Eigentumsklage dadurch schützen, daß er seinen Vormann namhaft macht, und sich darüber ausweist.

Literaturhinweise:
Kaser, Nochmals über Besitz und Verschulden bei den „actiones in rem", ZSS 98 (1981) 90 ff.

Ankum, Der römischrechtliche Ursprung der Revindikationsartikel in modernen Zivilgesetzbüchern, in FS Nehlsen (2008) 569 ff.

Rainer, Quintus Mucius, der Besitz und die cautio damni infecti, in FS Knütel (2009) 895 f.

Fall 122

D 6, 1, 27, 1 (Paulus libro vicensimo primo ad edictum)

Possidere autem aliquis debet utique et litis contestatae tempore et quo res iudicatur. quod si litis contestationis tempore possedit, cum autem res iudicatur sine dolo malo amisit possessionem, absolvendus est possessor. item si litis contestatae tempore non possedit, quo autem iudicatur possidet, probanda est Proculi sententia, ut omnimodo condemnetur: ergo et fructuum nomine ex quo coepit possidere damnabitur.

Übersetzung: (Paulus im 21. Buch seines Ediktskommentars)*)

Besitzen muss jemand grundsätzlich sowohl bei der *litis contestatio* als auch im Zeitpunkt der Urteilsfällung. Wenn er aber zur Zeit der *litis contestatio* besessen hat, im Urteilszeitpunkt jedoch den Besitz ohne *dolus malus* verloren hat, so ist der Besitzer freizusprechen. Ebenso wenn er bei *litis contestatio* nicht besessen hat, bei Urteilsfällung jedoch besitzt, ist die Ansicht des Proculus zu billigen, dass er auf jeden Fall zu verurteilen ist: Er wird deshalb ab Besitzerlangung auch auf die Früchte verurteilt.

Bemerkung zum Text:

Hier liegt ein offenbar gekürzter Kontroversenbericht vor. Während der erste Satz ein Grundprinzip ausspricht, bezieht sich der zweite auf eine Ausnahme, die von der (siegreichen) sabinianischen Lehre aufgestellt worden ist. Der dritte Satz nennt eine Ausnahme der Prokulianer. Auch diese hat sich durchgesetzt.

Erörterung des Problems:

a) Versuchen Sie, die Ausnahme der Sabinianer zu begründen.

b) Versuchen Sie, den Standpunkt der Prokulianer zu erläutern.

c) Bilden Sie ein Beispiel für Besitzverlust ohne *dolus malus* nach der *litis contestatio*.

d) Versuchen Sie zu erklären, wie die *litis contestatio* zustandekommen konnte, obwohl der Beklagte nicht Besitzer war, und warum die Früchte dem Kläger nicht ab *litis contestatio* zugesprochen werden.

Literaturhinweise:

Kaser (Fall 121) 97 ff.

Wimmer, Besitz und Haftung des Vindikationsbeklagten (1995) 12 ff.

Schlinker, Litis contestatio: Eine Untersuchung über die Grundlagen des gelehrten Zivilprozesses in der Zeit vom 12. bis zum 19. Jahrhundert (2008) 28 ff.

---

*) Zu Autor und Werk s oben Fall 1 (D 41, 2, 3, 1); zu Proculus oben Fall 9 (D 41, 1, 55).

Fall 123

D 6, 1, 7 (Paulus libro undecimo ad edictum)

Si is, qui optulit se fundi vindicationi, damnatus est, nihilo minus a possessore recte petitur, sicut Pedius ait.

Übersetzung: (Paulus im elften Buch seines Ediktskommentars)*)

Wenn derjenige, der sich (ohne zu besitzen) auf die Vindikation des Grundstücks eingelassen hat, verurteilt worden ist, kann nichtsdestoweniger der Besitzer zu Recht geklagt werden. So entscheidet auch Pedius.

Erörterung des Problems:

a) Aus welchem Motiv könnte sich der Nichtbesitzer auf die *rei vindicatio* eingelassen haben?
b) Wie kann die Erweiterung der Passivlegitimation auf diesen Nichtbesitzer begründet werden?
c) Wie lässt sich die doppelte Befriedigung des Klägers rechtfertigen?

Vgl dazu:

§ 376 ABGB
Wer den Besitz einer Sache vor Gericht leugnet und dessen überwiesen wird, muß dem Kläger deswegen allein schon den Besitz abtreten; doch behält er das Recht, in der Folge seine Eigentumsklage anzustellen.

§ 377 ABGB
Wer eine Sache, die er nicht besitzt, zu besitzen vorgibt, und den Kläger dadurch irreführt, haftet für allen daraus entstehenden Schaden.

§ 378 ABGB
Wer eine Sache im Besitze hatte, und nach zugestellter Klage fahren ließ, muß sie dem Kläger, wenn dieser sich nicht an den wirklichen Inhaber halten will, auf seine Kosten zurückverschaffen, oder den außerordentlichen Wert derselben ersetzen.

Literaturhinweise:

Kaser (Fall 121) 140 ff.

J. Wacke, Actiones suas praestare debet (2010) 104 ff.

---

*) Zu Autor und Werk s oben Fall 1 (D 41, 2, 3, 1). Sextus Pedius ist nur durch Zitate Pauls und Ulpians bekannt. Er hat einen umfangreichen Ediktskommentar geschrieben und ist wohl Zeitgenosse Julians.

Fall 124

D 44, 2, 17 (Gaius libro trigensimo ad edictum provinciale)

Si rem meam a te petiero, tu autem ideo fueris absolutus, quod probaveris sine dolo malo te desisse possidere, deinde postea coeperis possidere et ego a te petam: non nocebit mihi exceptio rei iudicatae.

Übersetzung: (Gaius im 30. Buch seines Kommentars zum Provinzialedikt)*)

Wenn ich meine Sache von dir eingeklagt habe, du jedoch freigesprochen worden bist, da du beweisen konntest, dass du ohne *dolus* zu besitzen aufgehört hattest, und du später wieder zu besitzen beginnst und ich dich neuerlich klage, wird mir die Einrede der entschiedenen Sache nicht schaden.

Bemerkungen zum Text:

Auch im modernen Zivilprozess gilt der Grundsatz *ne bis in idem* oder *ne bis de eadem re sit actio* (in derselben Streitsache kann nicht zweimal geklagt werden). Das heißt, wenn in einer Angelegenheit ein Prozess anhängig ist oder bereits rechtskräftig entschieden worden ist, gewährt der Prätor keine weitere Klage bzw gibt dem Beklagten eine *exceptio rei iudicatae vel in iudicium deductae* (Einrede der entschiedenen oder streitanhängigen Sache).

Erörterung des Problems:

Konstruieren Sie einen konkreten Fall und begründen Sie die Entscheidung des Gaius.

Literaturhinweise:
   Kaser (Fall 121) 139.
   Wimmer (Fall 122) 18 ff.

---

*) Zu Gaius s oben Fall 6 (D 41, 1, 9, 6), zu seinen libri ad edictum provinciale oben Fall 64 (D 41, 2, 9).

183

Fall 125

b) Umfang der Restitutionspflicht des Beklagten

D 6, 1, 33 (Paulus libro vicensimo primo ad edictum)

Fructus non modo percepti, sed et qui percipi honeste potuerunt aestimandi sunt: et ideo si dolo aut culpa possessoris res petita perierit, veriorem putat Pomponius Trebatii opinionem putantis eo usque fructuum rationem habendam, quo usque haberetur, si non perisset, id est ad rei iudicandae tempus: quod et Iuliano placet ...

Übersetzung: (Paulus im 21. Buch seines Ediktskommentars)*)

Nicht nur die tatsächlich gezogenen Früchte sind zu schätzen, sondern auch jene, die anständigerweise hätten gezogen werden können. Wenn daher durch *dolus* oder *culpa* des Besitzers die eingeklagte Sache untergegangen ist, hält Pomponius die Ansicht des Trebatius für richtiger, der meint, dass die Früchte bis zu dem Zeitpunkt zu berechnen sind, zu dem sie berechnet worden wären, wenn die Sache nicht untergegangen wäre, dh bis zur Urteilsfällung. Dies billigt auch Julian ...

Bemerkung zum Text:

Zu *veriorem* (richtiger) s oben zu Fall 8.

Erörterung des Problems:

a) Bilden Sie ein konkretes Beispiel zur Illustration der Paulusentscheidung.

b) Der Kläger erklärt dem *iudex*, er hätte selbst eine größere Menge oder eine höherwertige Art von Feldfrüchten gezogen, wenn ihm der Acker bei *litis contestatio* ausgefolgt worden wäre. Wozu wird der Richter den Beklagten verurteilen?

c) Der eingeklagte Sklave stirbt während des Eigentumsprozesses. Wie werden die Juristen bezüglich der Früchte (Arbeitsleistung) entscheiden?

d) Erhält der Kläger auch Ersatz für die untergegangene Sache?

e) Welche Regelung gilt bezüglich der Früchte, die vor *litis contestatio* gezogen worden sind?

Vgl dazu:

D 6, 1, 79 (Labeo libro sexto pithanon a Paulo epitomatorum)

Si hominem a me petieris et is post litem contestatam mortuus sit, fructus quoad is vixerit aestimari oportet. Paulus: Ita id verum esse puto, si non prius is homo in eam valetudinem inciderit, propter quam operae eius inutiles factae sunt: nam ne si vixisset quidem in ea valetudine, fructus eius temporis nomine aestimari conveniret.

---

*) Zu Autor und Werk s oben Fall 1 (D 41, 2, 3, 1); zu Pomponius Fall 29 (D 41, 1, 21 pr.); zu Trebatius Fall 8 (D 41, 1, 5, 1); zu Julian Fall 70 (D 41, 1, 36).

Fall 125

Übersetzung: (Labeo im sechsten Buch seiner von Paulus exzerpierten Pithana)*)
    Wenn du einen Sklaven von mir eingeklagt hast und dieser nach der *litis contestatio* gestorben ist, müssen die Früchte für den Zeitraum geschätzt werden, in dem er noch gelebt hat. Paulus: Das halte ich dann für richtig, wenn der Sklave nicht schon vorher so krank geworden war, dass seine Arbeit nutzlos war. Denn wenn er in diesem Gesundheitszustand gelebt hätte, hätte man bezüglich dieses Zeitraumes keine Schätzung von Früchten vornehmen können.

Literaturhinweise:
    Kaser, Restituere als Prozeßgegenstand² (1968) 9f, 192f.
    Wimmer (Fall 122) 77ff.

---

*) Zu Autor und Werk oben Fall 37 (D 41, 1, 65 pr.).

Fall 126

D 6, 1, 16, 1 (Paulus libro vicensimo primo ad edictum)

Culpa non intellegitur, si navem petitam tempore navigationis trans mare misit, licet ea perierit: nisi si minus idoneis hominibus eam commisit.

Übersetzung: (Paulus im 21. Buch seines Ediktskommentars)*)

Es gilt nicht als Fahrlässigkeit, wenn jemand ein eingeklagtes Schiff zur Zeit der Schiffahrt über das Meer schickt, wenngleich es dabei untergeht. Es sei denn, er hat es weniger geeigneten Menschen anvertraut.

Bemerkungen zum Text:

Zu *intellegitur* (gilt) s oben zu Fall 72. In der Antike endete die Zeit der Seefahrt wegen der Gefahr von Stürmen am 11. November; bis zur feierlichen Wiedereröffnung am 10. März galt das Mittelmeer als „geschlossen" *(„mare clausum")*.

Erörterung des Problems:

a) Hätte der Beklagte das Schiff nicht bis zum Prozessausgang im Hafen halten sollen?

b) Welche Bedeutung hat das Sachverhaltselement *tempore navigationis?*

c) Kann der Eigentümer den Besitzer klagen, der das Schiff vor *litis contestatio* fahrlässig untergehen hat lassen?

d) Haftet der Besitzer für die Flucht eines eingeklagten Sklaven?

Literaturhinweise:

Wacke, Gefahrerhöhung als Besitzerverschulden, in FS Hübner (1984) 673 ff.
Wimmer (Fall 122) 48 ff.

---

*) Zu Autor und Werk s oben Fall 1 (D 41, 2, 3, 1).

Fall 127

D 6, 1, 15, 3 (Ulpianus libro sexto decimo ad edictum)

Si servus petitus vel animal aliud demortuum sit sine dolo malo et culpa possessoris, pretium non esse praestandum plerique aiunt: sed est verius, si forte distracturus erat petitor si accepisset, moram passo debere praestari: nam si ei restituisset, distraxisset et pretium esset lucratus.

Übersetzung: (Ulpian im 16. Buch seines Ediktskommentars)*)

Wenn ein eingeklagter Sklave oder ein anderes Lebewesen ohne *dolus* und *culpa* des Besitzers gestorben ist, so sagen die meisten Juristen, der Wert müsse nicht ersetzt werden. Aber es ist richtiger, wenn etwa der Kläger den Sklaven oder das Tier nach Empfang zu veräußern beabsichtigt hat, ihm den durch Verzug erlittenen Schaden zu ersetzen. Denn wenn der Besitzer dem Eigentümer restituiert hätte, hätte dieser verkauft und den Kaufpreis erlangt.

Bemerkungen zum Text:

Das Risiko des zufälligen (von keinem anderen verschuldeten) Untergangs einer Sache trägt grundsätzlich der Eigentümer: *casum sentit dominus*. Nur bei schuldhafter Beschädigung oder Zerstörung durch einen anderen kann dieser zum Ersatz verpflichtet sein. Ein solches Einstehenmüssen für Zufall kann sich als Folge einer Vertragsverletzung oder eines Delikts ergeben: So haftet der in Verzug geratene Schuldner ebenso für *casus* wie der Dieb, für den der Satz formuliert wurde „*fur semper in mora est*" (der Dieb ist immer in Verzug).

Erörterung des Problems:

a) Wie werden die *plerique* argumentiert haben, die den Besitzer nur für verschuldeten Untergang der Sache haften lassen? Zu *plerique* und *verius est* s oben Fall 8.
b) Meinen Sie, dass Ulpian den Beklagten freisprechen würde, wenn dieser zeigen kann, dass die Sache auch beim Kläger untergegangen wäre, oder dass der Kläger kein konkretes Kaufangebot hatte?
c) In welchem Umfang wird der Schaden des Klägers ersetzt?
d) Wie hätte Ulpian und wie hätten die *plerique* vermutlich bezüglich der Früchte entschieden?

Vgl dazu:

D 5, 3, 40 pr. (Paulus libro vicesimo ad edictum)

Illud quoque quod in oratione divi Hadriani est, ut post acceptum iudicium id actori praestetur, quod habiturus esset, si eo tempore quo petit restituta esset hereditas, interdum durum est. quid enim, si post litem contestatam mancipia aut iumenta aut pecora deperierint? damnari debebit secundum verba orationis, quia potuit petitor restituta hereditate distraxisse ea. et hoc iustum esse in specialibus

---
*) Zu Autor und Werk s oben Fall 11 (D 18, 6, 1, 2).

Fall 127

petitionibus Proculo placet: Cassius contra sensit. in praedonis persona Proculus recte existimat, in bonae fidei possessoribus Cassius. nec enim debet possessor aut mortalitatem praestare, aut propter metum huius periculi temere indefensum ius suum relinquere.

Übersetzung: (Paulus im 20. Buch seines Ediktskommentars)*)

Das was in der *oratio* des vergöttlichten Hadrian steht, dass nämlich nach Prozessbeginn dem Kläger zu leisten sei, was er hätte, wenn ihm die Erbschaft in diesem Zeitpunkt herausgegeben worden wäre, bewirkt manchmal Härten. Was soll nämlich gelten, wenn nach der *litis contestatio* Sklaven, Zug- oder Herdentiere gestorben sind? Nach dem Wortlaut der *oratio* muss der Beklagte verurteilt werden, da der Kläger bei Herausgabe der Erbschaft diese Sachen hätte verkaufen können. Und Proculus hat das bei speziellen dinglichen Klagen für gerecht erachtet, Cassius war gegenteiliger Ansicht. Bezüglich eines bösgläubigen Besitzers vertritt Proculus die richtige Auffassung, bezüglich gutgläubiger Besitzer Cassius. Der Besitzer soll nämlich weder für unverschuldeten Tod haften noch aus Angst vor diesem Risiko voreilig sein Recht ohne Verteidigung preisgeben.

Literaturhinweise:

Willvonseder, Die Verwendung der Denkfigur der „condicio sine qua non" bei den römischen Juristen (1984) 125 ff.

Wimmer (Fall 122) 58 ff, 68 ff.

Müller-Ehlen, Hereditatis petitio (1998) 376 ff.

Harke, Mora debitoris und mora creditoris im klassischen römischen Recht (2005) 17 f.

Wimmer (Fall 19) 25 f.

Altmeppen, Versari in re illicita, in FS Knütel (2009) 21 f.

---

*) Zu Autor und Werk s oben Fall 1 (D 41, 2, 3, 1).

Fall 128

D 6, 1, 17 pr. (Ulpianus libro sexto decimo ad edictum)

Iulianus libro sexto digestorum scribit, si hominem, qui Maevii erat, emero a Titio, deinde cum eum Maevius a me peteret, eundem vendidero eumque emptor occiderit, aequum esse me pretium Maevio restituere.

Übersetzung: (Ulpian im 16. Buch seines Ediktskommentars)*)

Julian schreibt im 6. Buch seiner Digesten, wenn ich einen Sklaven, der Eigentum des Maevius war, von Titius gekauft habe, und ihn, als Maevius ihn von mir herausverlangte, weiterverkauft habe und der Käufer ihn getötet hat, sei es gerecht, dass ich dem Maevius das *pretium* gebe.

```
                              ○ Titius
                             /
                            /
          Maevius ○ — — — — — — ○ ego
                                |
                                |
                                ○ emptor
```

Erörterung des Problems:

a) Könnte Maevius Ansprüche gegen Titius geltend machen?
b) Warum wendet sich Maevius nicht an den letzten Käufer?
c) Prüfen Sie die Passivlegitimation des *ego* zur *rei vindicatio*.
d) Welche Schlüsse ziehen Sie aus der Entscheidungsbegründung „*aequum esse*"? (Zur *aequitas* s unten Fall 130.)
e) Bedeutet *pretium restituere* Herausgabe des tatsächlich erzielten Verkaufserlöses oder Wertersatz?

Vgl dazu:

D 50, 17, 131 (Paulus libro vicesimo secundo ad edictum)

Qui dolo desierit possidere, pro possidente damnatur, quia pro possessione dolus est.

Übersetzung: (Paulus im 22. Buch seines Ediktskommentars)**)

Wer den Besitz arglistig aufgegeben hat, wird wie ein Besitzer verurteilt, da die Arglist den Besitz ersetzt.

Literaturhinweise:

Wimmer (Fall 122) 94 ff.
Wimmer (Fall 19) 23 f.

---

*) Zu Autor und Werk s oben Fall 11 (D 18, 6, 1, 2); zu Julian Fall 70 (D 41, 1, 36).
**) Zu Autor und Werk s oben Fall 1 (D 41, 2, 3, 1).

Fall 129

D 6, 1, 37 (Ulpianus libro septimo decimo ad edictum)

Iulianus libro octavo digestorum scribit: si in aliena area aedificassem, cuius bonae fidei quidem emptor fui, verum eo tempore aedificavi, quo iam sciebam alienam, videamus, an nihil mihi exceptio prosit: <—> nisi forte quis dicat prodesse de damno sollicito. puto autem huic exceptionem non prodesse: nec enim debuit iam alienam certus aedificium ponere: sed hoc ei concedendum est, ut sine dispendio domini areae tollat aedificium quod posuit.

Übersetzung: (Ulpian im 17. Buch seines Ediktskommentars)*)

Julian schreibt im achten Buch seiner Digesten: Wenn ich auf einem fremden Bauplatz ein Gebäude errichtet habe, wobei ich zwar das Grundstück gutgläubig gekauft, den Bau allerdings zu einem Zeitpunkt ausgeführt habe, zu dem ich bereits wusste, dass es sich um ein fremdes Grundstück handelt, müssen wir prüfen, ob mir eine *exceptio* nützen kann. <—> (Es sei denn, jemand wollte sagen, sie nütze auch bezüglich eines selbst herbeigeführten Schadens.) Ich glaube jedoch, dass diesem Beklagten eine *exceptio* nichts nützt. Er hätte nämlich, als er bereits sicher war, dass der Bauplatz fremdes Eigentum ist, dort kein Gebäude aufstellen dürfen. Es ist ihm jedoch zu gestatten, das aufgestellte Gebäude ohne Nachteil für den Grundstückseigentümer abzutragen.

Bemerkung zum Text:

Nach Ulpians *videamus, an mihi exceptio prosit* (müssen wir prüfen, ob mir eine *exceptio* nützen kann) könnte ein Kontroversenbericht ausgefallen sein, von dem nur mehr ein *argumentum ad absurdum* „nisi forte quis dicat ... sollicito" („Es sei denn ... Schadens") stehengeblieben ist. Vgl zu dieser Formulierung oben Fall 85, zum *argumentum ad absurdum* oben Fall 34.

Erörterung des Problems:

Welche Ansprüche kann ein gutgläubiger Bauführer gegen den Eigentümer geltend machen? (Vgl dazu Celsus D 6, 1, 38 oben Fall 107.) Soll auch ein schlechtgläubiger Bauführer Ansprüche geltend machen können?

Literaturhinweise:
Bürge (Fall 107) 73 ff.
MacCormack (Fall 107) 83 f.

---

*) Zu Autor und Werk s oben Fall 11 (D 18, 6, 1, 2); zu Julian oben Fall 70 (D 41, 1, 36).

B. Die actio Publiciana und Einreden

a° Publiciana:

> Si quem hominem Aulus Agerius (bona fide) emit
> et is ei traditus est, anno possedisset, tum si eum hominem,
> de quo agitur, eius ex iure Quiritium esse oporteret,
>
> si is homo Aulo Agerio non restituetur,
>
> quanti ea res erit, tantam pecuniam
> iudex Numerium Negidium Aulo Agerio condemnato,
> si non paret absolvito.

(Wenn der Sklave, den der Kläger (gutgläubig) gekauft und übergeben erhalten hat, im Falle dass der Kläger ihn bereits ein Jahr lang besessen hätte, sein quiritisches Eigentum wäre,

und wenn dieser Sklave dem Kläger nicht restituiert wird,

soll der Richter den Beklagten zugunsten des Klägers auf den Geldbetrag verurteilen, den die Sache wert sein wird. Andernfalls soll er ihn freisprechen.)

Einreden:

Exceptiones werden als negative Bedingungssätze vor der *condemnatio* (*quanti ea res erit*...) eingefügt, *replicationes* werden als positive Bedingungssätze *(aut si ...)* an die *exceptiones* angeschlossen.

Exceptio rei venditae et traditae:
Si non Aulus Agerius fundum, quo de agitur, Numerio Negidio vendidit et tradidit.
(Wenn nicht der Kläger das Grundstück, um das prozessiert wird, dem Beklagten verkauft und übergeben hat.)

Exceptio doli:
Si in ea re nihil dolo malo Auli Agerii factum sit neque fiat.
(Wenn in dieser Angelegenheit der Kläger keinen Verstoß gegen Treu und Glauben begangen hat oder begeht.)

Exceptio (iusti) dominii:
Si ea res Numerii Negidii non sit.
(Wenn diese Sache nicht im Eigentum des Beklagten steht.)

Replicatio rei venditae et traditae:
Aut si N^s N^s fundum, quo de agitur, A° A° vendidit et tradidit.
(Oder wenn der Beklagte das Grundstück, um das prozessiert wird, dem Kläger verkauft und übergeben hat.)

Fall 130

D 21, 3, 2 (Pomponius libro secundo ex Plautio)

Si a Titio fundum emeris qui Sempronii erat isque tibi traditus fuerit, pretio autem soluto Titius Sempronio heres extiterit et eundem fundum Maevio vendiderit et tradiderit: Iulianus ait aequius esse priorem[1]) te tueri, quia et si ipse Titius fundum a te peteret, exceptione summoveretur et si ipse Titius eum possideret, Publiciana peteres.

Übersetzung: (Pomponius im zweiten Buch seines Kommentars zu Plautius)*)

Wenn du von Titius ein Grundstück gekauft hast, das im Eigentum des Sempronius stand, und dir dieses Grundstück übergeben worden ist, jedoch nach Bezahlung des Preises Titius den Sempronius beerbt hat und dasselbe Grundstück dem Maevius verkauft und übergeben hat, so sagt Julian, es sei gerechter, dich als ersten[1]) zu schützen, da auch Titius selbst, wenn er das Grundstück von dir herausverlangen wollte, mittels *exceptio* abgewiesen würde und du, auch wenn Titius selbst das Grundstück besäße, mit der *actio Publiciana* klagen könntest.

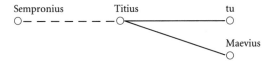

Bemerkung zum Text:

Während die *bona fides* einen Wertmaßstab und Entscheidungsspielraum des *iudex* bezeichnet, den dieser vom Prätor im Klageformular zugewiesen erhält, ist die *aequitas* ein Aspekt, von dem sich der Prätor bei der Gewährung von Klagen, Einreden und anderen Rechtsbehelfen leiten lässt. *Aequitas* (Fairness, Billigkeit, Gerechtigkeit) fungiert dabei häufig als Korrektiv eines als erstarrt oder unvollkommen empfundenen *ius civile*.

Die Juristen berufen sich jedoch auch in anderen Zusammenhängen auf *aequitas*, wenn sie Aspekte wie Gleichwertigkeit, Gleichbehandlung, Ausgewogenheit betonen wollen.

Erörterung des Problems:

a) Welche Rechtsstellung erlangt *tu* am Grundstück des Sempronius, das ihm Titius verkauft und übergeben hat?

b) Hat die nachfolgende Erbschaft des Titius Einfluss auf die Rechtsstellung des *tu*?

c) Welche Klage könnte Titius gegen *tu* erheben? Welche Einrede könnte *tu* geltend machen? (Vgl unten Ulp. D 44, 4, 4, 32 – Fall 131.)

d) Welche Rechtsstellung erwirbt Maevius am Grundstück, das ihm Titius verkauft und übergibt, obwohl er dasselbe bereits an *tu* verkauft und übergeben hat?

---

*) Zu Pomponius oben Fall 29 (D 41, 1, 21 pr.). Der Frühklassiker Plautius wurde ebenso häufig kommentiert wie das ius civile des Sabinus: Außer Pomponius (7 Bücher) schrieben Neraz, Javolen und insbesondere Paulus (18 Bücher) ad Plautium. Zu Julian oben Fall 70 (D 41, 1, 36).

[1]) [priorem] könnte ein Schreibfehler statt <praetorem> sein, vgl Fall 131. Die Übersetzung würde dann lauten „... gerechter, dass der Prätor dich schützt ...".

Literaturhinweise:

Apathy, Die actio Publiciana beim Doppelkauf vom Nichteigentümer, ZSS 99 (1982) 176 ff.

Thielmann, Nochmals: Doppelveräußerung durch Nichtberechtigte – D 19, 1, 31, 2 und D 6, 2, 9, 4, ZSS 111 (1994) 212 ff.

Ankum, ZSS 118 (2001) 451 f (Besprechung von Potjewijd, Beschikkingsbevoegdheid, bekrachting en convalescentie, 1998).

Fall 131

D 44, 4, 4, 32 (Ulpianus libro septuagensimo sexto ad edictum)

Si a Titio fundum emeris qui Sempronii erat isque tibi traditus fuerit pretio soluto, deinde Titius Sempronio heres extiterit et eundem fundum Maevio vendiderit et tradiderit: Iulianus ait aequius esse praetorem te tueri, quia et, si ipse Titius fundum a te peteret, exceptione in factum comparata vel doli mali summoveretur et, si ipse eum possideret et Publiciana peteres, adversus excipientem ‚si non suus esset' replicatione utereris, ac per hoc intellegeretur eum fundum rursus vendidisse, quem in bonis non haberet.

Übersetzung: (Ulpian im 76. Buch seines Ediktskommentars)*)

Wenn du von Titius ein Grundstück gekauft hast, das im Eigentum des Sempronius stand, und dir dieses Grundstück nach Bezahlung des Kaufpreises übergeben worden ist, sodann Titius den Sempronius beerbt und dasselbe Grundstück dem Maevius verkauft und übergeben hat, so sagt Julian, es sei gerechter, dass der Prätor dich schütze, da auch Titius selbst, wenn er das Grundstück von dir herausverlangen wollte, mit einer *exceptio in factum* oder *doli* abgewiesen würde. Und wenn er selbst das Grundstück besäße und du ihn mit der *actio Publiciana* klagtest, könntest du gegen seine *exceptio* „wenn das Grundstück nicht in meinem Eigentum steht" eine *replicatio* vorbringen, und dadurch würde ersichtlich, dass er ein Grundstück wieder verkauft hat, das er nicht *in bonis* hatte.

Erörterung des Problems:

Prüfen Sie das Verhältnis dieses Textes aus dem Digestentitel 44, 4 *de doli mali et metus exceptione* zu D 21, 3, 2 (oben Fall 130) aus dem Digestentitel *de exceptione rei venditae et traditae*.

Vgl dazu:

§ 366 ABGB
Mit dem Rechte des Eigentümers, jeden andern von dem Besitze seiner Sache auszuschließen, ist auch das Recht verbunden, seine ihm vorenthaltene Sache von jedem Inhaber durch die Eigentumsklage gerichtlich zu fordern. Doch steht dieses Recht demjenigen nicht zu, welcher seine Sache zur Zeit, da er noch nicht Eigentümer war, in seinem eigenen Namen veräußert, in der Folge aber das Eigentum derselben erlangt hat.

Literaturhinweise:

Apathy (Fall 130) 176 ff.

Thielmann (Fall 130) 212 ff.

Wesener, Nichtediktale Einreden, ZSS 112 (1995) 120 ff, 145 f.

Ankum (Fall 130) 451 f.

MacCormack, Dolus in Decisions of the Mid-classical Jurists, BIDR 35/36 (1993/94) 107 ff.

---

*) Zu Autor und Werk s oben Fall 11 (D 18, 6, 1, 2); zu Julian oben Fall 70 (D 41, 1, 36).

Fall 132

D 6, 2, 9, 4 (Ulpianus libro sexto decimo ad edictum)

Si duobus quis separatim vendiderit bona fide ementibus, videamus, quis magis Publiciana uti possit, utrum is cui priori res tradita est an is qui [tantum] <prior> emit. et Iulianus libro septimo digestorum scripsit, ut, si quidem ab eodem non domino emerint, potior sit cui priori res tradita est, quodsi a diversis non dominis, melior causa sit possidentis quam petentis. quae sententia vera est.

Übersetzung: (Ulpian im 16. Buch seines Ediktskommentars)*)

Wenn jemand eine Sache hintereinander zwei gutgläubigen Erwerbern verkauft hat, müssen wir prüfen, welcher von diesen eher die *actio Publiciana* erhalten soll: jener, dem die Sache zuerst übergeben worden ist, oder derjenige, der [nur] <zuerst> gekauft hat. Julian schreibt im siebenten Buch seiner Digesten, wenn beide vom selben Nichteigentümer gekauft haben, sei derjenige stärker, dem die Sache zuerst übergeben worden ist; wenn sie jedoch von verschiedenen Nichteigentümern gekauft haben, sei die Lage des Besitzers günstiger als die des Klägers. Und diese Entscheidung ist richtig.

Bemerkungen zum Text:

Wer nur gekauft, die Sache jedoch nicht übergeben bekommen hat, kann nach dem Formelwortlaut *et is ei traditus est* die *aº Publiciana* nicht erhalten. Gemeint ist daher wohl „wer zuerst gekauft hat".

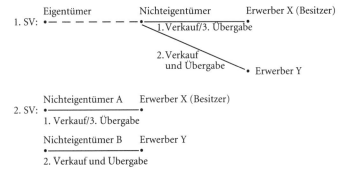

Grundsätzlich muss im Zivilprozess der Kläger sein behauptetes Recht beweisen: *actori incumbit probatio,* oder auch *ei incumbit probatio, qui dicit, non qui negat* (demjenigen obliegt der Beweis, der behauptet, nicht dem, der bestreitet), Paulus D 22, 3, 2. Ein Kläger, der die Herausgabe einer Sache begehrt, wird nur durchdringen, wenn sein Recht stärker ist als das des besitzenden Beklagten: *in pari causa melior est condicio possidentis* (bei gleicher Sachlage hat der Besitzer die bessere Stellung). Vgl dazu auch unten Fälle 176 und 178 a.

Erörterung des Problems:

Erläutern Sie die Differenzierung Julians und versuchen Sie, seine Lösungen zu begründen.

---

*) Zu Autor und Werk s oben Fall 11 (D 18, 6, 1, 2); zu Julian oben Fall 70 (D 41, 1, 36).

Fall 132

Vgl dazu:

§ 372 ABGB
Wenn der Kläger mit dem Beweise des erworbenen Eigentumes einer ihm vorenthaltenen Sache zwar nicht ausreicht, aber den gültigen Titel, und die echte Art, wodurch er zu ihrem Besitze gelangt ist, dargetan hat; so wird er doch in Rücksicht eines jeden Besitzers, der keinen, oder nur einen schwächeren Titel seines Besitzes anzugeben vermag, für den wahren Eigentümer gehalten.

§ 374 ABGB
Haben der Geklagte und der Kläger einen gleichen Titel ihres echten Besitzes, so gebührt dem Geklagten kraft des Besitzes der Vorzug.

Literaturhinweise:
  Apathy (Fall 130) 161 ff.
  Thielmann (Fall 130) 199 ff.
  Wimmer (Fall 19) 19 f.

Fall 133

D 19, 1, 31, 2 (Neratius libro tertio membranarum)

Uterque nostrum eandem rem emit a non domino, cum emptio venditioque sine dolo malo fieret, traditaque est: sive ab eodem emimus sive ab alio atque alio, is ex nobis tuendus est, qui prior ius eius adprehendit, hoc est, cui primum tradita est. si alter ex nobis a domino emisset, is omnimodo tuendus est.

Übersetzung: (Neraz im dritten Buch seiner „Juristischen Skizzen")*)

Jeder von uns beiden hat dieselbe Sache von einem Nichteigentümer gekauft. Der Kauf hat ohne Verstoß gegen die Redlichkeit stattgefunden, und die Sache ist übergeben worden. Gleichgültig, ob wir von demselben oder von verschiedenen Verkäufern erworben haben, ist jener von uns beiden zu schützen, der als erster ein Recht an der Sache erlangt hat, das heißt derjenige, dem sie zuerst übergeben worden ist. Wenn einer von uns vom Eigentümer gekauft hat, ist er auf jeden Fall zu schützen.

Erörterung des Problems:

Fertigen Sie Fallskizzen an. Welches Recht meint Neraz?

Wie könnte Neraz gegen Julian D 6, 2, 9, 4 (oben Fall 132) argumentiert haben?

Literaturhinweise:

Apathy (Fall 130) 160 ff.

Maifeld, Die aequitas bei L. Neratius Priscus (1991) 32 ff, 48 ff.

Thielmann (Fall 130) 199 ff.

---

*) Zu Autor und Werk s oben Fall 73 (D 41, 3, 41).

Fall 134

C. Die actio negatoria

D 8, 5, 8, 5 (Ulpianus libro septimo decimo ad edictum)

Aristo Cerellio Vitali respondit non putare se ex taberna casiaria fumum in superiora aedificia iure immitti posse, nisi ei rei servitutem talem admittit. idemque ait: et ex superiore in inferiora non aquam, non quid aliud immitti licet: in suo enim alii hactenus facere licet, quatenus nihil in alienum immittat, fumi autem sicut aquae esse immissionem: posse igitur superiorem cum inferiore agere ius illi non esse id ita facere. Alfenum denique scribere ait posse ita agi ius illi non esse in suo lapidem caedere, ut in meum fundum fragmenta cadant. dicit igitur Aristo eum, qui tabernam casiariam a Minturnensibus conduxit, a superiore prohiberi posse fumum immittere, sed Minturnenses ei ex conducto teneri: agique sic posse dicit cum eo, qui eum fumum immittat, ius ei non esse fumum immittere. ergo per contrarium agi poterit ius esse fumum immittere: quod et ipsum videtur Aristo probare. sed et interdictum uti possidetis poterit locum habere, si quis prohibeatur, qualiter velit, suo uti.

Übersetzung: (Ulpian im 70. Buch seines Ediktskommentars)*)

Aristo hat dem Cerellius Vitalis geantwortet, er glaube nicht, dass man berechtigt sei, aus einer Käserei Dämpfe in höhergelegene Gebäude abzuleiten, wenn keine diesbezügliche Servitut eingeräumt werde. Derselbe sagt auch, aus einem höhergelegenen Grundstück dürfe auf ein tiefergelegenes weder Wasser noch sonst irgendetwas abgeleitet werden. Auf seinem eigenen Grundstück darf nämlich jeder nur insoweit handeln, als er keine Immission auf ein fremdes Grundstück verursacht. Eine Immission von Dampf sei wie die von Wasser zu behandeln: es könne der Höhergelegene den Tieferliegenden klagen, er habe kein Recht, Handlungen dieser Art vorzunehmen. Er sagt ferner, Alfenus schreibe, man könne klagen, jemand habe nicht das Recht, auf seinem Grundstück so Steine zu klopfen, dass Splitter auf mein Grundstück fielen. Es sagt also Aristo, dass jemandem, der von der Stadtgemeinde Minturnae eine Käserei gepachtet hat, durch den höherliegenden Nachbarn untersagt werden kann, Dampf abzuleiten, doch dass die Gemeinde Minturnae ihm aus dem Pachtvertrag hafte. Und er sagt, wer Dampf ableite, könne geklagt werden, dass er kein Recht habe, Dampf abzuleiten. Also könne man auch umgekehrt klagen, man habe das Recht, Dampf abzuleiten, was auch Aristo zu billigen scheint. Doch auch das *interdictum uti possidetis* wäre anwendbar, wenn jemandem untersagt wird, sein Eigentum nach Belieben zu gebrauchen.

Erörterung des Problems:

a) Welche Rechtsbehelfe stehen zur Abwehr von Immissionen zur Verfügung?
b) Inwieweit müssen Immissionen geduldet werden?
c) In welchen der folgenden Fälle kann der beeinträchtige Nachbar Unterlassung begehren:
   – Titius eröffnet eine Schmiede und hämmert dort den ganzen Tag.
   – Seius übt jeden Nachmittag Trompete.
   – Der Hahn des Maevius weckt den Nachbarn täglich bei Sonnenaufgang.

---

*) Zu Autor und Werk s oben Fall 11 (D 18, 6, 1, 2). Titius Aristo dürfte Schüler des Cassius gewesen sein, zu dessen ius civile er notae verfasst hat. Aristo hatte kein ius respondendi ex auctoritate principis, war jedoch ein bedeutender Jurist, der ua auch von namhaften Kollegen wie Neraz und Celsus brieflich zu Rate gezogen wurde. Zu Alfenus s oben Fall 7 (D 18, 6, 15, 1).

198

Fall 134

Vgl dazu:

§ 364 ABGB

(1) Überhaupt findet die Ausübung des Eigentumsrechtes nur insofern statt, als dadurch weder in die Rechte eines Dritten ein Eingriff geschieht, noch die in den Gesetzen zur Erhaltung und Beförderung des allgemeinen Wohles vorgeschriebenen Einschränkungen übertreten werden. Im Besonderen haben die Eigentümer benachbarter Grundstücke bei der Ausübung ihrer Rechte aufeinander Rücksicht zu nehmen.

(2) Der Eigentümer eines Grundstückes kann dem Nachbarn die von dessen Grund ausgehenden Einwirkungen durch Abwässer, Rauch, Gase, Wärme, Geruch, Geräusch, Erschütterung und ähnliche insoweit untersagen, als sie das nach den örtlichen Verhältnissen gewöhnliche Maß überschreiten und die ortsübliche Benutzung des Grundstückes wesentlich beeinträchtigen. Unmittelbare Zuleitung ist ohne besonderen Rechtstitel unter allen Umständen unzulässig.

(3) Ebenso kann der Grundstückseigentümer einem Nachbarn die von dessen Bäumen oder anderen Pflanzen ausgehenden Einwirkungen durch den Entzug von Licht oder Luft insoweit untersagen, als diese das Maß des Abs. 2 überschreiten und zu einer unzumutbaren Beeinträchtigung der Benutzung des Grundstücks führen. Bundes- und landesgesetzliche Regelungen über den Schutz von oder vor Bäumen und anderen Pflanzen, insbesondere über den Wald-, Flur-, Feld-, Ortsbild-, Natur- und Baumschutz, bleiben unberührt.

§ 523 ABGB

In Ansehung der Servituten findet ein doppeltes Klagerecht statt. Man kann gegen den Eigentümer das Recht der Servitut behaupten; oder, der Eigentümer kann sich über die Anmaßung einer Servitut beschweren ...

§ 906 BGB

I Der Eigentümer eines Grundstücks kann die Zuführung von Gasen, Dämpfen, Gerüchen, Rauch, Ruß, Wärme, Geräusch, Erschütterungen und ähnliche von einem anderen Grundstück ausgehende Einwirkungen insoweit nicht verbieten, als die Einwirkung die Benutzung seines Grundstücks nicht oder nur unwesentlich beeinträchtigt. Eine unwesentliche Beeinträchtigung liegt in der Regel vor, wenn die in Gesetzen oder Rechtsverordnungen festgelegten Grenz- oder Richtwerte von den nach diesen Vorschriften ermittelten und bewerteten Einwirkungen nicht überschritten werden...

II Das Gleiche gilt insoweit, als eine wesentliche Beeinträchtigung durch eine ortsübliche Benutzung des anderen Grundstücks herbeigeführt wird und nicht durch Maßnahmen verhindert werden kann, die Benutzern dieser Art wirtschaftlich zumutbar sind. Hat der Eigentümer hiernach eine Einwirkung zu dulden, so kann er von dem Benutzer des anderen Grundstücks einen angemessenen Ausgleich in Geld verlangen, wenn die Einwirkung eine ortsübliche Benutzung seines Grundstücks oder dessen Ertrag über das zumutbare Maß hinaus beeinträchtigt.

III Die Zuführung durch eine besondere Leitung ist unzulässig.

§ 1004 BGB

I Wird das Eigentum in anderer Weise als durch Entziehung oder Vorenthaltung des Besitzes beeinträchtigt, so kann der Eigentümer von dem Störer die Beseitigung der Beeinträchtigung verlangen. Sind weitere Beeinträchtigungen zu besorgen, so kann der Eigentümer auf Unterlassung klagen.

II Der Anspruch ist ausgeschlossen, wenn der Eigentümer zur Duldung verpflichtet ist.

Fall 134

Literaturhinweise:

Watson, The Law of Property in the Later Roman Republic (1968) 177 ff.

Rainer, Die Immissionen: Zur Entstehungsgeschichte des § 906 BGB, in FS Wesener (1992) 358 ff.

Seyed-Mahdavi Ruiz, Die rechtlichen Regelungen der Immissionen im römischen Recht und in ausgewählten europäischen Rechtsordnungen (2000) 49 ff.

Möller, Die Servituten (2010) 281 ff.

Fall 135

D 8, 5, 17, 2 (Alfenus libro secundo digestorum)

Secundum cuius parietem vicinus sterculinum fecerat, ex quo paries madescebat, consulebatur, quemadmodum posset vicinum cogere, ut sterculinum tolleret. respondi, si in loco publico id fecisset, per interdictum cogi posse, sed si in privato, de servitute agere oportere: si damni infecti stipulatus esset, possit per eam stipulationem, si quid ex ea re sibi damni datum esset, servare.

Übersetzung: (Alfenus im zweiten Buch seiner Digesten)*)

Von jemandem, an dessen Mauer der Nachbar einen Misthaufen angelegt hatte, durch den die Mauer feucht wurde, wurde angefragt, auf welche Weise er den Nachbarn zwingen könnte, den Misthaufen zu entfernen. Ich habe geantwortet: Wenn dieser den Misthaufen auf öffentlichem Boden abgelagert habe, könne er durch ein Interdikt gezwungen werden, wenn auf privatem Grund, dann müsse man mit der Servitutsklage vorgehen. Wenn er eine *stipulatio damni infecti* geleistet habe, könne man aus dieser Stipulation Ersatz begehren, sofern durch die Angelegenheit irgendein Schaden zugefügt worden sei.

Erörterung des Problems:

Der Text steht im Titel D 8, 5 *si servitus vindicetur vel ad alium pertinere negetur* („Wenn eine Servitut vindiziert wird, oder bestritten wird, dass sie jemandem zustehe"). Schreiben Sie eine Exegese dieses Falles.

Literaturhinweise:

Watson (Fall 134) 177 ff.

Rainer, Bau- und nachbarrechtliche Bestimmungen im klassischen römischen Recht (1987) 105 ff.

Rainer (Fall 134) 365 ff.

Rainer, Zum Typenzwang der Servituten: Vom römischen Recht zum BGB, in Études dédiées à Hans Ankum II (1995) 417.

Seyed-Mahdavi Ruiz (Fall 134) 66 ff.

Möller (Fall 134) 274 ff.

---

*) Zu Autor und Werk s oben Fall 7 (D 18, 6, 15, 1).

D. Das interdictum quod vi aut clam (Ediktsinterpretation)

Dieses Interdikt ist der umfassendste Rechtsbehelf des Nachbarrechtes. Es dient zur Abwehr eines breiten Spektrums von Besitzstörungen und kann nicht nur vom Eigentümer angestellt werden, sondern von jedem, der ein berechtigtes Interesse geltend machen kann. Die folgenden Beispiele zur Auslegung des *interdictum quod vi aut clam* durch die römischen Juristen sollen einen Einblick in das Verhältnis der Jurisprudenz zum prätorischen Edikt gewähren.

Das Interdikt lautet:

Quod vi aut clam factum est, qua de re agitur, id, si non plus quam annus est, cum experiendi potestas est, restituas.

Übersetzung:

Was gewaltsam oder heimlich getan worden ist (worüber hier Prozess geführt wird), das sollst du restituieren, wenn nicht mehr als ein Jahr seit dem Zeitpunkt vergangen ist, in dem die Möglichkeit zur Klageerhebung entstanden ist.

Restituieren heißt, den Kläger so zu stellen, als ob sein Besitz nicht gestört worden wäre. Die im Interdikt enthaltene *exceptio annua* findet sich ua auch beim *interdictum unde vi* und deutet auf pönalen Charakter des Rechtsbehelfes (zeitliche Beschränkung der „Rache", Unvererblichkeit des Anspruchs, Wertberechnung nach dem Zeitpunkt der Tat).

Fall 136

D 43, 24, 1, 5 und 6 (Ulpianus libro septuagensimo primo ad edictum)

(5) Quid sit vi factum vel clam factum, videamus. vi factum videri Quintus Mucius scripsit, si quis contra quam prohiberetur fecerit: et mihi videtur plena esse Quinti Mucii definitio.

(6) Sed et si quis iactu vel minimi lapilli prohibitus facere perseveravit facere, hunc quoque vi fecisse videri Pedius et Pomponius scribunt, eoque iure utimur.

D 43, 24, 20, 1 (Paulus libro tertio decimo ad Sabinum)

Prohibitus autem intellegitur quolibet prohibentis actu, id est vel dicentis se prohibere vel manum opponentis lapillumve iactantis prohibendi gratia.

Übersetzung: (Ulpian im 71. Buch seines Ediktskommentars)*)

(5) Untersuchen wir, was *vi factum* oder *clam factum* bedeutet. Quintus Mucius hat geschrieben, es gelte als „*vi factum*", wenn jemand etwas getan hat, das ihm verboten worden war. Ich halte diese Definition des Quintus Mucius für umfassend (sehr weit gesteckt).

(6) Aber auch wenn jemandem durch das Werfen eines winzigen Steinchens ein Verbot erteilt worden ist, er jedoch mit seiner Tätigkeit fortfährt, so schreiben Pedius und Pomponius, auch er wird als jemand betrachtet, der *vi* handelt, und das ist geltendes Recht.

(Paulus im 13. Buch seines Kommentars zum *ius civile* des Sabinus)*)

Als Verbot gilt jede beliebige Handlung des Verbietenden, dh etwa eine mündliche Erklärung, er untersage etwas, oder das Heben der Hand, oder das Werfen eines Steinchens, um ein Verbot zu erteilen.

Bemerkungen zu den Texten:

Der *iactus lapilli* war insbesondere als Form der *operis novi nuntiatio* üblich (Verbot des Weiterbaues, erteilt durch den Nachbarn, der durch unbefugte Bauführung beeinträchtigt wird). Zu videri (betrachtet werden) und *intellegitur* (gilt) s oben zu Fall 72; zu *eo iure utimur* s unten Fall 156.

Erörterung des Problems:

a) Worauf könnte sich Ulpians Anknüpfung *sed et* (D 43, 24, 1, 6) beziehen?

b) Lassen die Aussagen der Juristen nach Quintus Mucius eine Entwicklung des *vis*-Begriffs erkennen?

c) Handelt jemand *vi*, der auf fremdem Grundstück eine Grube gräbt, bei Erscheinen des Eigentümers wegläuft, bevor dieser ein Verbot aussprechen kann, später jedoch zurückkehrt und weitergräbt?

---

*) Zu Ulpian s oben Fall 11 (D 18, 6, 1, 2); zu Paulus Fall 1 (D 41, 2, 3, 1). Q. Mucius Scaevola (Pontifex, Sohn des gleichnamigen Augur), Konsul 95 v. Chr., gilt als bedeutendster Jurist der Vorklassik. Nach Pomp. D 1, 2, 2, 41 hat er erstmals das ius civile „generatim" (dh nach genera und species geordnet) dargestellt. Seine 18 libri iuris civilis wurden noch von Pomponius im 2. Jh. n. Chr. kommentiert.
Zu Pedius oben Fall 123 (D 6, 1, 7); zu Pomponius Fall 29 (D 41, 1, 21 pr.).

Fall 137

D 43, 24, 3, 7 (Ulpianus libro septuagensimo primo ad edictum)

Clam facere videri Cassius scribit eum, qui celavit adversarium neque ei denuntiavit, si modo timuit eius controversiam aut debuit timere.

Übersetzung: (Ulpian im 71. Buch seines Ediktskommentars)*)

Cassius schreibt, jener werde als jemand betrachtet, der „*clam*" handelt, der seine Handlung vor dem Gegner verheimlicht und sie ihm nicht zur Kenntnis gebracht hat, weil er den Streit gefürchtet hat oder fürchten musste.

Bemerkung zum Text:

Zu *videri* (werde betrachtet) s oben zu Fall 72.

Erörterung des Problems:

a) Was dürfte die römischen Juristen zur weiten Auslegung der Begriffe *vi* und *clam* bewogen haben?

b) Handelt jemand *clam*, der seine Schafherde offen sichtbar aber ohne vorherige Ankündigung über das Grundstück des Nachbarn treibt?

c) Bilden Sie Beispiele für Handlungen auf fremdem Grundstück, die weder *vi* noch *clam* erfolgen.

---

*) Zu Autor und Werk s oben Fall 11 (D 18, 6, 1, 2); zu Cassius oben Fall 19 (D 41, 2, 21, 3).

Fall 138

D 43, 24, 7, 5–7 (Ulpianus libro septuagensimo primo ad edictum)

(5) Notavimus supra, quod, quamvis verba interdicti late pateant, tamen ad ea sola opera pertinere interdictum placere, quaecumque fiant in solo. eum enim, qui fructum tangit, non teneri interdicto quod vi aut clam: nullum enim opus in solo facit...

(6) Si quis acervum stercoris circa agrum pinguem disiecerit, cum eo ‚quod vi aut clam factum est' agi potest: et hoc verum est, quia solo vitium adhibitum sit.

(7) Plane si quid agri colendi causa factum sit, interdictum quod vi aut clam locum non habet, si melior causa facta sit agri, quamvis prohibitus quis vi vel clam fecerit.

Übersetzung: (Ulpian im 71. Buch seines Ediktskommentars)*)

(5) Wir haben oben vermerkt, dass zwar der Wortlaut des Interdikts weit gefasst ist, das Interdikt sich jedoch nach herrschender Lehre nur auf jene Werke bezieht, die auf dem Boden errichtet werden. Wer nämlich eine Frucht berührt, haftet nicht aus dem *interdictum quod vi aut clam,* denn er hat kein Werk auf dem Boden errichtet...

(6) Wenn jemand einen Misthaufen auf einem fruchtbaren Acker ausgestreut hat, kann man gegen ihn auf Grund der Ediktsklausel „was gewaltsam oder heimlich getan worden ist" vorgehen: Und das ist richtig, da dem Boden Schaden zugefügt worden ist.

(7) Wenn etwas freilich zur Pflege des Ackers unternommen worden ist, ist das Interdikt *quod vi aut clam* nicht anwendbar, falls die Beschaffenheit des Ackers dadurch verbessert worden ist; wenngleich der Täter verbotswidrig *vi* oder *clam* gehandelt hat.

Erörterung des Problems:

a) Wird durch diese Entscheidungen Ulpians die *vis*-Definition des Quintus Mucius in D 43, 24, 1, 5 (oben Fall 136) eingeschränkt?

b) Welche Rechtsbehelfe stehen einem Grundstückseigentümer zur Verfügung, der in seinem Obstgarten einen Fremden antrifft, der gerade
   1) einen Apfel pflücken will,
   2) einen Apfel vom Boden aufhebt?

---

*) Zu Autor und Werk s oben Fall 11 (D 18, 6, 1, 2).

Fall 139

D 43, 24, 22, 1 (Venuleius libro secundo interdictorum)

Si quis vi aut clam araverit, puto eum teneri hoc interdicto perinde atque si fossam fecisset: non enim ex qualitate operis huic interdicto locus est, sed ex opere facto, quod cohaeret solo.

Übersetzung: (Venuleius im zweiten Buch zu den Interdikten)*)

Wenn jemand *vi* oder *clam* gepflügt hat, glaube ich, dass er aus diesem Interdikt haftet, ebenso wie wenn er einen Graben gemacht hätte: Die Anwendung des Interdikts hängt nämlich nicht von der Beschaffenheit des Werkes ab, sondern einfach von der Tatsache eines Werkes, das mit dem Boden zusammenhängt.

Erörterung des Problems:

Erörtern Sie das Verhältnis dieser Entscheidung zu Ulp. D 43, 24, 7, 7 (oben Fall 138) und beider zum Ediktswortlaut (oben vor Fall 136).

---

*) Venuleius Saturninus wirkte zur Zeit des Antoninus Pius und der divi fratres Marcus und Verus in der 2. Hälfte des 2. Jh. n. Chr. Seine Hauptwerke sind umfangreiche Abhandlungen de interdictis (6 Bücher), de actionibus (10 Bücher) und de stipulationibus (19 Bücher).

Fall 140

D 43, 24, 22, 3 (Venuleius libro secundo interdictorum)

Si stercus per fundum meum tuleris, cum id te facere vetuissem, quamquam nihil damni feceris mihi nec fundi mei mutaveris, tamen teneri te quod vi aut clam Trebatius ait. Labeo contra, ne etiam is, qui dumtaxat iter per fundum meum fecerit aut ovem egerit venatusve fuerit sine ullo opere, hoc interdicto teneatur.

Übersetzung: (Venuleius im zweiten Buch zu den Interdikten)*)

Wenn du Mist über mein Grundstück transportiert hast, obwohl ich es dir verboten hatte, so sagt Trebatius, dass du aus dem Interdikt *quod vi aut clam* haftest, wenngleich du mir keinen Schaden zugefügt und an meinem Grundstück nichts verändert hast. Labeo ist gegenteiliger Ansicht, damit nicht auch jemand aus dem Interdikt haften müsse, der nur über mein Grundstück gegangen ist, oder ein Schaf getrieben, oder gejagt hat, ohne irgendein Werk zu (v)errichten.

Erörterung des Problems:

a) Ist die Auffassung des Trebatius durch den Ediktswortlaut gedeckt? (Siehe oben die Einleitung zu den Fällen 136 ff.)

b) Beurteilen Sie das Gewicht von Labeos *argumentum ad absurdum* (s dazu oben Fall 34).

c) Welchen Zweck verfolgt das Interdikt nach Trebatius, welchen nach Labeo?

d) Wie dürfte Venuleius entschieden haben?

---

*) Zu Autor und Werk s oben Fall 139 (D 43, 24, 22, 1); zu Trebatius oben Fall 8 (D 41, 1, 5, 1); zu Labeo oben Fall 10 (D 41, 2, 51).

Fall 141

D 43, 24, 11 pr. (Ulpianus libro septuagensimo primo ad edictum)

Is qui in puteum vicini aliquid effuderit, ut hoc facto aquam corrumperet, ait Labeo interdicto quod vi aut clam eum teneri: portio enim agri videtur aqua viva, quemadmodum si quid operis in aqua fecisset.

Übersetzung: (Ulpian im 71. Buch seines Ediktskommentars)*)

Wer etwas in den Brunnen des Nachbarn geschüttet hat, um dadurch das Wasser zu verderben, haftet nach Labeo aus dem Interdikt *quod vi aut clam* (das Quellwasser gilt nämlich als Teil des Bodens), gewissermaßen als hätte er ein Werk im Wasser errichtet.

Erörterung des Problems:

Versuchen Sie eine methodische Analyse dieser Entscheidung Labeos unter Berücksichtigung des Labeozitats in D 43, 24, 22, 3 (oben Fall 140).

---

*) Zu Autor und Werk s oben Fall 11 (D 18, 6, 1, 2); zu Labeo oben Fall 10 (D 41, 2, 51).

V. Kapitel: Servituten

A. Prädialservituten
B. Personalservituten
 a) Ususfructus
 b) Usus

Einleitung

Servituten oder Dienstbarkeiten sind beschränkte dingliche Nutzungsrechte an fremden Sachen. Der Servitutsberechtigte kann bestimmte Teilfunktionen des (fremden) Eigentums als Herrschaftsrechte, dh mit Wirkung gegen den Eigentümer und jeden Dritten, ausüben.

Der Spätklassiker Marcian unterscheidet in D 8, 1, 1 Personalservituten (wie *usus* und *ususfructus*) und Realservituten. Letztere, auch Prädialservituten *(iura praediorum)* genannt, unterteilt er in Rustikal- und Urbanalservituten, dh Feld- und Gebäudedienstbarkeiten.

Zweck der Prädialservituten ist es, dem Eigentümer eines Grundstückes dessen Benützung durch Eingriffsrechte auf einem Nachbargrundstück zu erleichtern oder gar erst zu ermöglichen: Geh- und Fahrweg *(iter, via)*, Viehtrieb *(actus)* und Wasserleitung *(aquae ductus)* sind die ältesten, für den Landwirtschaftsbetrieb unerlässlichen Felddienstbarkeiten. Der Eigentümer des belasteten Grundstücks ist grundsätzlich nur zu einem Dulden *(pati)* oder Unterlassen *(non facere)*, nicht jedoch zu einem positiven Tun *(facere)* verpflichtet: *servitus in faciendo consistere nequit*. Eine Ausnahme bildet die *servitus oneris ferendi*, eine Gebäudedienstbarkeit, die den belasteten Eigentümer verpflichtet, seine Mauer, die der Servitutsberechtigte verwenden darf, instandzuhalten.

Während sich die Ausübung von Prädialservituten stets an den Bedürfnissen eines bestimmten Grundstücks zu orientieren hat, dienen Personalservituten der Versorgung von bestimmten Personen mit Gebrauchs- und Nutzungsrechten, uzw nicht nur an Grundstücken, sondern auch an anderen Sachen.

Der *ususfructus* (Nießbrauch, Fruchtgenuss) ist ein dingliches Nutzungs- und Fruchtziehungsrecht an einer fremden Sache unter Bewahrung der Substanz. Das Recht ist höchstpersönlich, dh es erlischt mit dem Tod des Berechtigten, seine Ausübung kann jedoch auch veräußert oder verpachtet werden. Der Usufruktuar muss sein Recht nach dem Richtmaß eines *vir bonus* ausüben, das in den Quellen in breiter Kasuistik dokumentiert wird.

Der *usus* ist zunächst ein bloßes Gebrauchsrecht, das keinen Fruchtgenuss enthält. Gewisse Schwierigkeiten bereitet allerdings die Abgrenzung des Gebrauches an fruchttragenden Sachen (zB an einem Landhaus mit Garten, einem Wald, einer Schafherde).

Die Juristen entwickeln schließlich einen *usus*-Begriff, in dem auch das Ziehen bestimmter Früchte für den Eigenbedarf untergebracht werden kann.

Literatur:

A. Prädialservituten

Watson, The Law of Property in the Later Roman Republic (1968) 176 ff.

Rainer, Zum Typenzwang der Servituten: Vom römischen Recht zum BGB, in Études dédiées à Hans Ankum II (1995) 415 ff.

Behrends, Die lebendige Natur eines Baumes und die menschliche Struktur eines Bauwerks, in FS J. G. Wolf (2000) 1 ff.

Möller, Die Servituten. Entwicklungsgeschichte, Funktion und Struktur der grundstückvermittelten Privatrechtsverhältnisse im römischen Recht (2010).

B. Personalservituten

Watson, The Law of Property in the Later Roman Republic (1968) 203 ff.

Watson, The Acquisition of Young in the ususfructus gregis, IURA 12 (1961) 210 ff.

Hammerstein, Die Herde im römischen Recht (1975) 65 ff.

Kaser, Partus ancillae, ZSS 75 (1958) 156 ff.

Thomas, Locare usumfructum, IJ 6 (1971) 367 ff.

A. Prädialservituten

D 8, 5, 6, 2 (Ulpianus libro septimo decimo ad edictum)

Etiam de servitute, quae oneris ferendi causa imposita erit, actio nobis competit, ut et onera ferat et aedificia reficiat ad eum modum, qui servitute imposita comprehensus est. et Gallus putat non posse ita servitutem imponi, ut quis facere aliquid cogeretur, sed ne me facere prohiberet: nam in omnibus servitutibus refectio ad eum pertinet, qui sibi servitutem adserit, non ad eum, cuius res servit. sed evaluit Servi sententia, in proposita specie, ut possit quis defendere ius sibi esse cogere adversarium reficere parietem ad onera sua sustinenda. Labeo autem hanc servitutem non hominem debere, sed rem, denique licere domino rem derelinquere scribit.

Übersetzung: (Ulpian im 17. Buch seines Ediktskommentars)*)

Auch bezüglich der Dienstbarkeit, die zwecks Stützung einer Last auferlegt worden ist, steht uns eine Klage zu, dass er (dh der Nachbar) sowohl die Last stütze wie auch das Gebäude instandhalte, und zwar in dem Zustand, der bei Auferlegung der Servitut angetroffen wurde. Und Gallus meint, eine Dienstbarkeit könne nicht so auferlegt werden, dass jemand zu einem Tun gezwungen werde, sondern nur so, dass er mich nicht an einem Tun hindern dürfe. Denn bei allen Dienstbarkeiten obliegt die Instandhaltung demjenigen, der die Dienstbarkeit für sich beansprucht, nicht dem Eigentümer der dienenden Sache. Doch es hat sich für den vorliegenden Fall die Auffassung des Servius durchgesetzt, sodass jemand behaupten kann, er habe das Recht, den Gegner zu zwingen, eine Mauer zur Stützung seiner Last instandzuhalten. Labeo schreibt allerdings, diese Dienstbarkeit belaste nicht die Person, sondern die Sache, es stehe also dem Eigentümer frei, die Sache zu derelinquieren.

Erörterung:

a) Aquilius Gallus beruft sich auf das allgemeine Prinzip *servitus in faciendo consistere nequit* (eine Servitut kann nicht in einem positiven Tun bestehen). Welche rechtspolitischen Überlegungen liegen diesem Prinzip zugrunde?

b) Welche Argumente könnte Servius für eine Ausnahmeregelung zugunsten der *servitus oneris ferendi* vorgebracht haben?

c) Welche der beiden Auffassungen wird eher dazu führen, dass Reparaturen durchgeführt werden und Bausubstanz erhalten bleibt?

d) Erläutern Sie den Standpunkt Labeos.

Vgl dazu:

§ 482 ABGB

Alle Servituten kommen darin überein, daß der Besitzer der dienstbaren Sache in der Regel nicht verbunden ist, etwas zu tun; sondern nur einem andern die Ausübung eines

---

*) Zu Ulpian s oben Fall 11 (D 18, 6, 1, 2); C. Aquilius Gallus (Prätor 66 v. Chr., zugleich mit Cicero) war der bedeutendste Schüler des Q. Mucius Scaevola und seinerseits Lehrer des prominenten und vielseitigen Servius Sulpicius Rufus (Konsul 51 v. Chr.); zu Labeo oben Fall 10 (D 41, 2, 51).

Fall 142

211

Fall 142

Rechtes zu gestatten, oder das zu unterlassen, was er als Eigentümer sonst zu tun berechtigt wäre.

§ 483 ABGB
Daher muß auch der Aufwand zur Erhaltung und Herstellung der Sache, welche zur Dienstbarkeit bestimmt ist, in der Regel von dem Berechtigten getragen werden. Wenn aber diese Sache auch von dem Verpflichteten benützt wird; so muß er verhältnismäßig zu dem Aufwande beitragen ...

§ 487 ABGB
... Wer also die Last des benachbarten Gebäudes zu tragen; die Einfügung des fremden Balkens an seiner Wand; oder, den Durchzug des fremden Rauches in seinem Schornsteine zu dulden hat; der muß verhältnismäßig zur Erhaltung der dazu bestimmten Mauer, Säule, Wand oder des Schornsteines beitragen. Es kann ihm aber nicht zugemutet werden, daß er das herrschende Gut unterstützen oder den Schornstein des Nachbars ausbessern lasse.

§ 12 Grundbuchsgesetz (1955)
Bei Dienstbarkeiten und Reallasten muß Inhalt und Umfang des einzutragenden Rechtes möglichst bestimmt angegeben werden; einer Angabe des Geldwertes bedarf es nicht.
Sollen Dienstbarkeiten auf bestimmte räumliche Grenzen beschränkt sein, so müssen diese genau bezeichnet werden.

§ 1018 BGB
Ein Grundstück kann zugunsten des jeweiligen Eigentümers eines anderen Grundstücks in der Weise belastet werden, dass dieser das Grundstück in einzelnen Beziehungen benutzen darf oder dass auf dem Grundstücke gewisse Handlungen nicht vorgenommen werden dürfen oder dass die Ausübung eines Rechtes ausgeschlossen ist, das sich aus dem Eigentum an dem belasteten Grundstücke dem anderen Grundstücke gegenüber ergibt (Grunddienstbarkeit).

§ 1105 I BGB
Ein Grundstück kann in der Weise belastet werden, dass an denjenigen, zu dessen Gunsten die Belastung erfolgt, wiederkehrende Leistungen aus dem Grundstücke zu entrichten sind (Reallast)...

Literaturhinweise:
Watson (Fall 134) 198 ff.
Möller (Fall 134) 200 ff.

Fall 143

D 8, 3, 5, 1 (Ulpianus libro septimo decimo ad edictum)

Neratius libris ex Plautio ait nec haustum nec appulsum pecoris nec cretae eximendae calcisque coquendae ius posse in alieno esse, nisi fundum vicinum habeat: et hoc Proculum et Atilicinum existimasse ait. sed ipse dicit, ut maxime calcis coquendae et cretae eximendae servitus constitui possit, non ultra posse, quam quatenus ad eum ipsum fundum opus sit.

Übersetzung: (Ulpian im 17. Buch seines Ediktskommentars)*)

Neraz sagt in seinem Kommentar zu Plautius, man könne weder ein Wasserschöpf- noch ein Viehtränke- noch ein Kreideabbau- und Kalkbrennrecht an einem fremden Grundstück haben, wenn man nicht Eigentümer eines Nachbargrundstücks sei. Und er sagt, diese Meinung hätten auch Proculus und Atilicinus vertreten. Und er fügt selbst hinzu, dass insbesondere die Dienstbarkeit des Kalkbrennens und Kreideabbaus nur insoweit bestellt werden könne, als sie für dieses (dh das herrschende) Grundstück selbst erforderlich sei.

Erörterung:

a) Formulieren Sie die Einschränkungen des Neraz als abstrakte Rechtssätze.

b) Der Servitutsberechtigte baut auf dem Nachbargrundstück Ton ab und erzeugt daraus auf dem eigenen Grundstück Amphoren. In diesen bewahrt er sein Öl auf und verkauft er seinen Wein. Überschreitet er nach Neraz die Grenzen zulässiger Servitutsausübung?

c) Kann Titius seinem Nachbarn Seius gültig ein dingliches Recht einräumen, wonach dieser nach Belieben auf dem Grundstück des Titius Sand abbauen und verkaufen dürfe?

Vgl dazu:

§ 484 ABGB
Der Besitzer des herrschenden Gutes kann zwar sein Recht auf die ihm gefällige Art ausüben, doch dürfen Servituten nicht erweitert, sie müssen vielmehr, insoweit es ihre Natur und der Zweck der Bestellung gestattet, eingeschränkt werden.

§ 1019 BGB
Eine Grunddienstbarkeit kann nur in einer Belastung bestehen, die für die Benutzung des Grundstücks des Berechtigten Vorteil bietet. Über das sich hieraus ergebende Maß hinaus kann der Inhalt der Dienstbarkeit nicht erstreckt werden.

§ 1020 BGB
Bei der Ausübung einer Grunddienstbarkeit hat der Berechtigte das Interesse des Eigentümers des belasteten Grundstücks tunlichst zu schonen ...

Literaturhinweise:

Rainer, Typenzwang (Fall 135) 419.
Seyed-Mahdavi Ruiz (Fall 134) 68 f.
Möller (Fall 134) 95 f, 305 f.

---

*) Zu Ulpian oben Fall 11 (D 18, 6, 1, 2); zu Neraz Fall 73 (D 41, 3, 41); zu Plautius Fall 130 (D 21, 3, 2); zu Proculus Fall 9 (D 41, 1, 55). Atilicinus war Zeitgenosse, vielleicht Schüler, des Proculus.

Fall 144

D 43, 20, 1, 18 (Ulpianus libro septuagensimo ad edictum)

Trebatius, cum amplior numerus pecoris ad aquam appelletur, quam debet appelli, posse universum pecus impune prohiberi, quia iunctum pecus ei pecori, cui adpulsus debeatur, totum corrumpat pecoris adpulsum. Marcellus autem ait, si quis ius habens pecoris ad aquam appellendi plura pecora adpulserit, non in omnibus pecoribus eum prohibendum: quod est verum, quia pecora separari possunt.

Übersetzung: (Ulpian im 70. Buch seines Ediktskommentars)*)

Trebatius meint, wenn eine größere Zahl Vieh zur Tränke getrieben werde, als erlaubt sei, könne man ungestraft das gesamte Vieh an der Tränke hindern, da das Vieh, das den Tieren beigemengt worden ist, bezüglich derer ein Tränkerecht besteht, das gesamte Tränkerecht entkräfte. Marcellus sagt jedoch, wenn jemand, der ein Tränkerecht hat, mehr Vieh zur Tränke treibt, dürfe ihm nicht bezüglich aller Tiere die Tränke verwehrt werden. Das ist richtig, da die Tiere getrennt werden können.

Erörterung:

a) Die Dienstbarkeit der Viehtränke *(servitus pecoris ad aquam appellendi)* kann mit einem *interdictum de fonte* geltendgemacht werden, in dem der Prätor dem Grundstückseigentümer Gewaltanwendung gegen den Tränkeberechtigten verbietet. Wie soll sich der Eigentümer verhalten, wenn die Herde des Servitutsberechtigten die erlaubte Zahl übersteigt?

b) Feldservituten erlöschen durch Nichtausübung *(non usus)* während zwei Jahren. Kann man von Nichtausübung sprechen, wenn die vertraglich festgelegten Modalitäten der Servitutsausübung verletzt werden, zB andere Fahrzeuge benützt oder schwerere Lasten transportiert werden, oder eine größere Zahl von Tieren über das Grundstück getrieben wird, als bei der Einräumung der Servitut erlaubt worden ist?

c) Suchen Sie Argumente für die gegensätzlichen Standpunkte von Trebatius und Marcellus.

Literaturhinweis:

Bannon, Gardens and Neighbors: Private Water Rights in Roman Italy (2009) 94 ff.

---

*) Zu Ulpian s oben Fall 11 (D 18, 6, 1, 2); zu Trebatius Fall 8 (D 41, 1, 5, 1); zu Marcellus Fall 18 (D 41, 2, 19 pr.).

Fall 145

D 8, 1, 8 pr. (Paulus libro quinto decimo ad Plautium)

Ut pomum decerpere liceat et ut spatiari et ut cenare in alieno possimus, servitus imponi non potest.

Übersetzung: (Paulus im 15. Buch seines Kommentars zu Plautius)*)

Dass Obst gepflückt werden dürfe und dass wir auf einem fremden Grundstück spazierengehen oder essen dürfen, kann nicht als Servitut auferlegt werden.

Erörterung:

a) Begründen Sie die Entscheidung des Paulus.

b) Schließt Paulus aus, dass die genannten Befugnisse jemandem als dingliche Rechte eingeräumt werden können?

Literaturhinweise:

Rainer, Typenzwang (Fall 135) 421.

Möller (Fall 134) 196 f.

---

*) Zu Paulus s oben Fall 1 (D 41, 2, 3, 1), zu seinen libri ad Plautium Fall 130 (D 21, 3, 2).

Fall 146

D 8, 3, 11 (Celsus libro vicensimo septimo digestorum)

Per fundum, qui plurium est, ius mihi esse eundi agendi potest separatim cedi. ergo suptili ratione non aliter meum fiet ius, quam si omnes cedant et novissima demum cessione superiores omnes confirmabuntur: benignius tamen dicetur et antequam novissimus cesserit, eos, qui antea cesserunt, vetare uti cesso iure non posse.

Übersetzung: (Celsus im 27. Buch seiner Digesten)*)

Das Recht des Weges und Viehtriebs über ein Grundstück, das im Miteigentum mehrerer steht, kann mir durch einzelne Abtretungsakte übertragen werden. Daher erwerbe ich strenggenommen das Recht erst dann, wenn alle die Abtretung vornehmen, und durch den letzten Abtretungsakt werden alle vorangegangenen bestätigt. Man wird jedoch wohlwollender entscheiden, dass schon bevor der letzte (Miteigentümer) die Abtretung vornimmt, diejenigen, die früher abgetreten haben, die Ausübung des abgetretenen Rechtes nicht mehr verbieten können.

Bemerkung zum Text:

Celsus entscheidet nach dem Rechtsgedanken, dass niemandem erlaubt sein soll, sich in Widerspruch zu seinem eigenen Verhalten zu setzen: *venire contra factum proprium (non licet)*. Vgl Ulp. D 1, 7, 25 pr. Siehe auch Fälle 68 und 71.

Erörterung:

a) Die Miteigentümer A und B haben zugunsten des Nachbargrundstücks (Eigentümer X) eine Wegservitut eingeräumt. Der Miteigentümer C hat noch keinen Übertragungsakt *(in iure cessio)* vorgenommen. X geht über das Grundstück. B will X auf Unterlassung klagen, da vor der Zustimmung C's keine gültige Servitut bestehe. Wie wird der Prätor entscheiden? Zum Gegensatz *subtilitas – benignitas* vgl oben Fall 68.
b) Wird der Prätor anders entscheiden, wenn C klagen will?

Literaturhinweise:
Hausmaninger (Fall 68) 64 f.
Kleiter (Fall 68) 162 ff.

---

*) Zu Autor und Werk s oben Fall 2 (D 41, 2, 18, 2).

Fall 147

D 8, 2, 6 (Gaius libro septimo ad edictum provinciale)

Haec autem iura similiter ut rusticorum quoque praediorum certo tempore non utendo pereunt: nisi quod haec dissimilitudo est, quod non omnimodo pereunt non utendo, sed ita, si vicinus simul libertatem usucapiat. veluti si aedes tuae aedibus meis serviant, ne altius tollantur, ne luminibus mearum aedium officiatur, et ego per statutum tempus fenestras meas praefixas habuero vel obstruxero, ita demum ius meum amitto, si tu per hoc tempus aedes tuas altius sublatas habueris: alioquin si nihil novi feceris, retineo servitutem. item si tigni immissi aedes tuae servitutem debent et ego exemero tignum, ita demum amitto ius meum, si tu foramen, unde exemptum est tignum, obturaveris et per constitutum tempus ita habueris alioquin si nihil novi feceris, integrum ius suum permanet.

Übersetzung: (Gaius im siebenten Buch seines Kommentars zum Provinzialedikt)*)

Diese Dienstbarkeiten erlöschen ähnlich wie Rustikalservituten durch Nichtausübung während eines bestimmten Zeitraumes. Ein Unterschied besteht allerdings darin, dass sie nicht schlechthin durch Nichtausübung erlöschen, sondern nur dann, wenn der Nachbar zugleich die Eigentumsfreiheit ersitzt. Wenn zB dein Gebäude zugunsten meines Gebäudes mit der Dienstbarkeit belastet ist, dass es nicht höher gebaut werde oder dass der Lichteinfall meines Hauses nicht beeinträchtigt werde, und ich während der gesetzlichen Frist meine Fenster abgedeckt oder zugemauert habe, so verliere ich mein Recht nur dann, wenn du in dieser Zeit dein Gebäude höher gebaut hast. Wenn du hingegen keine bauliche Veränderung vorgenommen hast, behalte ich die Dienstbarkeit. Ebenso wenn dein Gebäude mit der Dienstbarkeit belastet ist, dass ein Stützbalken eingelassen werden dürfe und ich den Balken entfernt habe, verliere ich mein Recht nur dann, wenn du das Loch, aus dem der Balken herausgezogen worden ist, zugemauert und diesen Zustand während der gesetzlichen Frist aufrechterhalten hast. Wenn du hingegen keine Veränderung vorgenommen hast, bleibt die Dienstbarkeit aufrecht.

Erörterung:

Überlegen Sie, weshalb für das Erlöschen von Urbanalservituten andere Voraussetzungen gelten sollen als für das Erlöschen von Rustikalservituten.

Vgl dazu:

§ 1488 ABGB

Das Recht der Dienstbarkeit wird durch den Nichtgebrauch verjährt, wenn sich der verpflichtete Teil der Ausübung der Servitut widersetzt, und der Berechtigte durch drei aufeinanderfolgende Jahre sein Recht nicht geltend gemacht hat.

Literaturhinweise:

Behrends, Die lebendige Natur eines Baumes und die menschliche Struktur eines Bauwerks, in FS J. G. Wolf (2000) 3 f, 30 ff.

Möller (Fall 134) 333 ff.

---

*) Zu Gaius s oben Fall 6 (D 41, 1, 9, 6), zu seinen libri ad edictum provinciale oben Fall 64 (D 41, 2, 9).

Fall 148

D 8, 2, 7 (Pomponius libro vicesimo sexto ad Quintum Mucium)

Quod autem aedificio meo me posse consequi, ut libertatem usucaperem, dicitur, idem me non consecuturum, si arborem eodem loco sitam habuissem, Mucius ait, et recte, quia non ita in suo statu et loco maneret arbor quemadmodum paries, propter motum naturalem arboris.

Übersetzung: (Pomponius im 26. Buch seines Kommentars zum *ius civile* des Quintus Mucius)*)

Was ich durch mein Bauwerk erreichen könne, nämlich die Eigentumsfreiheit zu ersitzen, das könne ich nicht erreichen, wenn ich an derselben Stelle einen Baum stehen hätte, sagt Mucius, und das zu Recht, weil ein Baum wegen seiner natürlichen Entwicklung nicht wie eine Mauer in seinem Zustand und an seinem Platz bleibt.

Erörterung:

a) Von welcher Dienstbarkeit spricht Q. Mucius?

b) Meint Q. Mucius, dass die Pflanzung des Baumes kein servitutswidriges Verhalten darstelle?

Literaturhinweise:

Watson (Fall 134) 181 f.

Behrends (Fall 147) 2 ff.

Möller (Fall 134) 191 f.

---

*) Zu Pomponius s oben Fall 29 (D 41, 1, 21 pr.); zu Quintus Mucius Fall 136 (D 43, 24, 1, 5).

Fall 149

B. Personalservituten

a) Ususfructus

D 7, 1, 68 pr.–2 (Ulpianus libro septimo decimo ad Sabinum)

(pr.) Vetus fuit quaestio an partus ad fructuarium pertineret: sed Bruti sententia optinuit fructuarium in eo locum non habere: neque enim in fructu hominis homo esse potest. hac ratione nec usum fructum in eo fructuarius habebit. quid tamen si fuerit etiam partus usus fructus relictus, an habeat in eo usum fructum? et cum possit partus legari, poterit et usus fructus eius.

(1) Fetus tamen pecorum Sabinus et Cassius opinati sunt ad fructuarium pertinere.

(2) Plane si gregis vel armenti sit usus fructus legatus, debebit ex adgnatis gregem supplere, id est in locum capitum defunctorum

D 7, 1, 69 (Pomponius libro quinto ad Sabinum)

vel inutilium alia summittere ...

Übersetzung: (Ulpian im 17. Buch seines Kommentars zum *ius civile* des Sabinus)*)

(pr.) Es war eine alte Streitfrage, ob das neugeborene Kind einer Sklavin dem Nießbraucher gehören solle. Es hat sich jedoch die Auffassung des Brutus durchgesetzt, dass der Nießbraucher daran kein Recht habe: Ein Mensch kann nämlich nicht Frucht eines Menschen sein. Aus diesem Grund wird der Nießbraucher an ihm auch keinen Fruchtgenuss haben. Was aber, wenn ihm auch am Sklavenkind ein Fruchtgenuss hinterlassen worden ist – hat er dann daran einen Fruchtgenuss? Da ein Sklavenkind vermacht werden kann, kann auch ein Fruchtgenuss an ihm vermacht werden.

(1) Tierjunge gehören jedoch nach Meinung von Sabinus und Cassius dem Nießbraucher.

(2) Wenn allerdings ein Fruchtgenuss an einer Herde oder an Zugvieh vermacht worden ist, wird er diese Herde aus den Jungtieren ergänzen müssen, das heißt für die verstorbenen

(Pomponius im 5. Buch seines Kommentars zum *ius civile* des Sabinus)**)

oder unbrauchbaren andere Tiere einstellen ...

Erörterung:

a) Wie könnten die Gegner des M. Brutus (nach Cicero de finibus 1, 4, 12 waren dies P. Scaevola und M'. Manilius) argumentiert haben?

b) Glauben Sie, dass Ulpian die Auffassung vertritt, eine Frucht könne nicht der gleichen Gattung angehören wie der Träger, der sie hervorbringt?

---

*) Zu Ulpian und Sabinus s oben Fall 11 (D 18, 6, 1, 2); zu Brutus oben Fall 100 (D 41, 2, 3, 3); zu Cassius Fall 19 (D 41, 2, 21, 3).

**) Zu Autor und Werk s oben Fall 29 (D 41, 1, 21 pr.).

Fall 149

Oder wird das Sklavenkind nicht als Frucht betrachtet, weil nur der typische Ertrag einer Hauptsache unter den Fruchtbegriff fällt?
Oder widerspricht es der Natur des Menschen, als Frucht behandelt zu werden?

c) Welche wirtschaftlichen Erwägungen könnten hinter der Entscheidung dieser Streitfrage stehen?

d) Welchen Inhalt kann der *ususfructus* an einem Sklavenkind haben?

e) Der Nießbraucher einer Herde muss gestorbene Einzeltiere ersetzen, nicht jedoch für den zufälligen Untergang der gesamten Herde (etwa durch eine Seuche) Ersatz leisten. Wie kann diese Unterscheidung erklärt werden?

f) Titius hat einen *ususfructus* an der Kuh des Maevius. Die Kuh stirbt. Muss er sie ersetzen? (Begründung)

g) Ist der Nießbraucher eines Obstgartens verpflichtet, alte Obstbäume durch Neupflanzung zu ersetzen?

Vgl dazu:

D 7, 1, 1 (Paulus libro tertio ad Vitellium)

Usus fructus est ius alienis rebus utendi fruendi salva rerum substantia.

Übersetzung: (Paulus im dritten Buch seines Kommentars zu Vitellius)*)

Der *usus fructus* ist das Recht, fremde Sachen unter Schonung der Substanz zu gebrauchen und von ihnen Früchte zu ziehen.

§ 509 ABGB
Die Fruchtnießung ist das Recht, eine fremde Sache, mit Schonung der Substanz, ohne alle Einschränkung zu genießen.

§ 1030 I BGB
Eine Sache kann in der Weise belastet werden, dass derjenige, zu dessen Gunsten die Belastung erfolgt, berechtigt ist, die Nutzungen der Sache zu ziehen (Nießbrauch).

Literaturhinweise:

Kaser, Partus ancillae, ZSS 75 (1958) 156 ff.

Hammerstein, Die Herde im römischen Recht (1975) 66 ff, 101 ff.

Birks, An Unacceptable Face of Human Property, in Essays for B. Nicholas (1989) 61 ff.

Filip-Fröschl (Fall 104) 99 f.

Herrmann-Otto, Ex ancilla natus (1994) 268 ff.

Daubermann, Die Sachgesamtheit als Gegenstand des klassischen römischen Rechts (1993) 55 ff, 62 ff.

Watson, The Acquisition of Young in the ususfructus gregis, in Studies in Roman Private Law (1991) 131 ff.

---

*) Der Jurist Vitellius war vermutlich während der Regierungszeit des Augustus tätig. Sein Werk wurde von Sabinus und Paulus kommentiert. Zu Paulus s oben Fall 1 (D 41, 2, 3, 1).

Fall 150

D 7, 1, 12, 2 (Ulpianus libro septimo decimo ad Sabinum)

Usufructuarius vel ipse frui ea re vel alii fruendam concedere vel locare vel vendere potest: nam et qui locat utitur, et qui vendit utitur. sed et si alii precario concedat vel donet, puto eum uti atque ideo retinere usum fructum, et hoc Cassius et Pegasus responderunt et Pomponius libro quinto ex Sabino probat...

Übersetzung: (Ulpian im 17. Buch seines Kommentars zum *ius civile* des Sabinus)*)

Der Nießbraucher kann den Fruchtgenuss an der Sache entweder selbst ausüben oder ihn einem anderen zur Ausübung überlassen, verpachten oder verkaufen: Denn auch wer verpachtet oder verkauft, übt das Recht aus. Aber auch wenn er die Ausübung des Rechtes einem anderen auf Bittleihe überlässt oder schenkt, glaube ich, dass er den Nießbrauch ausübt und ihn deshalb aufrechthält. So haben Cassius und Pegasus entschieden, und Pomponius billigt dies im fünften Buch seines Kommentars zum *ius civile* des Sabinus...

Erörterung:

a) Welche Auswirkung hat der Tod des Nießbrauchers auf die Rechtsstellung des Käufers oder Pächters?

b) Erlischt der *ususfructus* durch Nichtausübung?

c) Könnte argumentiert werden, dass nur die entgeltliche, nicht aber die unentgeltliche Überlassung als Ausübung des *ususfructus* durch den Nießbraucher anzusehen sei?

---

*) Zu Ulpian s oben Fall 11 (D 18, 6, 1, 2); zu Cassius Fall 19 (D 41, 2, 21, 3); zu Pegasus Fall 114 (D 41, 1, 27, 2); zu Pomponius Fall 29 (D 41, 1, 21 pr.).

Fall 151

D 7, 1, 15, 4 (Ulpianus libro octavo decimo ad Sabinum)

Et si vestimentorum usus fructus legatus sit non sic, ut quantitatis usus fructus legetur, dicendum est ita uti eum debere, ne abutatur: nec tamen locaturum, quia vir bonus ita non uteretur.

Übersetzung: (Ulpian im 18. Buch seines Kommentars zum *ius civile* des Sabinus)*)

Wenn der Nießbrauch an Kleidern nicht so vermacht worden ist, dass dadurch ein Nießbrauch an einer Quantität hinterlassen werden sollte, so ist zu sagen, dass der Berechtigte sie so verwenden soll, dass kein Missbrauch vorliegt. Er wird sie jedoch nicht vermieten dürfen, da ein *vir bonus* nicht auf diese Art von ihnen Gebrauch machen würde.

Bemerkung zum Text:
Zur Bedeutung des *vir bonus* s oben zu Fall 107.

Erörterung:

a) Unterscheiden Sie die beiden hier angeführten Vermächtnisinhalte und ihre Rechtsfolgen.

b) Darf der Nießbraucher das Haus umbauen, an dem er einen *ususfructus* erhalten hat?

c) Darf der Ususfruktuar auf dem Nießbrauchsgrundstück ein Bergwerk eröffnen?

d) Darf ein Nießbrauchssklave zu Arbeiten herangezogen werden, zu denen ihn der Eigentümer nicht verwendet hat?

---

*) Zu Autor und Werk s oben Fall 11 (D 18, 6, 1, 2).

Fall 152

b) Usus

D 7, 8, 2, 1 (Ulpianus libro septimo decimo ad Sabinum)

Domus usus relictus est aut marito aut mulieri: si marito, potest illic habitare non solus, verum cum familia quoque sua. an et cum libertis, fuit quaestionis. et Celsus scripsit, et cum libertis: posse hospitem quoque recipere, nam ita libro octavo decimo digestorum scripsit, quam sententiam et Tubero probat. sed an etiam inquilinum recipere possit, apud Labeonem memini tractatum libro posteriorum. et ait Labeo eum, qui ipse habitat, inquilinum posse recipere ...

D 7, 8, 4, 1 (Ulpianus libro septimo decimo ad Sabinum)

Mulieri autem si usus relictus sit, posse eam et cum marito habitare Quintus Mucius primus admisit, ne ei matrimonio carendum foret, cum uti vult domo. nam per contrarium quin uxor cum marito possit habitare, nec fuit dubitatum. quid ergo si viduae legatus sit, an nuptiis contractis post constitutum usum mulier habitare cum marito possit? et est verum, ut et Pomponius libro quinto et Papinianus libro nono decimo quaestionum probat, posse eam cum viro et postea nubentem habitare ...

Übersetzung: (Ulpian im 17. Buch seines Kommentars zum *ius civile* des Sabinus)*)

Das Gebrauchsrecht an einem Haus ist einem Ehemann oder einer Ehefrau hinterlassen worden. Im Fall des Ehemannes kann dieser nicht bloß allein dort wohnen, sondern auch mit seinen Sklaven. Ob auch mit seinen Freigelassenen, war fraglich. Und Celsus hat geschrieben, auch mit den Freigelassenen, und er könne auch einen Gast aufnehmen. Denn so hat er im 18. Buch seiner Digesten geschrieben, und diese Auffassung billigt auch Tubero. Ob er allerdings auch einen Mieter aufnehmen kann, diese Frage wird, wie ich mich erinnere, in einem Buch der nachgelassenen Schriften Labeos behandelt. Und Labeo sagt, wer selbst dort wohnt, könne auch einen Mieter aufnehmen ...

(Ulpian ebendort)*)

Wenn einer Ehefrau das Gebrauchsrecht hinterlassen worden ist, so hat Quintus Mucius als erster zugelassen, dass diese auch mit ihrem Ehemann dort wohnen könne, damit sie nicht die eheliche Gemeinschaft aufgeben muss, wenn sie das Haus benützen will. Denn umgekehrt war nicht zweifelhaft, dass die Ehefrau bei ihrem Ehemann wohnen konnte. Was aber, wenn das Gebrauchsrecht einer unverheirateten Frau vermacht worden ist? Kann die Frau, wenn sie nach Bestellung des Gebrauchsrechtes heiratet, mit ihrem Mann dort wohnen? Und es ist richtig, was auch Pomponius im fünften Buch und Papinian im 19. Buch seiner „Streitfragen" billigen, dass sie auch bei späterer Eheschließung mit ihrem Mann dort wohnen könne ...

---

*) Zu Ulpian s oben Fall 11 (D 18, 6, 1, 2); zu Celsus Fall 2 (D 41, 2, 18, 2); Q. Aelius Tubero war Schüler des Ofilius (Zeitgenosse Ciceros); zu Labeo Fall 10 (D 41, 2, 51); zu Q. Mucius Fall 136 (D 43, 24, 1, 5); zu Pomponius Fall 29 (D 41, 1, 21 pr.).

Fall 152

Erörterung:
a) Wie könnten die Juristen vor Q. Mucius ihre frauenfeindliche Entscheidung begründet haben?
b) Warum soll die Aufnahme eines Mieters nur dann zulässig sein, wenn der Gebrauchsberechtigte selbst das Gebäude bewohnt?

Vgl dazu:

§ 505 ABGB
Wer also das Gebrauchsrecht an einer Sache hat, der darf, ohne Rücksicht auf sein übriges Vermögen, den seinem Stande, seinem Gewerbe, und seinem Hauswesen angemessenen Nutzen davon ziehen.

§ 506 ABGB
Das Bedürfnis ist nach dem Zeitpunkt der Bewilligung des Gebrauches zu bestimmen. Nachfolgende Veränderungen in dem Stande oder Gewerbe des Berechtigten geben keinen Anspruch auf einen ausgedehnteren Gebrauch.

§ 1090 I BGB
Ein Grundstück kann in der Weise belastet werden, dass derjenige, zu dessen Gunsten die Belastung erfolgt, berechtigt ist, das Grundstück in einzelnen Beziehungen zu benutzen, oder dass ihm eine sonstige Befugnis zusteht, die den Inhalt einer Grunddienstbarkeit bilden kann (beschränkte persönliche Dienstbarkeit).

Literaturhinweis:
Wieling, Testamentsauslegung im römischen Recht (1972) 18 f.

D 7, 8, 12, 1 und 2 (Ulpianus libro septimo decimo ad Sabinum)

(1) Praeter habitationem quam habet, cui usus datus est, deambulandi quoque et gestandi ius habebit. Sabinus et Cassius et lignis ad usum cottidianum et horto et pomis et holeribus et floribus et aqua usurum, non usque ad compendium, sed ad usum, scilicet non usque ad abusum: idem Nerva, et adicit stramentis et sarmentis etiam usurum, sed neque foliis neque oleo neque frumento neque frugibus usurum. sed Sabinus et Cassius et Labeo et Proculus hoc amplius etiam ex his quae in fundo nascuntur, quod ad victum sibi suisque sufficiat sumpturum et ex his quae Nerva negavit ...

(2) Sed si pecoris ei usus relictus est, puta gregis ovilis, ad stercorandum usurum dumtaxat Labeo ait, sed neque lana neque agnis neque lacte usurum: haec enim magis in fructu esse. hoc amplius etiam modico lacte usurum puto. neque enim tam stricte interpretandae sunt voluntates defunctorum.

Übersetzung: (Ulpian im 17. Buch seines Kommentars zum *ius civile* des Sabinus)*)

(1) Wem das Gebrauchsrecht eingeräumt worden ist, der hat außer dem Wohnrecht auch das Recht spazieren zu gehen und zu reiten. Sabinus und Cassius meinen, er dürfe auch Brennholz zum täglichen Gebrauch sowie den Garten, Obst, Gemüse, Blumen und Wasser verwenden, nicht zur Erzielung eines Gewinns, sondern zum (eigenen) Gebrauch, nicht zum Missbrauch. Ebenso entscheidet Nerva, und er fügt hinzu, der Gebrauchsberechtigte dürfe auch Stroh und Reisig verwenden, nicht allerdings Blätter, Öl, Getreide oder Hülsenfrüchte. Doch Sabinus und Cassius sowie Labeo und Proculus lassen ihn darüber hinaus auch von dem, was auf dem Grundstück wächst, so viel nehmen, wie für ihn und die Seinen zum Lebensunterhalt ausreicht, und zwar auch von den Früchten, die Nerva verweigert hat ...

(2) Wenn ihm ein Gebrauchsrecht an Vieh hinterlassen worden ist, etwa an einer Schafherde, so sagt Labeo, er dürfe diese nur zur Düngung verwenden, und weder Wolle noch Lämmer noch Milch an sich nehmen. Bei diesen handle es sich vielmehr um Früchte. Ich meine hingegen, dass er auch eine geringe Menge Milch gebrauchen darf: Der Wille des Erblassers soll nämlich nicht so eng ausgelegt werden.

Erörterung:

a) Glauben Sie, dass Ulpian dem Gebrauchsberechtigten gestattet, Obst zur Bewirtung von Gästen zu verwenden?
b) Muss der Usuar das Obst auf dem Grundstück verzehren, oder darf er es in die Stadt mitnehmen?
c) Erläutern Sie die Abgrenzung, die Nerva vornimmt.
d) Der Satz „Doch Sabinus und Cassius sowie Labeo und Proculus ..." wird vielfach als justinianische Interpolation betrachtet. Welche Argumente können aus dem Text zugunsten dieser Annahme gewonnen werden?
e) Was hat Ulpians Entscheidung in § 2 mit dem Willen des Erblassers zu tun?

Literaturhinweis:

Klingenberg, Das modicum-Kriterium, ZSS 126 (2009) 204 f.

---

*) Zu Ulpian und Sabinus s oben Fall 11 (D 18, 6, 1, 2); zu Cassius Fall 19 (D 41, 2, 21, 3); zu Nerva Fall 13 (D 12, 1, 9, 9); zu Labeo Fall 10 (D 41, 2, 51); zu Proculus Fall 9 (D 41, 1, 55).

Fall 154

D 7, 8, 22 pr. (Pomponius libro quinto ad Quintum Mucium)

Divus Hadrianus, cum quibusdam usus silvae legatus esset, statuit fructum quoque eis legatum videri, quia nisi liceret legatariis caedere silvam et vendere, quemadmodum usufructuariis licet, nihil habituri essent ex eo legato.

Übersetzung: (Pomponius im fünften Buch seines Kommentars zum *ius civile* des Quintus Mucius)*)

Der vergöttlichte Kaiser Hadrian hat in einem Fall, in dem der Gebrauch eines Waldes vermacht worden war, entschieden, dass den Legataren auch der Fruchtgenuss vermacht gelte, denn wenn den Legataren nicht erlaubt wäre, den Wald zu fällen und zu verkaufen, so wie dies Nießbrauchern gestattet ist, hätten sie aus diesem Legat nichts erhalten.

Bemerkung zum Text:

Zu *videri* (gelte) s oben Fall 72, zum *argumentum ad absurdum* oben Fall 34.

Erörterung:

Diskutieren Sie die Entscheidung Hadrians im Zusammenhang mit Ulp. D 7, 8, 12, 1 und 2 (oben Fall 153).

---

*) Zu Pomponius s oben Fall 29 (D 41, 1, 21 pr.).

VI. Kapitel: Pfandrecht

A. Entstehung und Erlöschen des Pfandrechtes
   a) Pignus tacitum
   b) Generalhypothek und Verpfändung von Sachgesamtheiten
   c) Res aliena pignori data
   d) Einvernehmliche Aufhebung des Pfandrechtes
   e) Tilgung der Schuld
   f) Pfandverwertung
   g) Untergang der Pfandsache
B. Mehrfachverpfändung
   a) Prior tempore potior iure
   b) Konvertierung
   c) Gesetzliche Pfandrechte und Rangprivilegien

Einleitung

Das Pfandrecht ist ein beschränktes dingliches Recht, das einem Gläubiger zur Sicherung seiner Forderung an Vermögensgegenständen des Schuldners eingeräumt wird. Bei Nichterfüllung seiner Forderung darf sich der Gläubiger an diesen Gegenständen vorzugsweise befriedigen.

Eine ausführliche Dokumentation der vielfältigen und oft recht diffizilen Probleme des römischen Pfandrechtes müsste den Rahmen dieser Fallsammlung sprengen. Die hier ausgewählten Texte behandeln einige besonders wichtige Fragenkreise: Entstehung und Erlöschen des Pfandrechtes sowie Rechtsverhältnisse bei Mehrfachverpfändung einer Sache.

Die Juristen entwickeln auf Grund der Vertragspraxis Interpretationsgesichtspunkte und dogmatische Konstruktionen wie *pignus tacitum* und Konvaleszenz eines an fremder Sache ursprünglich nicht zustandegekommenen Pfandrechtes. Sie ermöglichen schrittweise die Mehrfachverpfändung einer Sache und regeln die Beziehungen unter den verschiedenrangigen Gläubigern durch Vertragsklauseln und Auslegungen, Klagen und Einreden. Kaiserliche Eingriffe verändern das klassische Pfandrecht tiefgreifend durch Einführung gesetzlicher Pfandrechte und Rangprivilegien.

Literatur:

Schuller, Zum pignus tacitum, Labeo 15 (1969) 267 ff.

Wagner, Voraussetzungen, Vorstufen und Anfänge der römischen Generalverpfändung (1968) 125 ff.

Kaser, In bonis esse, ZSS 78 (1961) 173 ff, insb 197 ff (Besprechung von Wubbe, Res aliena pignori data, 1960).

Kaser, ZSS 78 (1961) 462 ff (Besprechung von Tondo, Convalida del pegno ..., 1959), 469 ff (Besprechung von Miquel, El rango hipotecario ..., 1959).

Schanbacher, Die Konvaleszenz von Pfandrechten im klassischen römischen Recht (1987).

Kaser, Über mehrfache Verpfändung im römischen Recht, in St. Grosso I (1968) 29 ff (= Ausgewählte Schriften II [1976] 169 ff).

Wagner, Die Entwicklung der Legalhypotheken am Schuldnervermögen im römischen Recht (1974) 76 ff, 180 ff.

Kaser, Studien zum römischen Pfandrecht (1982).

Wacke, Max Kasers Lehren zum Ursprung und Wesen des römischen Pfandrechts, ZSS 115 (1998) 168 ff.

Ankum, ZSS 118 (2001) 442 ff (Besprechung von Potjewijd, Beschikkingsbevoegdheid, bekrachtiging en convalescentie, 1998).

Schanbacher, Die Gegenwart der Geschichte in der Rechtsprechung des Bundesgerichtshofes – BGHZ 130, 101, in FS Mayer-Maly (2002) 639 ff.

Knütel, Aus den Anfängen des Vermieterpfandrechts, in FS Gerhardt (2004) 457 ff.

du Plessis, The Interdictum de Migrando revisited, RIDA 54 (2007) 219 ff.

Krämer, Das besitzlose Pfandrecht: Entwicklungen in der römischen Republik und im frühen Prinzipat (2007).

Braukmann, Pignus: das Pfandrecht unter dem Einfluss der vorklassischen und klassischen Tradition der römischen Rechtswissenschaft (2008).

A. Entstehung und Erlöschen des Pfandrechtes

a) pignus tacitum

D 20, 2, 7 pr. (Pomponius libro tertio decimo ex variis lectionibus)

In praediis rusticis fructus qui ibi nascuntur tacite intelleguntur pignori esse domino fundi locati, etiamsi nominatim id non convenerit.

Übersetzung: (Pomponius im 13. Buch seiner „Lesefrüchte")*)

Bei ländlichen Grundstücken gelten die dort wachsenden Früchte stillschweigend dem Eigentümer des verpachteten Grundstücks verpfändet, auch wenn dies nicht ausdrücklich vereinbart worden ist.

Bemerkung zum Text:

Zu *intelleguntur* (gelten) s oben Fall 72.

Erörterung des Problems:

a) Auf welchem Weg gelangt der Jurist zur Konstruktion eines Pfandrechtes ohne ausdrückliche Vereinbarung? Arbeitet er mit Auslegung, Fiktion, Gewohnheitsrecht usw?

b) Begründen Sie das wirtschaftliche und das juristische Bedürfnis nach dieser Konstruktion.

c) Kann man dem Pächter unterstellen, dass er seine Früchte verpfänden wollte?

d) Gelten die Früchte auch dann als verpfändet, wenn der Pächter bei Vertragsabschluss erklärt, dass er dies nicht wünsche?

e) In welchem Zeitpunkt und auf welche Weise kann sich der Verpächter in den Besitz der Früchte setzen?

Literaturhinweis:

Knütel, Aus den Anfängen des Vermieterpfandrechts, in FS Gerhardt (2004) 462.

---

*) Zu Pomponius oben Fall 29 (D 41, 1, 21 pr.). Seine „Lesefrüchte" enthalten Exzerpte aus den Werken verschiedener Juristen, versehen mit eigenen Bemerkungen des Pomponius. Das Florilegium hat mindestens 41 Bücher umfasst und ist wohl als Vorarbeit zu den großen Kommentarwerken des Pomponius entstanden.

Fall 156

D 20, 2, 4 pr. (Neratius libro primo membranarum)

Eo iure utimur, ut quae in praedia urbana inducta illata sunt pignori esse credantur, quasi id tacite convenerit: in rusticis praediis contra observatur.

Übersetzung: (Neraz im ersten Buch seiner „Juristischen Skizzen")*)

Es ist feststehende Rechtspraxis, dass Sachen, die auf städtische Grundstücke eingebracht werden, als verpfändet gelten, gleichsam als sei das stillschweigend vereinbart worden. Bei ländlichen Grundstücken wird das Gegenteil angenommen.

Bemerkung zum Text:

Eo iure utimur (es ist feststehende Rechtspraxis) verweist ebenso wie *constat* (es steht fest) oder *receptum est* (es ist anerkannt) auf etabliertes Juristenrecht.

Erörterung des Problems:

Analysieren und begründen Sie diese Entscheidung im Vergleich mit D 20, 2, 7 pr. (oben Fall 155).

Vgl dazu:

§ 1101 ABGB
  (1) Zur Sicherstellung des Bestandzinses hat der Vermieter einer unbeweglichen Sache das Pfandrecht an den eingebrachten, dem Mieter oder seinen mit ihm in gemeinschaftlichem Haushalte lebenden Familienmitgliedern gehörigen Einrichtungsstücken und Fahrnissen ...
  (3) Dem Verpächter eines Grundstückes steht in gleichem Umfange und mit gleicher Wirkung das Pfandrecht an dem auf dem Pachtgute vorhandenen Vieh und den Wirtschaftsgerätschaften und den darauf noch befindlichen Früchten zu.

§ 562 I BGB
Der Vermieter hat für seine Forderungen aus dem Mietverhältnis ein Pfandrecht an den eingebrachten Sachen des Mieters. Es erstreckt sich nicht auf die Sachen, die der Pfändung nicht unterliegen.

§ 592 BGB
Der Verpächter hat für seine Forderungen aus dem Pachtverhältnis ein Pfandrecht an den eingebrachten Sachen des Pächters sowie an den Früchten der Pachtsache. Für künftige Entschädigungsforderungen kann das Pfandrecht nicht geltend gemacht werden...

Art 268 OR
Der Vermieter von Geschäftsräumen hat für einen verfallenen Jahreszins und den laufenden Halbjahreszins ein Retentionsrecht an den beweglichen Sachen, die sich in den vermieteten Räumen befinden und zu deren Einrichtung oder Benutzung gehören. ...

---

*) Zu Autor und Werk s oben Fall 73 (D 41, 3, 41).

Fall 156

Art 268 b OR
Will der Mieter wegziehen oder die in den gemieteten Räumen befindlichen Sachen fortschaffen, so kann der Vermieter mit Hilfe der zuständigen Amtsstelle so viele Gegenstände zurückhalten, als zur Deckungen seiner Forderungen notwendig sind.
Heimlich oder gewaltsam fortgeschaffte Gegenstände können innert zehn Tagen seit der Fortschaffung mit polizeilicher Hilfe in die vermieteten Räume zurückgebracht werden.

Literaturhinweise:
Schuller, Zum pignus tacitum, Labeo 15 (1969) 272 ff.
Knütel (Fall 155) 460 f.
du Plessis, The Interdictum de Migrando revisited, RIDA 54 (2007) 231 ff.

Fall 157

D 20, 2, 3 (Ulpianus libro septuagesimo tertio ad edictum)

Si horreum fuit conductum vel devorsorium vel area, tacitam conventionem de invectis illatis etiam in his locum habere putat Neratius: quod verius est.

Übersetzung: (Ulpian im 73. Buch seines Ediktskommentars)*)

Wenn ein Speicher gemietet worden ist oder eine Herberge oder ein Bauplatz, so meint Neraz, dass auch in diesen Fällen eine stillschweigende Vereinbarung bezüglich der eingebrachten Sachen anzunehmen ist, und das ist auch richtiger.

Erörterung des Problems:

Verius est deutet eine Kontroverse an. (Siehe dazu oben Fall 8.) Versuchen Sie, die divergierenden Meinungen juristisch und wirtschaftlich zu begründen.

Literaturhinweise:
Schuller (Fall 156) 275 f.
du Plessis (Fall 156) 231 ff.

---

*) Zu Autor und Werk s oben Fall 11 (D 18, 6, 1, 2).

Fall 158

D 20, 2, 2 (Marcianus libro singulari ad formulam hypothecariam)

Pomponius libro quadragesimo variarum lectionum scribit: non solum pro pensionibus, sed et si deteriorem habitationem fecerit culpa sua inquilinus, quo nomine ex locato cum eo erit actio, invecta et illata pignori erunt obligata.

Übersetzung: (Marcian in seiner Monographie zur dinglichen Pfandklage)*)

Pomponius schreibt im 40. Buch seiner „Lesefrüchte": Nicht nur für den Mietzins, sondern auch wenn der Mieter durch sein Verschulden die Wohnung verschlechtert hat und aus diesem Grund eine Klage aus dem Mietvertrag gegen ihn erhoben werden kann, gelten die eingebrachten Sachen als verpfändet.

Erörterung des Problems:

a) Der Mieter ist kurz vor Ablauf des Mietverhältnisses mit der Zinszahlung im Rückstand oder hat das Mietobjekt schuldhaft beschädigt. Welche Maßnahmen wird der Vermieter ergreifen?

b) Der Mieter hat alle Schulden beglichen, der Vermieter gibt die eingebrachten Sachen nicht frei. Was kann der Mieter unternehmen?

c) Der Mieter veräußert während des Mietverhältnisses eine seiner eingebrachten Sachen. Ist die Veräußerung wirksam?

Vgl dazu:

§ 1101 (2) ABGB
Zieht der Mieter aus oder werden Sachen verschleppt, ohne daß der Zins entrichtet oder sichergestellt ist, so kann der Vermieter die Sachen auf eigene Gefahr zurückbehalten, doch muß er binnen drei Tagen um die pfandweise Beschreibung ansuchen oder die Sachen herausgeben.

§ 562 b I BGB
Der Vermieter darf die Entfernung der Sachen, die seinem Pfandrecht unterliegen, auch ohne Anrufen des Gerichts verhindern, soweit er berechtigt ist, der Entfernung zu widersprechen. Wenn der Mieter auszieht, darf der Vermieter diese Sachen in seinen Besitz nehmen.

Literaturhinweis:
Frier (Fall 107) 135 ff.

---

*) Aelius Marcianus gehört wie Modestinus der letzten Generation der Klassik an. Sein Hauptwerk sind umfangreiche institutiones (16 libri). Seine Abhandlung ad formulam hypothecariam war wohl ein lemmatischer Kommentar der einzelnen Formelbestandteile und hat für Unterricht und Praxis Bedeutung erlangt.
Zu Pomponius oben Fall 29 (D 41, 1, 21 pr.); zu seinen variae lectiones Fall 155 (D 20, 2, 7 pr.).

Fall 159

D 43, 32, 1 pr. (Ulpianus libro septuagensimo tertio ad edictum)

Praetor ait: „Si is homo, quo de agitur, non est ex his rebus, de quibus inter te et actorem convenit, ut, quae in eam habitationem, qua de agitur, introducta importata ibi nata factave essent, ea pignori tibi pro mercede eius habitationis essent, sive ex his rebus est et ea merces tibi soluta eove nomine satisfactum est aut per te stat, quo minus solvatur: ita, quo minus ei, qui eum pignoris nomine induxit, inde abducere liceat, vim fieri veto."

Übersetzung: (Ulpian im 73. Buch seines Ediktskommentars)*)

Der Prätor sagt: „Wenn der Sklave, um den es geht, nicht zu jenen Sachen gehört, über die zwischen dir und dem Kläger vereinbart worden ist, dass alles was in die Wohnung, um die es sich handelt, hineingeführt, hineingetragen, dort entstanden oder erzeugt worden ist, dir für den Mietzins dieser Wohnung verpfändet sein solle, oder wenn er zwar zu jenen Sachen gehört, aber der Mietzins dir bereits bezahlt oder dir dafür Sicherheit geleistet worden ist, oder es an dir liegt, dass er nicht bezahlt wird, so verbiete ich Gewaltanwendung dagegen, dass der Sklave durch denjenigen, der ihn als Pfand hineingeführt hat, von dort weggeführt werden könne."

Erörterung des Problems:

Ulpian referiert den Text des *interdictum de migrando*. Prüfen Sie, ob es in folgenden Fällen anwendbar ist:

a) Titius wohnt unentgeltlich im Haus des Seius und hat in seiner Wohnung Schaden angerichtet. Da Seius befürchtet, Titius werde demnächst ohne Ersatzleistung ausziehen, beschlagnahmt er einige wertvollere Möbelstücke des Titius mit der Behauptung, dass diese als stillschweigend verpfändet gelten.

b) Seius beschlagnahmt irrtümlich nicht nur Sachen seines Mieters Titius, sondern auch das Gepäck des Marius, der gerade als Gast bei diesem wohnt.

Literaturhinweise:

Kaser, Studien zum römischen Pfandrecht (1982) 138 ff.

Frier (Fall 107) 105 ff.

Krämer, Das besitzlose Pfandrecht: Entwicklungen in der römischen Republik und im frühen Prinzipat (2007) 122 ff.

du Plessis (Fall 157) 219 ff.

---

*) Zu Autor und Werk oben Fall 11 (D 18, 6, 1, 2).

Fall 159a

b) Generalhypothek und Verpfändung von Sachgesamtheiten

D 20, 1, 6 (Ulpianus libro septuagesimo tertio ad edictum)

Obligatione generali rerum, quas quis habuit habiturusve sit, ea non continebuntur, quae verisimile est quemquam specialiter obligaturum non fuisse. ut puta supellex, item vestis relinquenda est debitori, et ex mancipiis quae in eo usu habebit, ut certum sit eum pignori daturum non fuisse. proinde de ministeriis eius perquam ei necessariis vel quae ad affectionem eius pertineant

D 20, 1, 7 (Paulus libro sexagesimo octavo ad edictum)

vel quae in usum cottidianum habentur Serviana non competit.

Übersetzung: (Ulpian im 73. Buch seines Ediktskommentars)*)

Durch Generalverpfändung aller Sachen, die jemand hat oder haben wird, werden jene nicht erfasst, von denen wahrscheinlich ist, dass sie jemand auch nicht speziell verpfändet hätte, zB Hausrat. Auch Gewand ist dem Schuldner zu belassen, und von den Sklaven jene, die in solcher Verwendung standen, dass es sicher war, dass er sie nicht verpfänden würde. Daher wird bezüglich jener, die für seine Bedienung unbedingt notwendig sind oder denen er besonders zugeneigt ist

(Paulus im 68. Buch seines Ediktskommentars)**)

oder die für den täglichen Gebrauch gehalten werden, die *actio Serviana* nicht gewährt.

Erörterung des Problems:

a) Wann wird sich der Gläubiger nicht mit der Verpfändung eines einzelnen Gegenstandes begnügen, sondern die Verpfändung des gesamten Vermögens fordern?

b) Wann wird der Schuldner der Verpfändung seines gesamten gegenwärtigen und zukünftigen Vermögens zustimmen?

c) Der Schuldner, der sein gesamtes gegenwärtiges und zukünftiges Vermögen verpfändet hat, verkauft eine seiner Kühe. Welche Ansprüche hat der Pfandgläubiger? (Vgl dazu Fälle 159b und 164.)

d) Der Schuldner verkauft seine Toga. Hat der Gläubiger ein Pfandrecht am Verkaufserlös?

Literaturhinweis:

Wagner, Voraussetzungen, Vorstufen und Anfänge der römischen Generalverpfändung (1968) 125 ff.

---

*) Zu Autor und Werk oben Fall 11 (D 18, 6, 1, 2).
**) Zu Autor und Werk oben Fall 1 (D 41, 2, 3, 1).

Fall 159 b

D 20, 1, 34 pr. und 2 (Scaevola libro vicesimo septimo digestorum)

(pr.) Cum tabernam debitor creditori pignori dederit, quaesitum est, utrum eo facto nihil egerit, an tabernae appellatione merces, quae in ea erant, obligasse videatur? et si eas merces per tempora distraxerit et alias comparaverit easque in eam tabernam intulerit et decesserit, an omnia quae ibi deprehenduntur creditor hypothecaria actione petere possit, cum et mercium species mutatae sint et res aliae illatae? respondit: ea, quae mortis tempore debitoris in taberna inventa sunt, pignori obligata esse videntur.

(2) Creditor pignori accepit a debitore quidquid in bonis habet habiturusve esset: quaesitum est, an corpora pecuniae, quam idem debitor ab alio mutuam accepit, cum in bonis eius facta sint, obligata creditori pignoris esse coeperint. respondit coepisse.

Übersetzung: (Scaevola im 27. Buch seiner Digesten)*)

(pr.) Als ein Schuldner seinem Gläubiger seinen Laden verpfändet hatte, wurde gefragt, ob er dadurch nichts bewirkt habe, oder ob unter der Bezeichnung „Laden" die dort befindlichen Waren als verpfändet gelten. Und wenn er im Lauf der Zeit diese Waren verkauft und andere gekauft und diese in den Laden gebracht hat und daraufhin verstorben ist, ob dann der Gläubiger alle dort befindlichen Waren mit der Pfandklage herausverlangen könne, obwohl die Art der Waren geändert und neue Sachen eingebracht worden seien? Scaevola hat geantwortet: Was sich zum Todeszeitpunkt des Schuldners im Laden befindet, gilt als verpfändet.

(2) Ein Gläubiger hat sich vom Schuldner verpfänden lassen „was er im Vermögen habe oder haben werde". Es wurde gefragt, ob die Geldstücke, die der Schuldner von einem anderen als Darlehen empfangen habe, dem Gläubiger verpfändet seien, sobald sie ins Vermögen des Schuldners gelangt seien. Scaevola bejahte.

Erörterung des Problems:

a) Beurteilen Sie Scaevolas Auslegung des Wortes *taberna* (Ergebnis, Methode).

b) Wann entsteht und erlischt das Pfandrecht an einzelnen gekauften, bearbeiteten und veräußerten Waren?

c) Gilt auch das eingenommene Geld als verpfändet?

d) Versuchen Sie, für und gegen Scaevolas Entscheidung im Darlehensfall zu argumentieren.

Literaturhinweise:

Sturm in *Schlosser/Sturm/Weber* (Hrsg), Die rechtsgeschichtliche Exegese[2] (1993) 26 ff.

Wagner, Zur wirtschaftlichen und rechtlichen Bedeutung der Tabernen, in St. Biscardi III (1982) 391 ff.

Daubermann (Fall 149) 116 ff.

Löffelmann, Pfandrecht und Sicherungsübereignung an künftigen Sachen (1996) 172 ff.

---

*) Zu Autor und Werk oben Fall 101 (D 6, 1, 67).

Fall 160

c) Res aliena pignori data

D 20, 1, 22 (Modestinus libro septimo differentiarum)

Si Titio, qui rem meam ignorante me creditori suo pignori obligaverit, heres exstitero, ex postfacto pignus directo quidem non convalescit, sed utilis pigneraticia dabitur creditori.

Übersetzung: (Modestinus im siebenten Buch seiner Distinktionen)*)

Wenn ich Titius, der meine Sache ohne mein Wissen seinem Gläubiger verpfändet hat, beerbe, wird das Pfandrecht zwar nicht direkt nachträglich wirksam, doch wird dem Gläubiger eine *actio pigneraticia utilis* gegeben.

Erörterung des Problems:

a) Welche Rechtsfolgen treten durch die Verpfändung einer fremden Sache ein?
b) Aus welchen Erwägungen gibt der Jurist dem Gläubiger eine *actio pigneraticia utilis*?
c) Wieso sträubt sich Modestin gegen die Annahme einer „direkten" Konvaleszenz des Pfandrechts?

Vgl dazu:

Art 884 ZGB
Fahrnis kann, wo das Gesetz keine Ausnahme macht, nur dadurch verpfändet werden, daß dem Pfandgläubiger der Besitz an der Pfandsache übertragen wird.
Der gutgläubige Empfänger der Pfandsache erhält das Pfandrecht, soweit nicht Dritten Rechte aus früherem Besitze zustehen, auch dann, wenn der Verpfänder nicht befugt war, über die Sache zu verfügen ...

§ 185 II BGB
Die Verfügung wird wirksam, wenn der Berechtigte sie genehmigt oder wenn der Verfügende den Gegenstand erwirbt oder wenn er von dem Berechtigten beerbt wird ...

Literaturhinweise:

Schanbacher, Die Konvaleszenz von Pfandrechten im klassischen römischen Recht (1987) 122 ff.

Wacke, Die Konvaleszenz von Pfandrechten nach römischem Recht, ZSS 115 (1998) 446 ff.

Ankum (Fall 130) 455.

Braukmann, Pignus: das Pfandrecht unter dem Einfluss der vorklassischen und klassischen Tradition der römischen Rechtswissenschaft (2008) 83 ff.

Wimmer (Fall 19) 31 f.

---

*) Zu Autor und Werk s oben Fall 80 (D 50, 16, 109).

Fall 161

D 13, 7, 41 (Paulus libro tertio quaestionum)

Rem alienam pignori dedisti, deinde dominus rei eius esse coepisti: datur utilis actio pigneraticia creditori. non est idem dicendum, si ego Titio, qui rem meam obligaverat sine mea voluntate, heres extitero: hoc enim modo pignoris persecutio concedenda non est creditori, nec utique sufficit ad competendam utilem pigneraticiam actionem eundem esse dominum, qui etiam pecuniam debet...

Übersetzung: (Paulus im dritten Buch seiner Rechtsfragen)*)

Du hast eine fremde Sache zum Pfand gegeben, dann bist du Eigentümer dieser Sache geworden: Der Gläubiger erhält eine *actio pigneraticia utilis*.

Das gilt jedoch nicht, wenn ich Titius, der meine Sache ohne meinen Willen verpfändet hat, beerbe: Auf diese Art ist nämlich dem Gläubiger die Verfolgung des Pfandes nicht einzuräumen, und es genügt für die *actio pigneraticia utilis* nicht, dass Eigentümer und Schuldner in einer Person zusammenfallen...

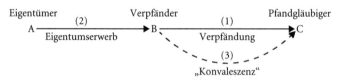

Erörterung des Problems:

a) Finden Sie einige konkrete Beispiele für Konvaleszenz des Pfandrechts.

b) Warum erhält der Gläubiger in der ersten Sachverhaltsvariante nur eine *a° utilis*?

c) Begründen Sie, warum Paulus in einem Fall Konvaleszenz annimmt, im anderen Fall ablehnt. Vergleichen Sie dazu Mod. D 20, 1, 22 (oben Fall 160).

Literaturhinweise:

Schanbacher (Fall 160) 113 ff, 122 ff.

Wacke (Fall 160) 445 ff.

Braukmann (Fall 160) 80 ff.

---

*) Zu Paulus s oben Fall 1 (D 41, 2, 3, 1). Seine quaestiones sind eine Sammlung juristischer Probleme (einschließlich praktischer Fälle, Disputationen, Briefe) in 26 Büchern, die der Digestenordnung folgen.

Fall 161 a

D 13, 7, 9 pr. und 4 (Ulpianus libro vicensimo octavo ad edictum)

(pr.) **Si rem alienam mihi debitor pignori dedit aut malitiose in pignore versatus sit, dicendum est locum habere contrarium iudicium.**

(4) **Is quoque, qui rem alienam pignori dedit, soluta pecunia potest pigneraticia experiri.**

Übersetzung: (Ulpian im 28. Buch seines Ediktskommentars)*)

(pr.) Wenn mir der Schuldner eine fremde Sache als Pfand gegeben hat oder sich bezüglich des Pfandes arglistig verhalten hat, so ist zu sagen, dass die *actio contraria* Anwendung findet.

(4) Auch derjenige, der eine fremde Sache als Pfand gegeben hat, kann nach Zahlung des Geldes die *actio pigneraticia* anstrengen.

Erörterung des Problems:

a) Finden Sie Beispiele für arglistiges Verhalten des Pfandschuldners.

b) Welche Ansprüche kann der Gläubiger mittels *actio contraria* geltend machen?

c) Was begehrt der Schuldner mit der *actio pigneraticia*?

Vgl dazu:

§ 456 (1) ABGB
Wird eine bewegliche Sache von jemandem verpfändet, dem sie nicht gehört und der darüber auch nicht verfügen kann, so hat der Eigentümer zwar in der Regel das Recht, sie zurückzufordern. In solchen Fällen, in denen die Eigentumsklage gegen einen rechtmäßigen und redlichen Besitzer abzuweisen ist (§§ 367 und 368), ist er aber verpflichtet, den Pfandbesitzer schadlos zu halten oder das Pfand fahren zu lassen und sich mit dem Schadenersatzanspruch gegen den Verpfänder oder dritte Personen zu begnügen.

§ 458 ABGB
Wenn der Wert eines Pfandes durch Verschulden des Pfandgebers, oder wegen eines erst offenbar gewordenen Mangels der Sache zur Bedeckung der Schuld nicht mehr zureichend gefunden wird; so ist der Gläubiger berechtigt, von dem Pfandgeber ein anderes angemessenes Pfand zu fordern.

Art 890 ZGB
Der Gläubiger haftet für den aus der Wertverminderung oder aus dem Untergang der verpfändeten Sache entstandenen Schaden, sofern er nicht nachweist, daß dieser ohne sein Verschulden eingetreten ist [OR 97 ff].
Hat der Gläubiger das Pfand eigenmächtig veräußert oder weiterverpfändet, so haftet er für allen hieraus entstandenen Schaden.

---

*) Zu Autor und Werk s oben Fall 11 (D 18, 6, 1, 2).

Fall 162

d) Einvernehmliche Aufhebung des Pfandrechtes

D 20, 6, 8, 14 (Marcianus libro singulari ad formulam hypothecariam)

    Quod si concesserit decem vendere, ille quinque vendiderit, dicendum est non esse repellendum creditorem: in contrarium non erit quaerendum, quin recte vendit, si pluris vendiderit, quam concessit creditor.

Übersetzung: (Marcianus in seiner Monographie zur dinglichen Pfandklage)*)

    Wenn jedoch der Pfandgläubiger dem Pfandschuldner gestattet hat, die Sache um zehn zu verkaufen und dieser sie um fünf verkauft hat, ist zu sagen, dass der Gläubiger nicht abzuweisen ist. Umgekehrt ist nicht zu bezweifeln, dass er zu Recht verkauft hat, wenn er um mehr verkauft hat, als der Gläubiger gestattet hat.

Erörterung des Problems:

a) Aus welchen Erwägungen könnte der Gläubiger dem Schuldner den Pfandverkauf gestattet haben?

b) Welche Wirkung hat diese Ermächtigung für das Pfandrecht?

c) Ist der Verkauf um fünf gültig?

d) Welche Maßnahmen kann der Gläubiger ergreifen?

e) Warum ist der Verkauf um einen höheren Preis gültig?

f) Wie könnte sich der Pfandgläubiger absichern, wenn er befürchtet, der Pfandschuldner werde ihm den Verkaufserlös nicht ausfolgen?

---

*) Zu Autor und Werk s oben Fall 158 (D 20, 2, 2).

Fall 163

D 20, 6, 8, 15 (Marcianus libro singulari ad formulam hypothecariam)

Non videtur autem consensisse creditor, si sciente eo debitor rem vendiderit, cum ideo passus est veniri, quod sciebat ubique pignus sibi durare. **sed si subscripserit forte in tabulis emptionis, consensisse videtur.** nisi manifeste appareat deceptum esse. quod observari oportet et si sine scriptis consenserit.

Übersetzung: (Marcianus in seiner Monographie zur dinglichen Pfandklage)*)

Es gilt jedoch nicht als Zustimmung des Gläubigers, wenn der Schuldner mit seinem Wissen die Sache verkauft hat, wenn er den Verkauf nur deshalb geduldet hat, weil er wusste, das Pfandrecht werde ihm jedenfalls erhalten bleiben. Falls er allerdings etwa die Kaufurkunde unterschrieben hat, gilt dies als Zustimmung. Es sei denn, es geht klar hervor, dass er getäuscht worden ist. Dasselbe ist zu beachten, wenn er ohne schriftliche Erklärung zugestimmt hat.

Bemerkung zum Text:

Zu *videtur* (gilt) s oben zu Fall 72.

Erörterung des Problems:

Welche Rechtswirkungen erzeugt der Verkauf der verpfändeten Sache durch den Schuldner in folgenden Sachverhaltsvarianten (vgl dazu Paul. D 47, 2, 67 pr. unten Fall 164):

a) Der Gläubiger gestattet den Verkauf vorbehaltlich seines Pfandrechtes.

b) Der Gläubiger weiß nichts vom Verkauf. Nachträglich erfährt er davon und schweigt, oder stimmt zu, oder drückt seine Missbilligung aus.

c) Der Gläubiger verbietet den Verkauf, der Schuldner verkauft die Sache trotzdem.

Literaturhinweise:

Wacke, Zur Lehre vom pactum tacitum, ZSS 91 (1974) 264 ff.

Wacke, Max Kasers Lehren zum Ursprung und Wesen des römischen Pfandrechts, ZSS 115 (1998) 197 ff.

---

*) Zu Autor und Werk s oben Fall 158 (D 20, 2, 2).

Fall 164

D 47, 2, 67 (66) pr. (Paulus libro septimo ad Plautium)

Si is, qui rem pignori dedit, vendiderit eam: quamvis dominus sit, furtum facit, sive eam tradiderat creditori sive speciali pactione tantum obligaverat: idque et Iulianus putat.

Übersetzung: (Paulus im siebenten Buch seines Kommentars zu Plautius)*)

Wenn jemand, der eine Sache zum Pfand gegeben hat, diese verkauft hat, so begeht er, obwohl er Eigentümer ist, einen Diebstahl, gleichgültig, ob er die Sache dem Gläubiger übergeben hatte oder er nur in einer speziellen Vereinbarung ein besitzloses Pfand begründet hatte. Und das meint auch Julian.

Erörterung des Problems:

a) Ist der Verkauf durch den Schuldner gültig?

b) Welche Ansprüche kann der Pfandgläubiger gegen den Schuldner geltend machen, welche gegen den Käufer?

c) Der Ausdruck *speciali pactione* verweist auf eine Einzelverpfändung. Glauben Sie, dass bei einer Generalverpfändung (vgl zu dieser Ulp. D 49, 14, 28 unten Fall 185) dieselben Rechtsfolgen eintreten?

Literaturhinweise:

Kaser (Fall 159) 204 f.

Apathy, Commodatum und furtum, in FS Hausmaninger (2006) 20 f.

---

*) Zu Paulus oben Fall 1 (D 41, 2, 3, 1), zu seinen libri ad Plautium oben Fall 130 (D 21, 3, 2). Zu Julian oben Fall 70 (D 41, 1, 36).

Fall 165

D 13, 7, 3 (Pomponius libro octavo decimo ad Sabinum)

Si quasi recepturus a debitore tuo comminus pecuniam reddidisti ei pignus isque per fenestram id misit excepturo eo, quem de industria ad id posuerit, Labeo ait furti te agere cum debitore posse et ad exhibendum: et, si agente te contraria pigneraticia excipiat debitor de pignore sibi reddito, replicabitur de dolo et fraude, per quam nec redditum, sed per fallaciam ablatum id intellegitur.

Übersetzung: (Pomponius im 18. Buch seines Kommentars zum *ius civile* des Sabinus)*)

Wenn du in der Erwartung, von deinem Schuldner sofort das Geld zu erhalten, ihm das Pfand zurückgegeben hast und er dieses aus dem Fenster geworfen hat, damit es jemand auffange, den er vorsorglich zu diesem Zweck aufgestellt hatte, so sagt Labeo, du könntest gegen den Schuldner mit der *actio furti* und der *actio ad exhibendum* vorgehen. Und wenn der Schuldner gegen deine *actio pigneraticia contraria* die Einrede erheben sollte, das Pfand sei ihm zurückgegeben worden, wird eine Gegeneinrede wegen *dolus* und *fraus* gewährt werden, wonach das Pfand nicht als zurückgegeben, sondern als durch Täuschung entzogen gilt.

Erörterung des Problems:

a) Welche Ansprüche macht der Gläubiger mit der *actio furti* und mit der *actio ad exhibendum* geltend?

b) Könnte er auch mit der *actio Serviana* oder mit dem *interdictum utrubi* gegen den Schuldner vorgehen?

c) Was erreicht der Gläubiger mit der *actio pigneraticia contraria*?

d) Erläutern Sie die *exceptio de pignore sibi reddito* des Schuldners.

e) Könnte der Gläubiger gegen den Dritten mit der *actio Serviana* vorgehen?

Literaturhinweise:
  Kaser (Fall 159) 91 f.
  Wesener (Fall 131) 124.
  Knütel (Fall 155) 471 f.

---

*) Zu Autor und Werk s oben Fall 29 (D 41, 1, 21 pr.). Zu Labeo oben Fall 10 (D 41, 2, 51).

Fall 166

e) Tilgung der Schuld

D 20, 1, 19 (Ulpianus libro vicesimo primo ad edictum)

Qui pignori plures res accepit, non cogitur unam liberare nisi accepto universo quantum debetur.

Übersetzung: (Ulpian im 21. Buch seines Ediktskommentars)*)
Wer mehrere Sachen als Pfand empfangen hat, wird nicht gezwungen, eine davon freizugeben, wenn er nicht den ganzen geschuldeten Betrag erhalten hat.

Bemerkungen zum Text:
Bis zur vollständigen Tilgung der Schuld haftet die ganze Sache bzw haften alle verpfändeten Sachen, durch Teilzahlung werden nicht einzelne Sachen (Sachteile) pfandrechtsfrei: *pignoris causa indivisa est* (die Pfandhaftung ist ungeteilt), vgl. Pap. D 21, 2, 65.

Erörterung des Problems:
Begründen Sie die Entscheidung Ulpians. Welche Argumente sprechen für oder gegen das Prinzip der ungeteilten Pfandhaftung?

Vgl dazu:

§ 469 ABGB

Durch Tilgung der Schuld hört das Pfandrecht auf ...

§ 1252 BGB

Das Pfandrecht erlischt mit der Forderung, für die es besteht.

Art 889 ZGB

Ist das Pfandrecht infolge der Tilgung der Forderung oder aus anderem Grunde untergegangen, so hat der Gläubiger die Pfandsache an den Berechtigten herauszugeben.

Vor seiner vollen Befriedigung ist er nicht verpflichtet, das Pfand ganz oder zum Teil herauszugeben.

Literaturhinweis:
Wacke, Ungeteilte Pfandhaftung, Index 3 (1972) 456f.

---

*) Zu Autor und Werk oben Fall 11 (D 18, 6, 1, 2).

Fall 167

f) Pfandverwertung

D 20, 5, 8 (Modestinus libro quarto regularum)

Creditoris arbitrio permittitur ex pignoribus sibi obligatis quibus velit distractis ad suum commodum pervenire.

Übersetzung: (Modestinus im vierten Buch seiner Regeln)*)

Es bleibt dem Ermessen des Gläubigers überlassen, welche der ihm verpfändeten Sachen er verkaufen will, um zu seiner Befriedigung zu gelangen.

Erörterung des Problems:

a) Darf der Gläubiger bei Nichtzahlung der Schuld sämtliche Pfandsachen verkaufen?
b) Darf der Gläubiger, wenn nur mehr ein kleiner Restbetrag der Forderung offen ist, die wertvollste der verpfändeten Sachen verkaufen?
c) Muss der Gläubiger besondere Anstrengungen unternehmen, um einen möglichst günstigen Kaufpreis zu erzielen?

Vgl dazu:

§ 1230 BGB
Unter mehreren Pfändern kann der Pfandgläubiger, soweit nicht ein anderes bestimmt ist, diejenigen auswählen, welche verkauft werden sollen. Er kann nur so viele Pfänder zum Verkaufe bringen, als zu seiner Befriedigung erforderlich sind.

Literaturhinweis:
   Wacke (Fall 166) 457 f.

---

*) Zu Autor und Werk oben Fall 80 (D 50, 16, 109).

Fall 168

D 20, 5, 12 pr. (Tryphoninus libro octavo disputationum)

Rescriptum est ab imperatore libellos agente Papiniano creditorem a debitore pignus emere posse, quia in dominio manet debitoris.

D 20, 1, 16, 9 (Marcianus libro singulari ad formulam hypothecariam)

Potest ita fieri pignoris datio hypothecaevae, ut, si intra certum tempus non sit soluta pecunia, iure emptoris possideat rem iusto pretio tunc aestimandam: hoc enim casu videtur quoddammodo condicionalis esse venditio. et ita divus Severus et Antoninus rescripserunt.

Übersetzung: (Tryphoninus im achten Buch seiner „Streitgespräche")*)

Als Papinian die Kanzlei *a libellis* leitete, erteilte der Kaiser ein Reskript, dass der Gläubiger das Pfand vom Schuldner kaufen könne, da dieses im Eigentum des Schuldners bleibt.

(Marcian in seiner Monographie zur dinglichen Pfandklage)**)

Eine Pfandbestellung kann so erfolgen, dass der Gläubiger, wenn das Geld nicht innerhalb einer bestimmten Frist gezahlt wird, die Sache mit dem Recht eines Käufers besitzen solle, wobei diese dann zu einem gerechten Preis geschätzt werden müsse. In diesem Fall liege nämlich gewissermaßen ein bedingter Kauf vor, und so haben die Kaiser Severus und Antoninus in Reskripten entschieden.

Erörterung:

a) Erklären Sie die Begründung „*quia in dominio manet debitoris*".

b) Wieso bedarf es eines kaiserlichen Reskripts, um den Kauf des Pfandes durch den Gläubiger zu bewilligen?

c) Ist es zulässig, den Kaufpreis, zu dem der Gläubiger das Pfand übernehmen wird, im Verpfändungsvertrag festzusetzen?

Vgl dazu:

§ 461 ABGB
Wird der Pfandgläubiger nach Verlauf der bestimmten Zeit nicht befriedigt; so ist er befugt, die Feilbietung des Pfandes gerichtlich zu verlangen ...

§ 463 ABGB
Schuldner haben kein Recht, bei Versteigerung einer von ihnen verpfändeten Sache mitzubieten.

§ 1371 ABGB
Alle der Natur des Pfand- und Darlehensvertrages entgegen stehende Bedingungen und Nebenverträge sind ungültig. Dahin gehören die Verabredungen: daß nach der

---

*) Zu Tryphoninus s unten Fall 172 (D 20, 4, 20), zu Papinian oben Fall 5 (D 18, 1, 74).
**) Zu Autor und Werk s oben Fall 158 (D 20, 2, 2).

Verfallzeit der Schuldforderung das Pfandstück dem Gläubiger zufalle; daß er es nach Willkür oder in einem schon im voraus bestimmten Preise veräußern, oder für sich behalten könne; daß der Schuldner das Pfand niemals einlösen, oder ein liegendes Gut keinem andern verschreiben, oder daß der Gläubiger nach der Verfallzeit die Veräußerung des Pfandes nicht verlangen dürfe.

§ 1228 BGB
I   Die Befriedigung des Pfandgläubigers aus dem Pfande erfolgt durch Verkauf.
II Der Pfandgläubiger ist zum Verkaufe berechtigt, sobald die Forderung ganz oder zum Teil fällig ist ...

§ 1229 BGB
Eine vor dem Eintritte der Verkaufsberechtigung getroffene Vereinbarung, nach welcher dem Pfandgläubiger, falls er nicht oder nicht rechtzeitig befriedigt wird, das Eigentum an der Sache zufallen oder übertragen werden soll, ist nichtig.

Art 891 ZGB
Der Gläubiger hat im Falle der Nichtbefriedigung ein Recht darauf, sich aus dem Erlös des Pfandes bezahlt zu machen ...

Art 894 ZGB
Jede Abrede, wonach die Pfandsache dem Gläubiger, wenn er nicht befriedigt wird, als Eigentum zufallen soll, ist ungültig.

Literaturhinweise:

Peters, Der Erwerb des Pfandes durch den Pfandgläubiger im klassischen und im nachklassischen Recht, in *Medicus/Seiler* (Hrsg), Studien im römischen Recht (1973) 42 ff.

Kaser (Fall 159) 20, 37.

Wacke, Max Kasers Lehren (Fall 163) 187 f.

Verhagen, Die Vereinbarung des Pfandverfalls im ius commune, ZEuP 19 (2011) 116.

Fall 169

D 13, 7, 4 (Ulpianus libro quadragensimo primo ad Sabinum)

Si convenit de distrahendo pignore sive ab initio sive postea, non tantum venditio valet, verum incipit emptor dominium rei habere. sed etsi non convenerit de distrahendo pignore, hoc tamen iure utimur, ut liceat distrahere, si modo non convenit, ne liceat. ubi vero convenit, ne distraheretur, creditor, si distraxerit, furti obligatur, nisi et ter fuerit denuntiatum ut solvat et cessaverit.

Übersetzung: (Ulpian im 41. Buch seines Kommentars zum *ius civile* des Sabinus)*)

Wenn von vornherein oder nachträglich eine Vereinbarung über den Pfandverkauf getroffen worden ist, ist nicht nur der Verkauf gültig, sondern der Käufer erwirbt auch Eigentum an der Sache. Doch auch wenn keine Vereinbarung über den Pfandverkauf getroffen worden ist, betrachten wir es als geltendes Recht, dass das Pfand verkauft werden darf, es sei denn, es wäre vereinbart worden, dass der Verkauf unzulässig sei. Wenn eine Vereinbarung besteht, dass das Pfand nicht verkauft werden dürfe, haftet der Gläubiger, der es verkauft, wegen Diebstahls, außer es ist der Schuldner dreimal aufgefordert worden zu zahlen und er hat dies unterlassen.

Erörterung:

Schreiben Sie eine Exegese. Nehmen Sie dabei an, der erste Satz des Textes stamme von Sabinus. Zum Ausdruck *hoc iure utimur* s oben Fall 156.

Vgl dazu:

§ 466 a ABGB

(1) Der Pfandgläubiger kann sich aus einer beweglichen körperlichen Sache (§ 460 a Abs. 1), die ihm verpfändet worden ist oder an der er ein gesetzliches Pfandrecht erworben hat, auch durch den Verkauf der Sache befriedigen.

(2) Der Pfandgläubiger hat bei der Verwertung der Sache angemessen auf die Interessen des Pfandgebers Bedacht zu nehmen.

(3) Der Pfandgläubiger und der Pfandgeber können abweichende Arten der außergerichtlichen Pfandverwertung vereinbaren. Besondere Vorschriften über die außergerichtliche Verwertung von Sicherheiten bleiben unberührt.

§ 466 b ABGB

(1) Der Pfandgläubiger hat dem Pfandgeber nach Eintritt der Fälligkeit der gesicherten Forderung den Verkauf der Sache anzudrohen, soweit dies nicht untunlich ist. Er hat dabei die Höhe der ausstehenden Forderung anzugeben. Der Verkauf darf erst einen Monat nach dessen Androhung oder, wenn diese untunlich war, nach Eintritt der Fälligkeit stattfinden. Besteht an der Sache ein anderes Pfandrecht, so hat der Gläubiger den Verkauf auch dem anderen Pfandgläubiger anzudrohen. Diesem ist die Einlösung der Forderung zu gestatten (§ 462).

(2) Der Verkauf ist im Wege einer öffentlichen Versteigerung durch einen dazu befugten Unternehmer zu bewirken...

---

*) Zu Autor und Werk s oben Fall 11 (D 18, 6, 1, 2).

§ 466 c ABGB
(3) Mit dem Verkauf erlöschen die Pfandrechte an der Sache selbst. Das Gleiche gilt für andere dingliche Rechte, sofern diese nicht allen Pfandrechten im Rang vorgehen.
(4) Der Kaufpreis gebührt dem Pfandgläubiger nach Maßgabe seines Ranges im Ausmaß der gesicherten Forderung und der angemessenen Kosten einer zweckentsprechenden Verwertung. Im Übrigen tritt der Anspruch des Pfandgebers auf Herausgabe des Mehrbetrags an die Stelle des Pfandes.
(5) Wenn der Pfandgläubiger und der Pfandgeber eine abweichende Art der Pfandverwertung vereinbaren und am Pfand einem Dritten ein Recht zusteht, das durch die Verwertung erlischt, so bedarf die Vereinbarung zu ihrer Wirksamkeit der Zustimmung des Dritten.

Literaturhinweise:
Kaser (Fall 159) 72 ff.
Wacke, Max Kasers Lehren (Fall 163) 182 ff.

Fall 170

g) Untergang der Pfandsache

D 20, 1, 29, 2 (Paulus libro quinto responsorum)

Domus pignori data exusta est eamque aream emit Lucius Titius et exstruxit: quaesitum est de iure pignoris. **Paulus respondit pignoris persecutionem perseverare et ideo ius soli superficiem secutam videri, id est cum iure pignoris: sed bona fide possessores non aliter cogendos creditoribus aedificium restituere, quam sumptus in exstructione erogatos, quatenus pretiosior res facta est, reciperent.**

Übersetzung: (Paulus im fünften Buch seiner Rechtsgutachten)*)

Ein Haus, das als Pfand gegeben war, ist abgebrannt. Diesen Baugrund kauft sodann Lucius Titius und baut darauf. Es wird nach dem Pfandrecht gefragt. Paulus hat geantwortet, dass das Pfandrecht aufrecht bleibe und somit das Gebäude dem Recht am Grundstück folge, das heißt mit dem Pfandrecht. Doch die gutgläubigen Besitzer könnten nur dann gezwungen werden, den Gläubigern das Gebäude herauszugeben, wenn sie soviel von den Baukosten ersetzt bekommen haben, wie die Sache wertvoller geworden ist.

Bemerkungen zum Text:

Mit dem Untergang der Sache erlischt das Pfandrecht: *re extincta pignus perit* (vgl Marcian D 20, 6, 8 pr.). Das Prinzip gilt für alle dinglichen Rechte.

Erörterung des Problems:

a) Hat Lucius Titius Eigentum am gekauften Grundstück erworben?

b) Widerspricht diese Entscheidung dem Prinzip, dass mit dem Untergang der verpfändeten Sache auch das Pfandrecht erlischt?

c) Mit welcher Klage fordern die Gläubiger das Haus, welche Einrede erheben die gutgläubigen Besitzer? (Begründung?)

d) Der Wert des Grundstücks allein beträgt 50, mit dem ursprünglich verpfändeten Haus 80, mit dem neuen Haus 90. Wie hoch ist der Kostenersatz, den der gutgläubige Bauführer vom Pfandgläubiger erhält?

e) Können die Besitzer auch Ersatz für wertsteigernde Luxusaufwendungen (zB Wandmalerei) begehren? (Vgl dazu oben Fall 107.)

f) Können die Besitzer nach Verlust des Grundstückes an die Pfandgläubiger Ansprüche gegen den Verkäufer geltendmachen?

g) Der Schuldner hat einen Wald verpfändet, daraufhin die Bäume gefällt und ein Schiff daraus gebaut. Hat der Gläubiger ein Pfandrecht am Schiff?

---

*) Zu Paulus s oben Fall 1 (D 41, 2, 3, 1). Seine responsa (23 libri) folgen dem üblichen Schema: 1. Sachverhalt, 2. Rechtsfrage (quaero oder quaesitum est), 3. Entscheidung des Juristen (eingeleitet durch „Paulus respondit").

Fall 170

Literaturhinweise:

Bürge (Fall 107) 148 ff.

Meissel, Die Prüfungsexegese im römischen Recht. Dargestellt an D 20, 1, 29, 2: Pfandrecht am abgebrannten Haus? JAP 1992/93, 198 ff.

Fall 170a

D 13, 7, 18, 3 (Paulus libro vicensimo nono ad edictum)

Si quis caverit, ut silva sibi pignori esset, navem ex ea materia factam non esse pignori Cassius ait, quia aliud sit materia, aliud navis: et ideo nominatim in dando pignore adiciendum esse ait: ,quaeque ex silva facta natave sint'.

Übersetzung: (Paulus im 29. Buch seines Ediktskommentars)*)

Wenn jemand vereinbart hat, dass ihm ein Wald verpfändet sein solle, so sagt Cassius, dass ein aus diesem Holz hergestelltes Schiff nicht verpfändet sei, da das Holz etwas anderes sei als das Schiff. Und deshalb sagt er, man solle ausdrücklich bei der Pfandbestellung hinzufügen „und was aus diesem Wald erzeugt und entstanden ist".

Erörterung des Problems:

a) Glauben Sie, dass Cassius ein Pfandrecht an den gefällten Bäumen anerkennt?

b) Wieso gilt das Schiff nicht als verpfändet?

c) Kommt es darauf an, wer das Schiff gebaut hat? Welche Klagen hat der Pfandgläubiger?

d) Der Schuldner verkauft das Holz an einen gutgläubigen Schiffbauer, der weder von der Verpfändung des Waldes noch von der speziellen Abrede Kenntnis hat. Hat der Gläubiger ein Pfandrecht am Schiff?

Literaturhinweise:

Schermaier (Fall 118) 458 ff.

Schermaier (Fall 115) 224 f.

Löffelmann, Pfandrecht und Sicherungsübereignung an künftigen Sachen (1996) 158 ff.

Krämer (Fall 159) 249 ff.

Braukmann (Fall 160) 125 ff.

---

*) Zu Autor und Werk oben Fall 1 (D 41, 2, 3, 1); zu Cassius oben Fall 19 (D 41, 2, 21, 3).

Fall 171

B. Mehrfachverpfändung

a) Prior tempore potior iure

D 20, 4, 11, 4 (Gaius libro singulari de formula hypothecaria)

Si paratus est posterior creditor priori creditori solvere quod ei debetur, videndum est, an competat ei hypothecaria actio nolente priore creditore pecuniam accipere. et dicimus priori creditori inutilem esse actionem, cum per eum fiat, ne ei pecunia solvatur.

Übersetzung: (Gaius in seiner Monographie über die dingliche Pfandklage)*)

Wenn der spätere Gläubiger bereit ist, dem früheren zu zahlen, was ihm geschuldet wird, so ist zu prüfen, ob ihm die *actio hypothecaria* zusteht, obwohl der frühere Gläubiger das Geld nicht annehmen will. Und wir sagen, dass dem früheren Gläubiger die *actio* nicht gewährt wird, wenn es an ihm liegt, dass ihm das Geld nicht gezahlt wird.

Bemerkungen zum Text:

Insbesondere beim Erwerb dinglicher Rechte richtet sich die Rechtsstellung nach der zeitlichen Reihenfolge. Der zeitlich Frühere hat das bessere Recht: *prior tempore, potior iure* („wer zuerst kommt, mahlt zuerst"). Zu Durchbrechungen der Regel s unten Fälle 182 und 185.

Erörterung des Problems:

a) Aus welchen Gründen wird ein nachrangiger Pfandgläubiger dem erstrangigen Gläubiger die Bezahlung seiner Forderung anbieten?

b) Kann der erstrangige Gläubiger zur Annahme dieses Angebotes gezwungen werden?

c) Der nachrangige Gläubiger hat die Forderung des vorrangigen Gläubigers befriedigt. Ist damit dessen Forderungsrecht gegen den Schuldner erloschen? Hat der nachrangige Gläubiger das Forderungsrecht und/oder Pfandrecht des vorrangigen Gläubigers erworben?

d) Die Forderung des Erstgläubigers ist früher fällig als die des Zweitgläubigers. Der Erstgläubiger verkauft das Pfand. Hat der Zweitgläubiger Ansprüche gegen den Käufer? Gegen den Erstgläubiger?

e) Welches Risiko ist mit der Ausübung des *ius offerendi* für den nachrangigen Gläubiger verbunden?

Literaturhinweis:
  Schanbacher (Fall 160) 36.

---

*) Zu Gaius s oben Fall 6 (D 41, 1, 9, 6). Von seiner Spezialabhandlung über die formula hypothecaria sind nur wenige Fragmente überliefert.

Fall 172

D 20, 4, 20 (Tryphoninus libro octavo disputationum)

Quaerebatur, si post primum contractum tuum, antequam aliam pecuniam tu crederes, eidem debitori Seius credidisset quinquaginta et hyperocham huius rei, quae tibi pignori data esset, debitor obligasset, dehinc tu eidem debitori crederes forte quadraginta: quod plus est in pretio rei quam primo credidisti utrum Seio ob quinquaginta an tibi in quadraginta cederet pignoris hyperocha. finge Seium paratum esse offerre tibi summam primo ordine creditam. dixi consequens esse, ut Seius potior sit in eo quod amplius est in pignore, et oblata ab eo summa primo ordine credita usurarumque eius postponatur primus creditor in summam, quam postea eidem debitori credidit.

Übersetzung: (Tryphoninus im achten Buch seiner „Streitgespräche")*)

Nach deinem ersten Verpfändungsvertrag und bevor du weiteres Geld kreditiert hast, hat Seius demselben Schuldner 50 als Darlehen gegeben und der Schuldner hat dafür die *hyperocha* der Sache, die er dir als Pfand gegeben hatte, verpfändet. Sodann hast du demselben Schuldner einen Kredit von 40 gegeben. Soll die *hyperocha*, dh der deine Erstforderung übersteigende Mehrerlös aus dem Pfandverkauf, dem Seius für seine Forderung von 50 oder dir für die Forderung von 40 zufallen? Angenommen, Seius ist bereit, dir die erstrangig kreditierte Summe anzubieten. Ich habe gesagt, dass Seius folgerichtig das bessere Recht an dem Wert habe, der sich darüber hinaus im Pfand befinde. Nachdem er die erstrangig kreditierte Summe samt Zinsen angeboten erhalten hat, wird der erste Gläubiger bezüglich der Summe, die er dem Schuldner später als Darlehen gewährt hat, hintangesetzt.

Erörterung des Problems:

Schreiben Sie eine Exegese dieses Textes. Prüfen Sie dabei insbesondere die Frage, inwieweit die Entscheidung Tryphonins auf Auslegung von Parteienvereinbarungen beruht.

Literaturhinweise:

Kaser, Über mehrfache Verpfändung im römischen Recht, in Ausgewählte Schriften II (1976) 198 ff.

Schanbacher, Beobachtungen zum sog. „pignus Gordianum", ZSS 114 (1997) 248 ff.

---

*) Claudius Tryphoninus war Schüler des Cervidius Scaevola und hat notae zu dessen Werk geschrieben. Er war zugleich mit Papinian Mitglied des Consilium des Septimius Severus. Seine disputationes (21 libri) enthalten Falldiskussionen aus dem Consilium oder aus der Rechtsschule.

Fall 173

D 20, 1, 15, 2 (Gaius libro singulari de formula hypothecaria)

Qui res suas iam obligaverint et alii secundo obligant creditori, ut effugiant periculum, quod solent pati qui saepius easdem res obligant, praedicere solent alii nulli rem obligatam esse quam forte Lucio Titio, ut in id quod excedit priorem obligationem res sit obligata, ut sit pignori hypothecaeve id quod pluris est: aut solidum, cum primo debito liberata res fuerit. de quo videndum est, utrum hoc ita se habeat, si et conveniat, an et si simpliciter convenerit de eo quod excedit ut sit hypothecae? et solida res inesse conventioni videtur, cum a primo creditore fuerit liberata, an adhuc pars? sed illud magis est, quod prius diximus.

Übersetzung: (Gaius in seiner Monographie über die dingliche Pfandklage)*)

Wer seine Sachen bereits verpfändet hat und dieselben einem zweiten Gläubiger verpfänden will, pflegt vorweg zu erklären (um der Gefahr der Bestrafung zu entgehen, die diejenigen trifft, die mehrmals dieselbe Sache verpfänden), dass die Sache keinem anderen verpfändet sei als etwa dem Lucius Titius, sodass die Sache dem zweiten Gläubiger nur insoweit verpfändet werde, als ihr Wert den Betrag der ersten Schuld übersteige, dass dieser zusätzliche Wert verpfändet werde; oder der ganze Wert, nachdem die Sache von der ersten Schuld befreit worden ist. Es erhebt sich die Frage, ob letzteres nur gilt, wenn es ausdrücklich vereinbart worden ist, oder auch, wenn bloß die Verpfändung des zusätzlichen Wertes vereinbart wurde. Ob die ganze Sache als in der Vereinbarung inbegriffen gelte, nachdem sie vom ersten Gläubiger befreit worden ist, oder nur ein Teil? Doch es ist eher so zu entscheiden, wie wir zuerst gesagt haben.

Bemerkung zum Text:

Zu *videtur* (gelte) s oben zu Fall 72.

Erörterung des Problems:

a) Worin besteht das *periculum* des Verpfänders, der dem Zweitgläubiger nicht bekanntgibt, dass die Sache bereits verpfändet ist?
b) Welche Möglichkeiten der Mehrfachverpfändung einer Sache bietet Gaius hier an?
c) Welche Rechtsfolgen treten für den Zweitgläubiger ein, wenn der Erstgläubiger die Sache an einen Dritten verliert?
d) Rechtsstellung des Zweitgläubigers bei Zahlung des Schuldners an den Erstgläubiger?
e) Bei Ausübung des *ius offerendi* durch den Zweitgläubiger?
f) Bei Pfandverwertung durch den Erstgläubiger?
g) Formulieren Sie Problemstellung und Entscheidung des Gaius.
h) Suchen Sie eine Begründung für diese Entscheidung.

Antworten:

a) Sofern er in betrügerischer Weise handelt, begeht er das *crimen stellionatus*. Die Maximalstrafe hiefür war *opus metalli* (Bergwerksarbeit), Angehörige höherer Stände wur-

---

*) Zu Autor und Werk s oben Fall 6 (D 41, 1, 9, 6) und Fall 171 (D 20, 4, 11, 4).

Fall 173

den zu *motio ab ordine* (Rangverlust) oder *relegatio ad tempus* (Verbannung auf bestimmte Zeit) verurteilt. Sonst (sowie auch zusätzlich zu Kriminalverfahren) kann der Verpfänder mit der *actio pigneraticia contraria* belangt werden.

b) 1. Verpfändung der Sache, insoweit ihr Wert die Höhe der Erstforderung übersteigt.
2. Aufschiebend bedingte Verpfändung der ganzen Sache.

c) *Klausel 1* gibt dem Zweitgläubiger ein dingliches Pfandrecht, mit dem er die Sache vom Dritten herausverlangen kann.
Klausel 2 gibt dem Zweitgläubiger bis zum Bedingungseintritt (Erlöschen der Forderung des Erstgläubigers) nur ein Anwartschaftsrecht, das vorläufig nicht geltend gemacht werden kann.

d) Auf Grund der 2. Klausel erfasst nunmehr das Pfandrecht des Zweitgläubigers die ganze Sache, er erhält das *ius vendendi*.

e) wie c). Der Zweitgläubiger erhält bezüglich seiner eigenen Forderung ein Pfandrecht an der ganzen Sache. Bezüglich der von ihm beglichenen Erstforderung hat er freilich nur ein Befriedigungsrecht, kein Pfandrecht (Pfandrecht ist akzessorisch, es findet keine Forderungsübertragung statt).

f) Pfandrecht des Zweitgläubigers erlischt (Keine Übernahme durch den Käufer der Pfandsache), Befriedigungsrecht an der *hyperocha*.

g) Der Verpfändungsvertrag mit dem Zweitgläubiger enthält nur die 1. Klausel (Verpfändung der Sache, insoweit ihr Wert die Erstforderung übersteigt). Der Erstgläubiger wird vom Schuldner befriedigt. Erlangt damit der Zweitgläubiger ein Pfandrecht an der ganzen Sache, obwohl dies nicht ausdrücklich vereinbart worden ist?
Gaius bejaht (Auslegung zugunsten des Zweitgläubigers).

h) Ständige Vertragspraxis erlaubt die Vermutung eines diesbezüglichen Parteiwillens.

Literaturhinweis:
Kaser (Fall 172) 182 ff.

Fall 174

D 20, 4, 9, 3 (Africanus libro octavo quaestionum)

Titia praedium alienum Titio pignori dedit, post Maevio: deinde domina eius pignoris facta marito suo in dotem aestimatum dedit. si Titio soluta sit pecunia, non ideo magis Maevii pignus convalescere <Iuliano> placebat. tunc enim priore dimisso sequentis confirmatur pignus, cum res in bonis debitoris inveniatur: in proposito autem maritus emptoris loco est: atque ideo, quia neque tunc cum Maevio obligaretur neque cum Titio solveretur in bonis mulieris fuerit, nullum tempus inveniri, quo pignus Maevii convalescere possit. haec tamen ita, si bona fide in dotem aestimatum praedium maritus accepit, id est si ignoravit Maevio obligatum esse.

Übersetzung: (Africanus im achten Buch seiner Rechtsfragen)*)

Titia hat ein fremdes Grundstück zuerst an Titius, dann an Maevius verpfändet. Später wurde sie Eigentümerin des Grundstücks und gab es ihrem Ehemann geschätzt in die Dos.

Julian hat entschieden: Wenn dem Titius die Schuld bezahlt worden ist, konvalesziert trotzdem nicht das Pfandrecht des Maevius. Nach Ausscheiden des ersten Gläubigers wird nur dann das Pfandrecht des folgenden bestätigt, wenn die Sache im bonitarischen Eigentum des Schuldners steht: Im angeführten Sachverhalt hat jedoch der Ehemann die Rechtsstellung eines Käufers.

Da das Grundstück weder im Zeitpunkt der Verpfändung an Maevius noch im Zeitpunkt der Zahlung an Titius im bonitarischen Eigentum der Frau stand, findet sich kein Zeitpunkt, zu dem das Pfandrecht des Maevius konvaleszieren hätte können.

Dies gilt dann, wenn der Ehemann das geschätzte Grundstück *bona fide* in die Dos übertragen erhielt, dh wenn er nicht wusste, dass es dem Maevius verpfändet war.

Bemerkung zum Text:

Zu *(Iuliano) placebat* (Julian hat entschieden) s oben zu Fall 8.

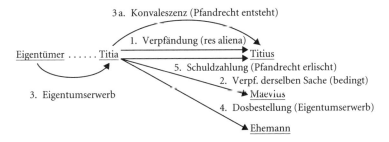

Erörterung des Problems:
a) Welche Rechtsstellung hat Titius vor dem Eigentumserwerb der Titia?
b) Welche Rechtsstellung hätte Maevius auf Grund des Verpfändungsvertrages erlangt, wenn Titia von Anfang an Eigentümerin gewesen wäre?

---

*) Zu Autor und Werk s oben Fall 90 (D 41, 4, 11).

Fall 174

c) Konvalesziert das Pfandrecht des Titius durch nachträglichen Eigentumserwerb der Titia?

d) Welchen Einfluss hätte die Zahlung der Titia an Titius vor der Dosbestellung auf die Rechtsstellung des Maevius gehabt?

e) Warum konvalesziert das Pfandrecht des Maevius nicht?

f) Welche Rechtsstellung erlangt der Ehemann? Welchen Einfluss hätte seine *mala fides* auf den Rechtserwerb des Maevius?

Antworten:

a) Titius hat kein dingliches Pfandrecht an einer *res aliena pignori data (nemo plus iuris transferre potest...)*, aber Ansprüche aus dem Verpfändungsvertrag gegen Titia *(actio pigneraticia contraria,* eventuell auch *actio de dolo, crimen stellionatus)*.

b) Aufschiebend bedingtes Pfandrecht, das erst bei Ausscheiden des Erstgläubigers wirksam wird und keine dinglichen „Vorwirkungen" erzeugt (bloße Anwartschaft).

c) Ja.

d) Entstehung eines unbedingten Pfandrechtes im 1. Rang (Konvaleszenz und Vorrückung), das mittels *actio pigneraticia utilis* geltend gemacht werden kann.

e) Da im Zeitpunkt des Entstehens des (suspensiv bedingten) Rechtes des Maevius (Wegfall des Erstgläubigers) die Sache nicht *in bonis* der Veräußerin ist. Während der bloßen Anwartschaft des Maevius kann nicht Konvaleszenz eintreten.

f) Der Ehemann wird Eigentümer. Bösgläubigkeit des Ehemannes ist jedoch kein Grund für Konvaleszenz des Pfandrechtes des Maevius. Dieser könnte eventuell gegen den Ehemann eine *actio de dolo* anstrengen.

Literaturhinweise:

Schanbacher (Fall 160) 21 ff.

Wieling in *Sturm* (Mithrsg), Römisches Recht, WEX 12 (1977) 78 ff.

Ankum/Pool, Rem in bonis meis esse, in Essays for B. Nicholas (1989) 19 f.

Ankum (Fall 130) 448, 453.

Fall 175

D 20, 4, 12 pr. (Marcianus libro singulari ad formulam hypothecariam)

Creditor qui prior hypothecam accepit sive possideat eam et alius vindicet hypothecaria actione, exceptio priori utilis est ‚si non mihi ante pignori hypothecaeve nomine sit res obligata,‘: sive alio possidente prior creditor vindicet hypothecaria actione et ille excipiat ‚si non convenit, ut sibi res sit obligata‘, hic in modum supra relatum replicabit. sed si cum alio possessore creditor secundus agat, recte aget et adiudicari ei poterit hypotheca, ut tamen prior cum eo agendo auferat ei rem.

Übersetzung: (Marcianus in seiner Monographie zur dinglichen Pfandklage)*)

Wenn der Gläubiger, der das Pfandrecht früher erhalten hat, die Sache besitzt und ein anderer die *actio hypothecaria* anstellt, kann er mit Erfolg die Einrede erheben „es sei denn, die Sache ist mir früher verpfändet worden". Wenn ein anderer die Sache besitzt und der vorrangige Gläubiger die *actio hypothecaria* anstellt, daraufhin der Beklagte die Einrede „es sei denn, es ist vereinbart worden, dass mir die Sache verpfändet ist" erhebt, kann der Gläubiger wie oben replizieren. Wenn der zweite Gläubiger jedoch gegen einen anderen Besitzer vorgeht, kann er zu Recht klagen, und das Pfand kann ihm zugesprochen werden. Freilich kann ihm der vorrangige Gläubiger das Pfand auf dem Klagewege entziehen.

Erörterung des Problems:

Kann der Zweitgläubiger vom Schuldner die verpfändete Sache herausverlangen? Kann er sie vom Drittgläubiger fordern? Kann er die Sache von einem anderen Besitzer erlangen?

Literaturhinweis:

Wacke, Prozeßformel und Beweislast im Pfandrechtsprätendentenstreit, TR 37 (1969) 395 ff.

---

*) Zu Autor und Werk s oben Fall 158 (D 20, 2, 2).

Fall 176

D 20, 1, 10 (Ulpianus libro septuagesimo tertio ad edictum)

Si debitor res suas duobus simul pignori obligaverit ita, ut utrique in solidum obligatae essent, singuli in solidum adversus extraneos Serviana utentur: inter ipsos autem si quaestio moveatur, possidentis meliorem esse condicionem: dabitur enim possidenti haec exceptio: ‚si non convenit, ut eadem res mihi quoque pignori esset'. si autem id actum fuerit, ut pro partibus res obligarentur, utilem actionem competere et inter ipsos et adversus extraneos, per quam dimidiam partis possessionem adprehendant singuli.

Übersetzung: (Ulpian im 73. Buch seines Ediktskommentars)*)

Wenn der Schuldner seine Sachen zwei Gläubigern gleichzeitig so verpfändet hat, dass sie jedem von beiden zur Gänze haften sollten, kann jeder Gläubiger gegen Dritte die *actio Serviana* in vollem Umfang anstellen. Wenn jedoch zwischen den Gläubigern selbst Streit entsteht, sei die Lage des Besitzenden die günstigere: dem Besitzenden wird nämlich die Einrede „wenn nicht vereinbart worden ist, dass dieselbe Sache auch mir verpfändet sein soll" gewährt. Wenn jedoch gemeint war, dass die Sachen anteilig verpfändet sein sollen, werde eine *actio utilis* sowohl zwischen den Gläubigern selbst als auch gegen Dritte eingeräumt, durch die jeder Gläubiger Besitz an der Hälfte ergreifen kann.

Bemerkung zum Text:

Römische Verpfändungsurkunden geben jeweils Jahr und Tag, jedoch keine Uhrzeit an. „Gleichzeitig" bedeutet also „am selben Tag".

Erörterung des Problems:

Analysieren Sie diese Entscheidung. Zur *melior condicio possidentis* s oben Fall 132 und unten Fall 178 a.

Literaturhinweise:
Wacke (Fall 175) 395 ff.
Schanbacher (Fall 160) 64 ff.

---

*) Zu Autor und Werk s oben Fall 11 (D 18, 6, 1, 2).

Fall 177

D 20, 4, 9 pr. und 1 (Africanus libro octavo quaestionum)

(pr.) Qui balneum ex calendis proximis conduxerat, pactus erat, ut homo Eros pignori locatori esset, donec mercedes solverentur: idem ante calendas Iulias eundem Erotem alii ob pecuniam creditam pignori dedit. consultus, an adversus hunc creditorem petentem Erotem locatorem praetor tueri deberet, respondit debere: licet enim eo tempore homo pignori datus esset, quo nondum quicquam pro conductione deberetur, quoniam tamen iam tunc in ea causa Eros esse coepisset, ut invito locatore ius pignoris in eo solvi non posset, potiorem eius causam habendam.

(1) Amplius etiam sub condicione creditorem tuendum putabat adversus eum, cui postea quicquam deberi coeperit, si modo non ea condicio sit, quae invito debitore impleri non possit.

Übersetzung: (Africanus im achten Buch seiner Rechtsfragen)*)

(pr.) Jemand, der ein Bad vom nächsten Monatsersten an gemietet hatte, hatte vereinbart, dass der Sklave Eros dem Vermieter bis zur Bezahlung des Mietzinses verpfändet sein solle. Derselbe verpfändete vor dem ersten Juli denselben Eros einem Dritten für einen Kredit. (Julian) wurde gefragt, ob der Prätor den Vermieter gegen die Klage dieses Gläubigers, der den Eros herausverlangte, schützen solle. Er antwortete, der Prätor solle ihn schützen. Obwohl nämlich der Sklave in einem Zeitpunkt als Pfand gegeben worden sei, in dem noch nichts aus dem Mietvertrag geschuldet wurde, sei dennoch die Rechtsstellung des Vermieters stärker, da Eros sich schon damals in der Lage befunden habe, dass das Pfandrecht an ihm ohne Zustimmung des Vermieters nicht gelöscht werden konnte.

(1) Überdies glaubte er, dass auch der Gläubiger aus einer bedingten Forderung gegen denjenigen geschützt werden müsse, dem gegenüber später eine Schuld entstanden sei, wenn es sich nur nicht um eine Bedingung handelt, die gegen den Willen des Schuldners nicht erfüllt werden kann.

Abschluss Mietvertrag (Bad)	Abschluss Kreditvertrag	Wirksamkeitsbeginn Mietvertrag
Abschluss 1. Pfandvertrag und Übergabe des Eros	Abschluss 2. Pfandvertrag (besitzlos)	Pfandrang des Vermieters?

Erörterung des Problems:

Durchbrechen Julian und Africanus den Grundsatz der Akzessorietät des Pfandrechts?

Literaturhinweise:

Schanbacher (Fall 160) 56 ff.

Wacke (Fall 160) 456 ff.

---

*) Zu Autor und Werk s oben Fall 90 (D 41, 4, 11).

Fall 178

D 20, 4, 11, 2 (Gaius libro singulari de formula hypothecaria)

    Si colonus convenit, ut inducta in fundum illata ibi nata pignori essent, et antequam inducat, alii rem hypothecae nomine obligaverit, tunc deinde eam in fundum induxerit, potior erit, qui specialiter pure accepit, quia non ex conventione priori obligatur, sed ex eo quod inducta res est, quod posterius factum est.

Übersetzung: (Gaius in seiner Monographie über die dingliche Pfandklage)*)

    Wenn der Pächter vereinbart hat, dass die eingebrachten Sachen und die Früchte verpfändet sein sollen, und er eine Sache, bevor er sie einbrachte, einem anderen verpfändete und sie dann einbrachte, so hat derjenige das stärkere Recht, der die Sache auf Grund einer unbedingten speziellen Verpfändung erhalten hat, da sie dem Erstgläubiger nicht auf Grund der Vereinbarung, sondern auf Grund der Einbringung haftet, die erst später stattgefunden hat.

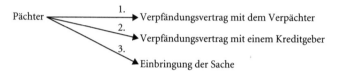

Erörterung des Problems:

    Analysieren Sie die Stelle in Verbindung mit Afric. D 20, 4, 9 pr. und 1 (oben Fall 177).

---

*) Zu Autor und Werk s oben Fall 6 (D 41, 1, 9, 6) und Fall 171 (D 20, 4, 11, 4).

Fall 178a

D 20, 4, 14 (Paulus libro quarto decimo ad Plautium)

Si non dominus duobus eandem rem diversis temporibus pigneraverit, prior potior est, quamvis, si a diversis non dominis pignus accipiamus, possessor melior sit.

Übersetzung: (Paulus im 14. Buch seines Kommentars zu Plautius)*)

Wenn ein Nichteigentümer dieselbe Sache zu verschiedenen Zeitpunkten zwei Gläubigern verpfändet hat, ist der erste stärker, obgleich dann, wenn wir von verschiedenen Nichteigentümern ein Pfand annehmen, der Besitzer günstiger gestellt ist.

Erörterung des Problems:

Versuchen Sie, die Differenzierung des Paulus zu erklären. Berücksichtigen Sie dabei Ulpian D 6, 2, 9, 4 (oben Fall 132) und Neraz D 19, 1, 31, 2 (oben Fall 133). Zur Anwendung der Regel *in pari causa melior est condicio possidentis* s auch oben Fall 176.

Literaturhinweise:

Schanbacher (Fall 160) 150 ff.

Apathy (Fall 130) 174 f.

Ankum/Pool (Fall 174) 28.

---

*) Zu Paulus s oben Fall 1 (D 41, 2, 3, 1), zu seinen libri ad Plautium oben Fall 130 (D 21, 3, 2).

Fall 179

b) Konvertierung

D 20, 3, 3 (Paulus libro tertio quaestionum)

Aristo Neratio Prisco scripsit: etiamsi ita contractum sit, ut antecedens dimitteretur, non aliter in ius pignoris succedet, nisi convenerit, ut sibi eadem res esset obligata: neque enim in ius primi succedere debet, qui ipse nihil convenit de pignore: quo casu emptoris causa melior efficietur. denique si antiquior creditor de pignore vendendo cum debitore pactum interposuit, posterior autem creditor de distrahendo omisit non per oblivionem, sed cum hoc ageretur, ne posset vendere, videamus, an dici possit huc usque transire ad eum ius prioris, ut distrahere pignus huic liceat. quod admittendum existimo: saepe enim quod quis ex sua persona non habet, hoc per extraneum habere potest.

Übersetzung: (Paulus im dritten Buch seiner Rechtsfragen)*)

Aristo hat Neratius Priscus geschrieben: Wenngleich vertraglich vereinbart worden ist, dass der zeitlich frühere Gläubiger befriedigt werden solle, rückt der neue Gläubiger nur dann in dessen Pfandrecht ein, wenn vereinbart worden ist, dass ihm dieselbe Sache verpfändet sein soll. Es kann nämlich jemand, der selbst keinen Verpfändungsvertrag abgeschlossen hat, nicht in das Recht des ersten Gläubigers einrücken. In diesem Fall wird die Lage des Käufers besser.

Wenn der ältere Gläubiger mit dem Schuldner eine Vereinbarung über den Pfandverkauf getroffen, der spätere Gläubiger dies jedoch unterlassen hat, nicht aus Vergesslichkeit, sondern weil beabsichtigt war, dass er nicht verkaufen könne, so müssen wir prüfen, ob man sagen kann, das Recht des früheren Gläubigers gehe insoweit auf ihn über, dass ihm der Pfandverkauf gestattet sei. Ich glaube, das ist zu billigen. Häufig kann nämlich jemand ein Recht durch einen anderen erlangen, das ihm persönlich nicht zusteht.

Sachverhalt:

Schuldner und Neugläubiger vereinbaren Auszahlung des Altgläubigers, der Neugläubiger stellt seinen Kredit ausdrücklich zu diesem Zweck zur Verfügung, unterlässt jedoch die Vereinbarung, dafür in den Pfandrang des befriedigten Altgläubigers einzurücken.

Erörterung des Problems:

a) Wie lautet die Rechtsfrage?

b) Könnte die Stelle vom *ius offerendi* handeln?

c) Versuchen Sie, die Entscheidung Aristos zu begründen.

d) Was bedeutet „*emptoris causa melior efficietur*"?

e) Ist die Vereinbarung eines Pfandrechtes mit Ausschluss des *ius vendendi* zulässig?

---

*) Zu Paulus s oben Fall 1 (D 41, 2, 3, 1), zu seinen quaestiones Fall 161 (D 13, 7, 41); zu Aristo Fall 134 (D 8, 5, 8, 5); zu Neraz Fall 73 (D 41, 3, 41).

f) Wie hätte der Jurist entschieden, wenn in der Vereinbarung das *ius vendendi* vergessen worden wäre?

g) Welche Befriedigungsmöglichkeiten hätte ein Pfandgläubiger ohne *ius vendendi*?

Antworten:

a) Erwirbt der Gläubiger ein Pfandrecht?

b) Nein, da dieses vom Willen des Schuldners unabhängig ist.

c) Ohne Verpfändungsabrede entsteht kein Pfandrecht. Die Konstruktion des *pignus tacitum* ist eine besonders begründungsbedürftige Ausnahme.

d) Wenn der Schuldner die Sache verkauft, erwirbt sie der Käufer, ohne befürchten zu müssen, dass sie ihm von einem Pfandgläubiger mittels *actio Serviana* evinziert wird (Gai. D 20, 6, 7 pr.: *Si consenserit venditioni creditor, liberatur hypotheca.*)

e) Ja.

f) Ebenso (dh Zulässigkeit des Pfandverkaufes). Begründung: *tacita conventio*.

g) Verfallspfand; Vereinbarung der Fruchtziehung; Vereinbarung des Pfandverkaufes durch den Schuldner. Keine Befriedigungsmöglichkeit bietet das sog Pressions- oder Bewahrungspfand.

Literaturhinweis:
  Kaser (Fall 172) 174 f.

Fall 180

D 20, 4, 12, 9 (Marcianus libro singulari ad formulam hypothecariam)

Si tertius creditor pignora sua distrahi permittit ad hoc, ut priori pecunia soluta in aliud pignus priori succedat, successurum eum Papinianus libro undecimo responsorum scripsit. et omnino secundus creditor nihil aliud iuris habet, nisi ut solvat priori et loco eius succedat.

Übersetzung: (Marcianus in seiner Monographie zur dinglichen Pfandklage)*)

Wenn der im dritten Rang stehende Gläubiger dem Verkauf seiner Pfänder zustimmt, um dafür nach Auszahlung des Geldes an den ersten Gläubiger diesem in ein anderes Pfandrecht nachzufolgen, so werde er nachfolgen, schreibt Papinian im elften Buch seiner Rechtsgutachten. Und es wird überhaupt der im zweiten Rang stehende Gläubiger nur das Recht haben, den erstrangigen Gläubiger zu befriedigen und in seinen Rang einzurücken.

Sachverhalt:

Der Eigentümer verpfändet eine Sache an Primus, dann an Secundus, zuletzt will er Kredit von Tertius, der von ihm bereits Pfänder hat. Tertius erlaubt dem Eigentümer, diese Pfänder zu verkaufen und mit dem Erlös den Primus zu befriedigen, wenn er selbst damit in den Pfandrang des Primus einrücken kann.

Erörterung des Problems:

a) Welches Interesse hat der Schuldner an dieser Transaktion?

b) Wie lässt sich die Sperre des Vorrückungsrechtes der Nachhypothekare rechtfertigen?

c) Beurteilen Sie das Risiko und das mögliche Interesse des Tertius bei dieser Umschuldung.

d) Setzt die Entscheidung voraus, dass die Forderungen des Primus und des Tertius gleich hoch sind?

e) Nach PS 2, 13, 8 kann auch der vorrangige Gläubiger gegenüber dem nachrangigen das *ius offerendi* ausüben. Welche Überlegungen könnten einen Erstgläubiger zu diesem Schritt veranlassen?

Antworten:

a) Konzentration seiner Verpflichtungen, insbesondere Erlangung eines günstigeren Kredites von Tertius, als Primus und Secundus gewährt haben. Höherer Erlös als im Zuge der Pfandverwertung erzielbar wäre (Pfandgläubiger behält sich meist das Recht vor, die Sachen bei Verwertung ohne Rechtsmängelgarantie zu veräußern, *pactum de non praestanda evictione*, das drückt den Preis erheblich).

b) Dem Schuldner soll die Möglichkeit zur Umschuldung nicht genommen werden, die Rechte der Nachhypothekare erscheinen durch das *ius offerendi* ausreichend geschützt.

---

*) Zu Autor und Werk s oben Fall 158 (D 20, 2, 2); zu Papinian oben Fall 5 (D 18, 1, 74).

c) Das Risiko ist hoch: der Gläubiger begibt sich seines Pfandrechtes an den zu verkaufenden Sachen und muss sich darauf verlassen, dass der Schuldner den Erlös tatsächlich zur Befriedigung des Erstgläubigers verwenden wird. Mögliche Motive des Gläubigers: Konzentration auf ein einziges Pfandrecht, an einer wertvolleren, leichter veräußerbaren Sache, Freundschaftsdienst.

d) Nein, doch die pfandrechtliche Sicherung des Tertius ist in der Höhe der Forderung des Primus begrenzt.

e) Etwa dass er selbst ein weiteres Nachpfandrecht hat, zB im 3. Rang, und er den Zweitgläubiger auszahlt, um dessen *ius offerendi* vorzubeugen; Anlagekredit; Nutzpfand; Besitzpfand (statt bisher besitzlosem).

Literaturhinweis:
Kaser (Fall 172) 205 ff.

Fall 181

D 20, 4, 12, 8 (Marcianus libro singulari ad formulam hypothecariam)

A Titio mutuatus pactus est cum illo, ut ei praedium suum pignori hypothecaeve esset: deinde mutuatus est pecuniam a Maevio et pactus est cum eo, ut, si Titio desierit praedium teneri, ei teneatur: tertius deinde aliquis dat mutuam pecuniam tibi, ut Titio solveres, et paciscitur tecum, ut idem praedium ei pignori hypothecaeve sit et locum eius subeat: num hic medius tertio potior est, qui pactus est, ut Titio soluta pecunia impleatur condicio, et tertius de sua neglegentia queri debeat? sed tamen et hic tertius creditor secundo praeferendus est.

Übersetzung: (Marcianus in seiner Monographie zur dinglichen Pfandklage)*)

Jemand, der von Titius ein Darlehen empfing, vereinbarte mit diesem, dass ihm sein Grundstück verpfändet sein solle. Daraufhin hat er ein Gelddarlehen von Maevius erhalten und mit diesem vereinbart, dass ihm das Grundstück haften solle, wenn es aufhöre, dem Titius zu haften. Schließlich gibt dir (dh dem Darlehensempfänger) ein Dritter ein Gelddarlehen, damit du Titius befriedigst und vereinbart mit dir, dass dasselbe Grundstück ihm verpfändet sein und er dessen Platz (dh des Titius) einnehmen solle. Ist in diesem Fall der mittlere Gläubiger, der vereinbart hat, die Bedingung werde durch Zahlung des Geldes an Titius erfüllt, stärker als der dritte, und muss der dritte Gläubiger die Folgen seiner Nachlässigkeit tragen? Es ist jedoch auch hier der dritte Gläubiger dem zweiten vorzuziehen.

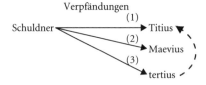

Erörterung des Problems:

Schreiben Sie eine Exegese dieses Falles unter Berücksichtigung von Marcian D 20, 4, 12, 9 (oben Fall 180).

Literaturhinweis:
Kaser (Fall 172) 204.

---

*) Zu Autor und Werk s oben Fall 158 (D 20, 2, 2).

Fall 182

c) Gesetzliche Pfandrechte und Rangprivilegien

D 20, 4, 5 (Ulpianus libro tertio disputationum)

Interdum posterior potior est priori, ut puta si in rem istam conservandam impensum est quod sequens credidit: veluti si navis fuit obligata et ad armandam eam vel reficiendam ego credidero.

Übersetzung: (Ulpian im dritten Buch seiner „Streitgespräche")*)

Bisweilen ist der spätere Pfandgläubiger stärker als der frühere, zB wenn der Kredit des nachrangigen Gläubigers zur Erhaltung der Pfandsache verwendet worden ist, etwa wenn ein Schiff verpfändet worden ist und ich einen Kredit zu seiner Ausrüstung oder Überholung gewähre.

Erörterung des Problems:

a) Soll für dieses Rangprivileg die Zweckvereinbarung oder die tatsächliche Verwendung des Kredites ausschlaggebend sein?
b) Welche Begründung lässt sich für dieses Rangprivileg geben?
c) Welche Gefahren birgt die Durchbrechung der zeitlichen Rangordnung (zur Regel *prior tempore potior iure* s oben Fall 171) für die Rechts- und Wirtschaftsordnung?

---

*) Zu Ulpian s oben Fall 11 (D 18, 6, 1, 2), zu seinen disputationes Fall 44 (D 41, 2, 34 pr.).

Fall 183

D 27, 9, 3 pr. (Ulpianus libro trigesimo quinto ad edictum)

Sed si pecunia alterius pupilli alteri pupillo fundus sit comparatus isque pupillo vel minori traditus, an pignoris obligationem possit habere is, cuius pecunia fundus sit emptus? et magis est, ut salvum sit ius pignoris secundum constitutionem imperatoris nostri et divi patris eius ei pupillo, cuius pecunia comparatus est fundus.

Übersetzung: (Ulpian im 35. Buch seines Ediktskommentars)*)

Wenn mit dem Geld eines *pupillus* für einen anderen *pupillus* ein Grundstück gekauft und dem *pupillus* oder *minor* übergeben worden ist, kann dann der ein Pfandrecht haben, mit dessen Geld das Grundstück gekauft worden ist? Und es ist auf Grund einer Konstitution unseres Kaisers und seines vergöttlichten Vaters eher zu entscheiden, dass dem *pupillus,* mit dessen Geld das Grundstück gekauft worden ist, das Pfandrecht gesichert werde.

Vergleichen Sie dazu folgenden Text:

C 7, 8, 6 Imp. Alexander Augustus Auctori.

Si tutor tuus de pecunia tua servos emptos manumisit, quoniam huiusmodi servi sicut ceterae res pupillaribus pecuniis emptae iure pignoris ex constitutione divorum parentium meorum obligati sunt favore pupillorum, liberi facti non sunt.

Übersetzung: (Kaiser Alexander an Auctor)**)

Wenn dein Tutor Sklaven freilässt, die mit deinem Geld gekauft worden sind, werden sie nicht frei, da Sklaven dieser Art ebenso wie andere mit Mündelgeld gekaufte Sachen auf Grund einer Konstitution meiner vergöttlichten Vorfahren zugunsten der Mündel verpfändet sind.

Erörterung des Problems:

a) Ist der Tutor Eigentümer der Sklaven, die er freilassen will?
b) Versuchen Sie, eine exakte Formulierung der Entscheidung von Severus und Caracalla sowie eine Begründung für sie zu finden.
c) Warum zögert Ulpian, die Entscheidung der beiden Kaiser auf seinen Fall anzuwenden?
d) Das Pfandrecht des *pupillus* genießt ein Rangprivileg. Konstruieren Sie einen Beispielsfall.

Literaturhinweis:

Wagner, Die Entwicklung der Legalhypotheken am Schuldnervermögen im römischen Recht (1974) 74 f.

---

*) Zu Autor und Werk s oben Fall 11 (D 18, 6, 1, 2)
**) Von Kaiser Alexander Severus (222–235) sind im Codex Iustinianus mehr als 400 Konstitutionen überliefert. Während seiner Herrschaft bekleideten die Juristen Ulpian (oben Fall 11) und Paulus (oben Fall 1) das Amt des praefectus praetorio.

Fall 184

C 8, 14, 2 Imp. Antoninus A. Proculo

Certum est eius qui cum fisco contraxit bona veluti pignoris titulo obligari, quamvis specialiter id non exprimitur.

Übersetzung: (Kaiser Antoninus an Proculus, 214 n. Chr.)*)

Es ist sicher, dass das Vermögen dessen, der mit dem Fiskus kontrahiert hat, wie aus einem Pfandrechtstitel haftet, obgleich dies nicht besonders zum Ausdruck gebracht wird.

Bemerkung zum Text:

Zu *certum est* (es ist sicher) s oben zu Fall 27.

Erörterung des Problems:

Versuchen Sie, unter Einbeziehung von Ulp. D 49, 14, 28 (unten Fall 185) zu Aussagen über Begründung, Art und Rang des Pfandrechtes des Fiskus zu gelangen.

Literaturhinweise:

Wagner (Fall 183) 76 ff.

Wieling, Privilegium fisci, praediatura und Protopraxie, ZSS 106 (1989) 417 ff.

---

*) Von Kaiser Antoninus Caracalla (211–217 n. Chr.) sind im Codex Iustinianus über 200 Konstitutionen überliefert. Möglicherweise stand der Jurist Callistratus (s oben zu Fall 35) als magister libellorum der Reskriptenkanzlei Caracallas vor.

Fall 185

D 49, 14, 28 (Ulpianus libro tertio disputationum)

Si qui mihi obligaverat quae habet habiturusque esset cum fisco contraxerit, sciendum est in re postea adquisita fiscum potiorem esse debere Papinianum respondisse: quod et constitutum est. praevenit enim causam pignoris fiscus.

Übersetzung: (Ulpian im dritten Buch seiner „Streitgespräche")*)

Wenn jemand, der mir das verpfändet hatte, „was er hat und haben werde", mit dem Fiskus kontrahiert, so muss man wissen, dass Papinian das Rechtsgutachten erteilt hat, der Fiskus solle bezüglich einer nachher erworbenen Sache das stärkere Recht haben. Das haben auch Kaiserkonstitutionen verfügt. Der Fiskus geht nämlich der Pfandbegründung vor.

Erörterung des Problems:

a) In welchem Zeitpunkt entsteht bei Generalverpfändung des gegenwärtigen und künftigen Vermögens ein dingliches Pfandrecht an einer durch den Schuldner noch nicht erworbenen Sache? Siehe dazu oben Fall 159 b.

b) Wird durch die Entscheidung Papinians der Grundsatz *prior tempore potior iure* durchbrochen? Vgl dazu C 8, 14, 2 (oben Fall 184).

c) Hindert die Generalverpfändung die Veräußerung einzelner Gegenstände durch den Schuldner ohne Zustimmung des Gläubigers? Vgl Paul. D 47, 2, 67 pr. (oben Fall 164).

Literaturhinweise:
Wagner (Fall 183) 180 ff.
Wieling (Fall 184) 426 f.

---

*) Zu Ulpian s oben Fall 11 (D 18, 6, 1, 2), zu seinen disputationes Fall 44 (D 41, 2, 34 pr.). Zu Papinian oben Fall 5 (D 18, 1, 74).

Anhang

Fallanalyse zu D 41, 1, 5, 1 (Fall 8)

(eingeschränkt auf den Aspekt des Besitzerwerbs)

I. Sachverhalt

Ein Jäger hat ein wildes Tier so verwundet, dass es gefangen werden kann, und nimmt die Verfolgung des Tieres auf.

II. Rechtsfrage

Hat der Jäger bereits durch Verwundung und Verfolgung Besitz (und damit auch Eigentum) am Tier erworben – oder erst durch Ergreifen?

III. Erörterung

Die Behandlung der Rechtsfrage ist Gegenstand einer Juristenkontroverse: Trebatius spricht sich für sofortigen Besitz- und Eigentumserwerb aus; Gaius hingegen, der in seiner Ansicht der herrschenden Lehre folgt *(plerique ... putaverunt)*, hält es für richtiger *(verius est)*, dass der Erwerb erst mit dem Ergreifen oder Einfangen des Tieres bewirkt wird.

1. Zur Auffassung des Trebatius

Trebatius vertritt die Auffassung, dass eine Verwundung des Tieres, die dessen Einfangen ermöglicht, ein für den Besitzerwerb ausreichendes körperliches Naheverhältnis herstellt. Durch die Verfolgung des Tieres wird dieses Naheverhältnis aufrecht erhalten.

Trebatius gibt für seine Entscheidung keine ausdrückliche Begründung. Aus dem Text geht hervor, dass ihm offenbar ein Fall vorlag, in dem ein Jäger um einen sicher scheinenden Jagderfolg gebracht wurde, indem ein anderer das verwundete Tier an sich brachte, bevor der Jäger dieses ergreifen konnte. Trebatius könnte argumentiert haben, dass ein Berühren oder Ergreifen einer Sache zum Besitzerwerb dann nicht erforderlich sei, wenn diese sich nach der Verkehrsauffassung bereits in der Herrschaftssphäre des Erwerbers befinde oder ihrer Beherrschbarkeit kein wesentliches Hindernis im Wege stehe. Das Tier ist so verwundet, dass es gefangen werden kann, dh es ist so geschwächt und in seiner Bewegungsfreiheit eingeschränkt, dass es dem Jäger mit eigener Kraft nicht mehr entkommen kann. Nach dem gewöhnlichen Lauf der Dinge kann es der Erwerber innerhalb kürzester Zeit ergreifen. Da die Bemächtigung praktisch unausweichlich ist, erwirbt der Jäger bereits durch die Verwundung und Verfolgung des Tieres an diesem Besitz.

Versucht man, für die Auffassung des Trebatius Unterstützung bei anderen römischen Juristen zu finden, so könnte man versucht sein, auf eine Reihe von Fallentscheidungen zu verweisen, in denen römische Juristen den Besitzerwerb auch ohne Berührung (Ergreifen) des Gegenstandes bejahen. So kommt etwa Celsus in D 41, 2, 18, 2 (Fall 2) zum Schluss, dass der Veräußerer durch Zeigen vom Turm des Erwerbers aus diesem den Besitz am Nachbargrundstück übertragen kann, ohne dass der Erwerber dieses betreten muss. Ein anderes Beispiel dieser Art von Besitzerwerb findet sich in der Aussage Javolens, dass der Gläubiger Besitz an Geld erlangt, das der Schuldner auf sein Geheiß vor seinen Augen niederlegt (D 46, 3, 7 9, Fall 3). Der Jurist bezeichnet diesen Vorgang als *traditio longa manu*. Schließlich formuliert Paulus in D 41, 2, 1, 21 (Fall 4) generell, dass die Einigung in Gegenwart der Sache zum Besitzerwerb hinreichend sei, Berühren oder Ergreifen der Sache sei nicht erforderlich. Dabei ist jedoch zu bedenken, dass es sich in diesen Fällen nicht wie in D 41, 1, 5, 1 um originären, sondern um derivativen Erwerb handelt. Bei derivativem Erwerb überträgt der Vormann einen etablierten Besitzstand. Dem originären Erwerb des Jägers hingegen geht eine Situation voraus, in der legitime Prätendenten in einem Konkurrenzverhältnis um die Sache stehen. Das Maß, in dem mit der Einwirkung eines Konkurrenten zu rechnen ist, wird zur Bestimmung des erforderlichen körperlichen Naheverhältnisses heranzuziehen sein. Für den originären Erwerb wilder Tiere wird also ein strengerer Maßstab anzuwenden sein, der nicht aus den Fällen derivativen Erwerbs gewonnen werden kann.

Im Sachverhalt und in der Entscheidung kommt dem vorliegenden Fall am nächsten der Eber-Fall des Proculus in D 41, 1, 55 (Fall 9). Dort gerät ein wilder Eber in eine ausgelegte Schlinge. Proculus lässt den Schlingenleger je nach den Umständen auch schon vor dem Ergreifen des Ebers an diesem Besitz erlangen. Für seine Entscheidung ist ausschlaggebend, ob man annehmen kann, der Eber sei in die *potestas* (Herrschaftssphäre) des Schlingenlegers gelangt. Dies ist dann der Fall, wenn der Eber fest in der Schlinge hängt und sich aus dieser nicht selbst befreien könnte, und die Schlinge überdies an einer Stelle ausgelegt worden ist, an der die Einwirkung anderer Personen nicht anzunehmen ist.

Fraglich ist allerdings, ob Proculus entschieden hätte, das verwundete Tier befinde sich ebenso im Herrschaftsbereich *(potestas)* des verfolgenden Jägers wie der Eber in der Schlinge des Fallenstellers.

2. Zur Auffassung des Gaius

Die Vertreter der herrschenden Lehre *(plerique)*, denen sich Gaius anschließt, stellen strengere Anforderungen an das körperliche Naheverhältnis als Trebatius. Sie meinen, dass im Zuge der Verfolgung vieles passieren könne *(multa accidere possunt)*, wodurch das Fangen verhindert würde. Sie lassen deshalb den Besitzerwerb des Jägers nicht schon durch Verwunden und Verfolgen, sondern erst mit dem Ergreifen des Tieres eintreten.

Was könnte Gaius unter der Entscheidungsbegründung *quia multa accidere possunt* verstanden haben? Zum einen könnte sich das Tier möglicherweise durch Flucht in unzugängliches Terrain (Höhle, Dickicht etc) dem Zugriff des Verfolgers entziehen. Zum anderen könnte eine andere Person das Tier ergreifen, bevor der Verfolger dieses erreicht. Erst wenn das Tier gefangen oder getötet ist, steht endgültig fest, wer es tatsächlich beherrscht.

Auch für diese Auffassung kann aus dem Eber-Fall des Proculus argumentiert werden: Wenn sich das Tier durch längeres Kämpfen selbst aus der Schlinge befreien könnte, oder die Schlinge dort ausgelegt ist, wo mit der Einwirkung anderer Personen zu rechnen ist, etwa auf öffentlichem Grund oder auf Privatgrund ohne Einwilligung des Grundstückseigentümers, lässt auch Proculus den Fallensteller nicht Besitz erwerben.

Ein besonders enges körperliches Naheverhältnis fordert auch eine Digestenstelle zum originären Erwerb eines vergrabenen Schatzes (D 41, 2, 33, Fall 100). Paulus gibt darin die Meinung des Sabinus wieder, der meint, ein Grundstückseigentümer könne erst dann Besitz am gefundenen Schatz erwerben, wenn er ihn wegschafft, vorher habe er ihn – obwohl er in seinem Grundstück vergraben war – nicht in seinem Gewahrsam *(custodia)*.

Die Entscheidungsbegründung des Gaius und der hL *quia multa accidere possunt* kann auch auf einen Grundsatz gestützt werden, den Javolen in D 41, 2, 2 2 (Fall 55) formuliert: Aussicht auf Dauerhaftigkeit ist eine Voraussetzung für den Besitzerwerb. Wer Gefahr läuft, dass sich die Sache bald wieder außerhalb seiner Herrschaftssphäre befindet, wird gar nicht erst als Erwerber angesehen.

3. Rechtspolitische Überlegungen

Wenn Trebatius dem Jäger, der das Tier so verwundet hat, dass es gefangen werden kann, Besitz und Eigentum zuerkennt, so honoriert er Anstrengungen, die unternommen werden, um Güter der unbeherrschten Natur dem menschlichen Konsum zu erschließen. Konkurrierende Bestrebungen können ab diesem Zeitpunkt als unzulässige Eingriffe in bestehende Rechte abgewehrt werden.

Gaius und die hL verhindern die vorschnelle Aussonderung von Gütern, die allen zur Aneignung offenstehen (*res nullius* wie Wild und Fische), durch Verfolgungshandlungen, deren Erfolg nicht eindeutig absehbar ist. Erst die endgültige Eingliederung dieser Sachen in eine private Herrschaftssphäre beendet die legitime Konkurrenz um ihre Aneignung.

Ein an sich wichtiger Aspekt, nämlich die Erkennbarkeit der Zuordnung einer Sache zum ersten Verfolger (Jäger, Fallensteller), die den zweiten Verfolger daran hindern sollte, in die Ansprüche des ersten einzugreifen (Publizitätsfunktion des Besitzes, Schutz des guten Glaubens des zweiten Verfolgers), wird von den römischen Juristen nicht ausdrücklich angesprochen.

Streitvermeidend kann grundsätzlich die Lösung des Trebatius ebenso wie die des Gaius wirken. Dafür kommt es vor allem auf die Klarheit der jeweiligen Regelung an. Die gaianische Auffassung lässt sich allerdings leichter als eindeutige Regel formulieren als die des Trebatius.

Es könnte argumentiert werden, dass Gaius dem Jäger (und Proculus dem Fallensteller) unzureichenden Rechtsschutz gewährt, indem er zu stark auf tatsächliche Einwirkungschancen Dritter abstellt, statt diese Einwirkungen rechtlich zu unterbinden, sobald eine eindeutig erkennbare und grundsätzlich aussichtsreiche Zuordnung des verfolgten Tieres *(ita vulnerata ... ut capi possit)* zum Jäger vorliegt.

Fallanalyse zu D 41, 2, 13 pr. (Fall 47)

I. Sachverhalt

Steine, die bei einem Schiffbruch im Tiber untergegangen waren, sind nach einiger Zeit wieder gehoben worden.

II. Rechtsfrage

Sind durch den Untergang der Steine Besitz und Eigentum verlorengegangen?

III. Entscheidung

Nach Auffassung Ulpians ist der Besitz verlorengegangen, das Eigentum jedoch aufrecht geblieben. Die Lösung des Pomponius fehlt, sie wurde offenbar von den Kompilatoren gestrichen. Ulpians betonte Formulierung *ego . . . puto* lässt vermuten, dass er anders entschieden hat als Pomponius. Wenn Ulpians Bemerkung *nec est simile fugitivo* auf die Argumentation des Pomponius Bezug nimmt, hätte dieser zugunsten der Erhaltung von Eigentum und Besitz an den Steinen entschieden (etwa: „wenn man am *servus fugitivus* den Besitz aufrechterhalten kann, dann wohl auch an Steinen im Tiber"). Weniger wahrscheinlich ist die Annahme, Pomponius hätte für Eigentums- und Besitzverlust an den Steinen plädiert, siehe dazu seine Überlegungen in Ulpian/Pomponius D 41, 1, 44 (Wölfe rauben Schweine, Fall 96): Wenn allerdings keine Aussicht auf Wiedererlangung besteht (Tiefe des Tibers, unzulängliche Bergungstechnologie etc), könnte wegen „Untergang der Sache" auch das Eigentum erloschen sein.

IV. Entscheidungsbegründung

Das Kriterium von Besitzerhaltung und Besitzverlust an beweglichen Sachen ist grundsätzlich die *custodia*, vgl Nerva in Paulus D 41, 2, 3, 13 (Fall 46). Steine im Tiber sind nach Meinung Ulpians dieser *custodia* (Herrschaftssphäre des Besitzers) entzogen, der Besitz an ihnen ist erloschen. Nach Ulpians Auffassung ist hier offenbar kein ausreichendes Naheverhältnis mehr gegeben, obwohl mit der Einwirkung anderer Personen kaum zu rechnen sein wird. Der Besitz wäre jedenfalls aufrecht geblieben, wenn der Eigentümer nahe der Unfallstelle einen Wächter aufgestellt hätte.

An flüchtigen Sklaven kann hingegen nach hL ausnahmsweise der Besitz *solo animo* aufrechterhalten werden, vgl Paulus D 41, 2, 1, 14 (Fall 31) und D 41, 2, 3, 13 (Fall 46). Ulpian betont den Ausnahmecharakter dieser Regelung, der es nicht erlaubt, sie auf Steine im Tiber zu erstrecken. Am flüchtigen Sklaven müsse deshalb der Besitz aufrechtbleiben, damit dieser nicht quasi „sich selbst stehlen" könne. Sklaven können sich kraft ihrer Intelligenz leichter als andere Sachen der Herrschaft ihres *dominus* entziehen. Deshalb erscheint dieser besonders schutzbedürftig. Sklaven sind wirtschaftlich besonders wertvoll, sie können für ihren *dominus* Besitz erwerben. Besitzerwerb durch den Sklaven setzt jedoch Besitz am Sklaven voraus (Fall 31). Neben rechtspolitischen Erwägungen dieser Art hätte Ulpian auch ein stärker rechtsdogmatisch geprägtes Argument verwenden können: *custodia* eignet sich nicht als Besitzerhaltungskriterium für Sklaven. Diese pflegen nicht bewacht zu werden, denn sie könnten anders zumeist ihren Verwendungszweck nicht erfüllen.

Aus dem Bericht Ulpians kann vermutet werden, dass Pomponius ein *argumentum a maiore ad minus* verwendet hat: „Wenn sogar an einem flüchtigen Sklaven der Besitz aufrecht bleibt, dann erst recht an Steinen im Tiber (die bestimmt nicht fortlaufen, sondern nur darauf warten, wieder gehoben zu werden)". Pomponius hätte allenfalls auch argumentieren können, dass an Steinen im Tiber die *custodia* nicht verlorengehe, solange niemand anderer diese Steine gehoben hat, vgl die Entscheidung Papinians in D 41, 2, 44 pr. (Fall 47 a), der bezüglich des Geldes, das jemand in einem (eigenen oder fremden) Grundstück vergraben hat, den Besitz aufrecht erhält.

Eigentumsverlust an den Steinen wäre nur anzunehmen, wenn der Eigentümer keine Aussicht auf ihre Wiedererlangung hätte. In einem solchen Fall könnte man ähnlich wie bei völliger Zerstörung von einem Untergang der Sache sprechen. So geht etwa an entlaufenen wilden Tieren oder an einem ins tiefe Meer geworfenen Silberbecher mit dem Besitz auch Eigentum verloren (vgl Gaius D 41, 1, 5, 1, Fall 8 und Proculus D 41, 1, 55, Fall 9).

Dass die Steine, wie im SV angegeben wird, tatsächlich gehoben worden sind, schließt nicht von vornherein aus, dass das Eigentum an ihnen erloschen war. Wahrscheinlich ist die Rechtsfrage an den Juristen gerade deshalb gestellt worden, weil nicht der Eigentümer, sondern ein anderer die Steine gehoben und behauptet hat, er habe an *res nullius* Besitz und damit Eigentum erworben. Der Jurist konnte als entscheidend ansehen, ob nach allgemeiner Erfahrung Untergang der Sache anzunehmen war. (Vgl dazu die Überlegungen von Pomponius und Ulpian in D 41, 1, 44, Fall 96.) Wenn er diese Frage bejahte, konnte er das Eigentum als erloschen betrachten. Der Besitzer, dem gegen jede Erwartung die Bergung gelungen war, hatte damit auch originär Eigentum erworben.

Ulpian (und wahrscheinlich auch Pomponius) geht jedoch offenbar davon aus, dass der Tiber so seicht ist, dass untergegangene Steine normalerweise wieder gehoben werden können, Eigentum also aufrecht bleibt.

Quellenregister

I. Vorjustinianische Quellen

Gai institutiones	Fall	Pauli sententiae	Fall
2,73	105	5,2,2	33
2,78	111		
2,94	27		
2,95	32		

II. Justinianische Quellen

Digesta	Fall		Fall
4,3,31	66	8,1,8 pr.	145
5,3,40 pr.	127	8,2,6	147
6,1,3,2	116	8,2,7	148
6,1,5 pr.	115	8,3,5,1	143
6,1,5,1	118	8,3,11	146
6,1,7	123	8,5,6,2	142
6,1,9	121	8,5,8,5	134
6,1,15,3	127	8,5,17,2	135
6,1,16,1	126	12,1,9,9	13
6,1,17 pr.	128	12,1,18 pr.	71
6,1,23,3	112	13,7,3	165
6,1,23,5	113	13,7,4	169
6,1,27,1	122	13,7,9 pr.	161a
6,1,33	125	13,7,9,4	161a
6,1,37	129	13,7,18,3	170a
6,1,38	107	13,7,41	161
6,1,59	109	18,1,74	5
6,1,67	101	18,6,1,2	11
6,1,77	20	18,6,15(14),1	7
6,1,79	125	19,1,31,2	133
6,2,9,1	14	19,2,19,4	109
6,2,9,4	132	19,2,60,1	60
7,1,1	149	20,1,6	159a
7,1,12,2	150	20,1,7	159a
7,1,15,4	151	20,1,10	176
7,1,68 pr.	149	20,1,15,2	173
7,1,68,1	149	20,1,16,9	168
7,1,68,2	149	20,1,19	166
7,1,69	149	20,1,22	160
7,8,2,1	152	20,1,29,2	170
7,8,4,1	152	20,1,34 pr.	159b
7,8,12,1	153	20,1,34,2	159b
7,8,12,2	153	20,2,2	158
7,8,22 pr.	154	20,2,3	157

	Fall		Fall
20,2,4 pr.	156	41,1,48,1	103
20,2,7 pr.	155	41,1,55	9
20,3,3	179	41,1,58	97
20,4,5	182	41,1,59	35
20,4,9 pr.	177	41,1,60	106
20,4,9,1	177	41,1,65 pr.	37
20,4,9,3	174	41,2,1,3	22
20,4,11,2	178	41,2,1,5	25
20,4,11,4	171	41,2,1,6	28
20,4,12 pr.	175	41,2,1,8	30
20,4,12,8	181	41,2,1,14	31
20,4,12,9	180	41,2,1,20	34
20,4,14	178a	41,2,1,21	4
20,4,20	172	41,2,3,1	1
20,5,8	167	41,2,3,3	100
20,5,12 pr.	168	41,2,3,6	40
20,6,8,14	162	41,2,3,8	65
20,6,8,15	163	41,2,3,9	39
21,3,2	130	41,2,3,11	48
22,1,25,2	102	41,2,3,12	24
22,6,9,4	83	41,2,3,13	46
27,9,3 pr.	183	41,2,3,14	95
39,5,25	68	41,2,3,15	95
41,1,1	94	41,2,3,16	95
41,1,2	94	41,2,3,18	16
41,1,3	94	41,2,3,19	15
41,1,4	94	41,2,3,20	15
41,1,5 pr.	94	41,2,6,1	52
41,1,5,1	8, 94	41,2,9	64
41,1,5,2	94	41,2,13 pr.	47
41,1,7,7	120	41,2,18 pr.	17
41,1,7,8	117	41,2,18,1	43
41,1,7,10	108	41,2,18,2	2
41,1,7,13	105	41,2,18,3	54
41,1,9,1	110	41,2,18,4	54
41,1,9,5	12	41,2,19 pr.	18
41,1,9,6	6	41,2,21,3	19
41,1,11	42	41,2,22	55
41,1,20 pr.	67	41,2,25 pr.	45
41,1,20,2	36	41,2,25,1	61
41,1,21 pr.	29	41,2,25,2	53
41,1,27,2	114	41,2,27	49
41,1,31 pr.	69	41,2,29	41
41,1,31,1	99	41,2,30,6	62
41,1,36	70	41,2,32,1	63
41,1,44	96	41,2,34 pr.	44

	Fall		Fall
41,2,40,1	65	43,16,1,30	59
41,2,44 pr.	47a	43,16,1,30	56
41,2,44,1	26	43,16,17	57
41,2,44,2	51	43,16,18 pr.	58
41,2,45	51	43,20,1,18	144
41,2,46	51	43,24,1,5	136
41,2,48	21	43,24,1,6	136
41,2,49,1	23	43,24,3,7	137
41,2,51	10	43,24,7,5	138
41,3,4,6	72	43,24,7,6	138
41,3,4,10	76	43,24,7,7	138
41,3,4,12	77	43,24,11 pr.	141
41,3,4,13	79	43,24,20,1	136
41,3,4,14	79	43,24,22,1	139
41,3,4,19	104	43,24,22,3	140
41,3,4,74	74	43,32,1 pr.	159
41,3,4,25	78	44,2,17	124
41,3,12	82	44,4,4,32	131
41,3,24 pr.	81	46,3,78	119
41,3,27	91	46,3,79	3
41,3,32,1	84	47,2,14,17	38
41,3,41	73	47,2,43,8	98
41,3,49	75	47,2,43,9	98
41,4,2,6	89	47,2,67(66) pr.	164
41,4,2,15	86	49,14,28	185
41,4,8	85	50,16,109	80
41,4,11	90	50,17,54	67
41,5,1	92	50,17,131	128
41,5,3	92		
41,8,2	93	Codex	Fall
41,8,3	93	7,8,6	183
41,10,3	88	8,14,2	184
41,10,4,2	93		
41,10,5	87	Institutiones	Fall
43,16,1,25	50	2,1,34	112
43,16,1,27	59	2,9,5	36

Moderne Gesetzestexte

ABGB

	Fall		Fall
§ 151 (3)	22	§ 397 (1)	99
§ 297	106	§ 398	99
§ 309	1	§ 399	100
§ 310	22	§ 401	101
§ 312	1	§ 403	96
§ 319	17	§ 414	120
§ 326	80	§ 415	120
§ 330	102	§ 416	120
§ 331	107	§ 420	105
§ 332	107	§ 426	5
§ 339	56	§ 427	5
§ 344	57	§ 428	12
§ 345	56	§ 442	67
§ 346	56	§ 456	161 a
§ 349	39	§ 458	161 a
§ 364	134	§ 461	168
§ 366	131	§ 463	168
§ 367	67	§ 466 a	169
§ 368	80	§ 466 b	169
§ 369	121	§ 466 c	169
§ 370	119	§ 469	166
§ 371	119	§ 482	142
§ 372	132	§ 483	142
§ 374	132	§ 484	143
§ 375	121	§ 487	142
§ 376	123	§ 505	152
§ 377	123	§ 506	152
§ 378	123	§ 509	149
§ 380	69	§ 523	134
§ 381	94	§ 1101 (1) und (3)	156
§ 384	94	§ 1101 (2)	158
§ 386	97	§ 1295 (2)	107
§ 390	98	§ 1371	168
§ 391	98	§ 1460	80
§ 395	98	§ 1488	147

BGB

	Fall		Fall
§ 93	106	§ 185 I	68
§ 94	106	§ 185 II	160
§ 95 I	106	§ 226	107

	Fall		Fall
§ 562 I	156	§ 959	97
§ 562 b I	158	§ 960	94
§ 592	156	§ 961	94
§ 855	32	§ 962	94
§ 856	39	§ 965 I	98
§ 859	57	§ 973 I	98
§ 861 I	56	§ 984	100
§ 862 I	56	§ 985	121
§ 906	134	§ 1004	134
§ 929	69	§ 1018	142
§ 930	17	§ 1019	143
§ 932 II	80	§ 1020	143
§ 937	80	§ 1030 I	149
§ 946	106	§ 1090 I	152
§ 947	110	§ 1105 I	142
§ 948	115	§ 1228	168
§ 950 I	120	§ 1229	168
§ 951 I	120	§ 1230	167
§ 955 I	102	§ 1252	166
§ 958 I	94		

ZGB

	Fall		Fall
Art 718	94	Art 727	110
Art 719	94	Art 884	160
Art 720/1	98	Art 889	166
Art 722/1 und 2	98	Art 890	161 a
Art 723	100	Art 891/1	168
Art 724	100	Art 894	168
Art 726	120		

OR

	Fall		Fall
Art 268	156	Art 268 b	156

Code civil

	Fall
Art 1138	69

Römische Rechtsregeln

	Fall		Fall
accessio cedit principali	110	nemo plus iuris transferre	
actori incumbit probatio	132	potest quam ipse habet	67
casum sentit dominus	127	nemo sibi ipse causam	
dolus pro possessione est	128	possessionis mutare	
error iuris nocet	84	potest	15–17
fur semper in mora est	127	numquam nuda traditio	
in maiore minus inest	71	transfert dominium	69
in pari causa melior est		pignoris causa indivisa est	166
condicio possidentis	132	prior tempore potior iure	171
mala fides superveniens		res extincta pignus perit	170
non nocet	103	superficies solo cedit	105
malitiis non indulgendum		venire contra factum	
est	107	proprium non licet	146
ne bis in idem	124	vim vi repellere licet	59

Argumentationsweisen römischer Juristen

	Fall		Fall
accipiendum (acceptum)		plerique	8, 16, 85, 92, 127
est	1, 14, **72**	quaesitum est	8
aequitas, aequum	128, **130,** 131	ratio (vix idonea)	**111**
argumentum ad		receptum est	31
absurdum	**34,** 47 a, 85,	rectius	74
	95, 129, 154	ridiculum	43
bonum (bonus vir,		sine dubio	27
bonus iudex)	**107,** 151	suptilitas (iuris)	**68,** 146
benignitas, benigna		utilitas	26, **31,** 33, 53
interpretatio	**68,** 146	verius est	**8,** 74, 85,
certum est	2, **27,** 184		88, 100, 118,
constat	21, 39, **41**		125, 127
eo iure utimur	136, **156,** 169	videri	4, 5, 7, 9, 11,
intellegi	8, 25, 52, 57, 61,		15, 52, 55,
	72, 102, 108,		58, 64, **72,** 74, 76,
	126, 136, 155		77, 78, 80, 98, 136,
melius est	96, **107**		137, 154, 163, 173
placet	**36,** 58, 65, 93, 174	vulgo dictum	**32,** 50, 90

Über 4.000 Jahre Rechtsgeschichte kompakt informiert!

2. Auflage 2010.
XXIV, 544 Seiten. Br. EUR 53,50
ISBN 978-3-214-00353-1
Mit Hörerschein für Studierende EUR 42,80

Olechowski · Gamauf

Rechtsgeschichte & Römisches Recht 2. Auflage

Dieses Studienwörterbuch informiert rasch und sicher über die im Studium wesentlichen Bereiche des **Römischen Privatrechts** und der **Europäischen Rechtsgeschichte**.

Chronologisch reicht das Studienwörterbuch vom Codex Hammurabi bis zum Lissabonner Vertrag. Es bietet damit fast 4.000 Jahre Rechtsgeschichte auf rund 500 Seiten.

Plus: Ein Anhang mit 8 Landkarten zur Europäischen Verfassungsgeschichte.